本书由江西财经大学资助出版

社会工作研究文库

中国特色农村社会工作：本土化探索与实践模式

RURAL SOCIAL WORK WITH CHINESE CHARACTERISTIC

EXPLORATION IN THE LOCALIZATION AND PRACTICE MODEL

蒋国河　著

社会科学文献出版社
SOCIAL SCIENCES ACADEMIC PRESS (CHINA)

目　　录

第 1 章　导论

1.1　研究背景

中国的城镇化进程虽然不断加快，但中国仍然是一个农业大国，并且存在庞大的农村贫困人口和留守人群。据国家统计局发布的《2016 年国民经济和社会发展统计公报》，截至 2016 年底，我国有建档立卡的农村贫困人口4335 万人，其中，农村低保对象 2635.3 万户 4586.5 万人。除了这些传统的扶贫救济对象，农村还存在庞大的留守儿童、留守妇女、留守老人群体。关于全国农村留守儿童的数量，2016 年 11 月民政部官方发布的数据为 902 万人，但这只是计算了父母双方均外出务工的儿童。如果按通常的界定，把父母有一方外出务工的儿童纳入，则留守儿童的比例大大提高，这方面较为权威的数据来自全国妇联。全国妇联根据 2010 年全国第六次人口普查资料推算出的全国农村留守儿童数量为 6102.6 万人。①

因此，以扶贫济困为使命的专业社会工作在农村地区有广阔的需求，需要大量的社会工作者介入和帮扶。因此，发展农村社会工作在当代农村社会有着急迫的需求；同时作为一种社会治理模式的创新，农村社会工作的发展对于国家治理能力和治理体系现代化，对于创新农村社会管理，促进农村社会和谐、稳定与经济社会可持续发展，均具有重大意义。

为此，中共中央组织部、中央政法委、民政部、人力资源和社会保障部等 19 个部门和群团组织于 2012 年联合发布《社会工作专业人才队伍建设中

---

① 《农村留守儿童超 6000 万》，2013 年 5 月 11 日，人民网：http://politics.people.com.cn/n/2013/0510/c70731-21442574.html。

长期规划（2011—2020年）》，明确提出要通过实施社会工作专业人才服务社会主义新农村建设计划，到2015年在国家扶贫开发工作重点县通过依托社区服务中心或新建等方式培育发展200个农村社会工作服务站，到2020年基本实现每个国家扶贫开发工作重点县有一家社会工作服务站，带动培养5万名农村社会工作专业人才。通过国家扶贫开发重点县，示范引领其他农村地区社会工作服务发展，推动解决工业化、城市化和市场化带来的农村流动人口、留守人员以及社区发展方面的有关问题，促进社会主义新农村建设。

但农村社会工作究竟该如何发展？西方社会工作的发展，诚如张和清所言，是以城市社会工作为中心[①]，并不能为我们发展农村社会工作提供足够的经验、模式与理论。我国农村社会工作的发展，更多地需要充分吸收本土化的农村社会工作试点和实践探索的相关经验，并结合我国的制度特色和社会工作的专业特性，总结与提炼出符合中国特色的农村社会工作的实践模式。

结合笔者近年来对江西、湖南、云南等地的农村社会工作实践的观察、思考与理论研究，农村社会工作的发展需要解决以下几方面的问题：一是社会工作者在农村社区治理中的需求、角色与功能的合理定位问题。鉴于中国总体性体制下多主体的社区权力格局，照搬国外全能型社区服务模式并不现实，需结合我国现实特点，明确农村社会工作者的角色功能、职责与事权。二是政府主导与机构运作的关系协调问题。政府主导下的农村社会工作实践模式（如万载），人员、机构与制度建设收效显著，但专业自主性和机构的积极性受到一定程度的抑制，需要探寻一种优良的结合机制。三是农村社会工作面临的资源约束问题。四是农村社会工作人才队伍建设问题，要处理好人才的培养与引进的关系，核心是县、乡基层社工机构的专业化建设。五是农村社会工作发展的投入问题，需要从更广阔的视野拓展农村社会工作资源。基于此，本书拟借鉴相关理论视角，基于对全国各地典型的农村社会工作实践的调查分析与比较，总结各地实践经验、模式的特点与利弊，深入剖析有关案例，并在此基础上，深入探索具有中国特色、适合中国本土情境的

---

① 张和清、杨锡聪、古学斌：《优势视角下的农村社会工作——以能力建设和资产建立为核心的农村社会工作实践模式》，《社会学研究》2008年第6期。

农村社会工作实践模式，为发展中国特色农村社会工作、服务社会主义新农村建设、促进农村社会管理体制创新提供理论依据。

1.2　研究意义

近年来，丰富多样的农村社会工作实践模式，为学界提供了反思的重大机遇。当代的农村社会工作实践较早可追溯到 2001 年香港理工大学应用社会科学系与北京大学社会学系合办的"中国社会工作"硕士课程班师生在云南平寨开展的农村社会工作实验，参与人包括古学斌、张和清、杨锡聪、陈涛等人。其后，湖南长沙民政职业技术学院史铁尔教授团队在湘西农村和四川理县开展了以扶贫和救灾为主题的农村社会工作实践；陕西社会科学院的江波、杨晖等在陕西民族社区农村开展了以赋权为本的农村社区健康促进行动、社会性别与健康教育社会工作的实践，等等。这些实践具有鲜明的学者主导和专业实习特征，属于民间层面的实践。除了民间层面，出于党和政府对农村、农民、农业问题的关注，政府主导的农村社会工作自 2007 年起也开始逐步发展起来，江西省万载县，湖南省石门县、凤凰县，河南省淇县是首批农村社会工作试点单位。其中，万载的农村社会工作开展得有声有色，形成了所谓的"万载模式"。2009 年，民政部专门在万载召开全国农村社会工作人才队伍建设推进会，将万载的经验在全国更多地区推广开来。在广东，2010 年张和清教授领导的广东绿耕社会工作发展中心承接了广州市第一批政府购买社工服务项目中唯一的农村社会工作项目，该项目选择在广州从化市最偏僻的长流村开展社工服务。2013 年 7 月，民政部在重庆市召开了农村社会工作发展战略研讨会。2016 年，城市社会工作的排头兵广东省凭借强大的经济实力再次走在全国前列，启动粤东西北地区"双百镇（街）社会工作服务五年计划"，从 2017 年至 2021 年连续资助粤东西北地区建设 200 个镇（街）社工服务站，开展农村社会工作服务。

但总体来看，就实践而言，农村社会工作在全国的发展尚属于试点性质、个案性质，在研究层面也属于此，普遍是个案研究。而超越现有的个案性、经验性反思研究，系统地总结各地本土化经验、探索存在的问题和困境，显然有助于为我国农村社会工作实践模式的选择、调整和可持续发展提供政策参考和理论依据，促进农村社会工作更广泛地开展。具体而言，其意义包括两个方面。

（1）理论层面，全面梳理和系统总结国内外农村社会工作典型实践模式的经验，有助于拓展和加深对农村社会工作实践模式的认识，丰富我国农村社会工作研究的知识体系。中国有独特的国情和特点，农村也有特殊的居住、地理和交通条件及制度背景，而目前关于农村社会工作实践模式深入系统的研究较缺乏，这是本书的理论价值所在。

（2）实践层面，对符合中国情境、具有中国特色的农村社会工作实践模式的探索，有助于破解资源约束条件下农村社会工作发展面临的各种局限、制约，促进农村社会工作深入、可持续发展；有助于促进社会工作的本土化与专业化相结合，提升农村社会工作服务的效能；有助于创新社会治理，发挥社会工作在新农村建设、农村公共服务体系建设和扶危济困等农村发展中的参与作用，有助于社会工作者介入对弱势群体、特殊群体的福利传递和个性化发展，改善农村发展战略和公共服务工程资源配置方式，保障弱势群体分享新农村建设公共资源的权益，促进国家治理能力和治理体系现代化，维护农村社会的和谐稳定。

1.3　研究思路与研究方法

1.3.1　研究思路

理论上，政府主导的农村社会工作实践模式，在人员、机构与制度建设方面收效显著，但专业自主性不强，而民间开展的参与式、项目式服务，专业自主性强，但覆盖面不足，需要整合各地实践的优良机制，促进农村社会工作的可持续发展。从西方国家和中国港台地区社会工作的发展历史来看，社会工作的发展也离不开对政府福利资源的依赖，因此，在农村社会工作实践中，并不必要排斥政府力量的介入，关键是政府力量的适度介入，要打破专业陈见和二元对立思想，贯彻布迪厄所说的实践逻辑①，反对主观与客观、宏观与微观、结构与能动的对立，寻求一种"结构的建构主义"或

---

① 皮埃尔·布迪厄、华康德：《实践与反思——反思社会学导引》，李猛译，中央编译出版社，2004。

"建构的结构主义"。

从西方国家和中国港台地区社会工作的发展历史来看，社会工作的发展也离不开对政府福利资源的依赖。美国社会学家 Emerson 在其关于资源依赖理论的论著中提出：没有任何一个组织能创造出维持自身生存所必需的一切资源，任何组织必须为了组织的可持续发展而与其环境进行交换，对资源的需求构成了组织对外部环境的依赖。[①] 而从新组织、新制度的变迁来说，对资源的依赖也是特定发展阶段的必然要求。[②] 农村社会工作服务机构或社会工作者的角度，也要直面农村社会工作的资源约束，在强政府、弱社会的格局下[③]，主动寻求政府资源的支持，以拓展服务资源，破解资源约束难题，在此过程中，逐步提升社会工作服务机构的自我造血和自我发展能力。从国家治理、社会治理的角度，适当地吸收萨拉蒙所谓的"新治理"模式[④]，政府与第三部门、社会组织合作解决公共问题。总而言之，农村社会工作需要寻求一种整合的模式，即建立一种既能有效整合与吸纳政府资源，又能保持专业自主性的实践机制，促进社会工作的参与式社区发展模式与体制内扶贫模式的融合。

鉴于此，本书的基本思路是：借鉴实践社会学、资源依赖、新治理理论等理论视角，结合对民国乡村建设运动以来我国农村社会工作发展历程的梳理以及对江西万载和婺源、云南平寨、湖南湘西、广东等地农村社会工作实践项目的调查分析，比较和归纳以政府为主导的江西万载模式，以云南和湖南湘西为代表的高校、民间团体主导模式以及以广东"双百计划"为代表的政府购买农村社会工作服务模式等具有典型经验的本土化农村社会工作实践模式的特点、优势和不足，剖析和反思当前农村社会工作实践中存在的问题和面临的挑战，尤其是其中的一些共性问题、难点问题。以此为基础，探索形成更符合中国情境、具有本土化特色的农村社会工作实践模式的总体框

① Emerson，Richard. 1962 . "Power-dependence Relations. " *American Sociological Review* 27：32.
② 李汉林、渠敬东等：《组织和制度变迁的社会过程：一种拟议的综合分析》，《中国社会科学》2005 年第 1 期。
③ 关于中国市场转型中国家与专业性社团的地位与关系，参见顾昕、王旭《从国家主义到法团主义——中国市场转型中国家与专业团体关系的演变》，《社会学研究》2005 年第 2 期；邓智平、饶怡：《从强政府、弱社会到强政府、强社会——转型期广东社会组织发展的战略定位与模式选择》，《岭南学刊》2012 年第 2 期。
④ 莱斯特·M. 萨拉蒙：《政府工具：新治理指南》，肖娜译，北京大学出版社，2016。

架，逐步破解在农村地区发展社会工作所面临的各种局限、制约。

除了总体框架的分析，在分支领域上，本书还将结合对江西万载、四川理县 X 社会工作服务中心和江西乐平留守儿童社会保护服务（培训）试点项目等案例，深入分析农村反贫困和留守儿童社会保护服务这两个有重大、急迫需求的领域的社会工作的实践空间、介入视角及经验、模式，探索资源约束条件下的农村社会工作机构的运作机制和资源拓展的本土化经验、策略，沉淀经验，优化和提升专业服务模式，以促进农村社会工作的深入、可持续发展。

1.3.2 研究方法

本书主要是一个质性研究，采取定性为主、定量为辅的研究方法。研究的主要案例点的选择为江西万载、婺源，云南平寨，湖南凤凰、古丈，四川理县，广东从化、广东粤东西北地区等，这些地区开展了在全国有较大影响的农村社会工作试验项目。其中，江西万载为全国首批农村社会工作试点县和示范区，形成了所谓的"万载模式"，并于 2012 年荣获第六届中国地方政府创新奖。江西婺源的"少年之家"留守儿童社会工作项目也颇具特色。笔者所在的江西财经大学社会学系从 2007 年起就与江西万载县民政局、婺源县民政局有诸多合作，获取了较丰富的资料。云南平寨是古学斌、张和清团队较早开展农村社会工作实验的地区，具有较大的影响力。湖南凤凰、古丈及四川理县是史铁尔教授团队开展的以扶贫、救灾为主题的农村社会工作实践项目，具有一定的影响力。广东从化是张和清教授领导的广东绿耕社会工作发展中心承接的广州市第一批社工人才队伍建设政府购买社工服务项目中唯一的农村社会工作项目，具有开拓性意义。

本书的具体研究方法如下。

1. 文献研究法，包括文献资料的收集与分析

一是系统梳理有关农村社会工作特别是农村社区发展社会工作的理论与实证研究成果；二是全面收集与整理江西万载、婺源，云南平寨，湖南凤凰、古丈，四川理县，广东从化、"双百镇街社会工作服务站"建设运营项目（以下简称"双百计划"）等地农村社会工作的政策文本、规章制度、会议记录，以及其他如实习日志、案主资料等有关农村社会工作的文本资料，农村社会工作机构的文献存档资料、电子版材料、宣传材料，并对其做深入解读与定性分析。

2. 访谈法与观察法

通过与江西、湖南、四川、广东等调研地的县、乡、村干部，民政局工作人员，参与实践的社工，督导和案例点的负责人以及接受服务的案主及相关贫困村民（以低保对象为主）的半结构式、无结构式访谈，以及对若干实务现场进行参与式观察，以了解县乡村情、农村留守群体、贫困群众和特殊困难群体的需求，农村社会工作的基础、资源和优势，农村社会工作实务的社会认同及服务效果等，并深入了解农村居民特别是贫困群体的福利服务需求和农村社会工作的经验、策略、方法与困惑、问题及建议。

3. 问卷调查法

由于当前农村社会工作还处于试点阶段，并未全面铺开，因此调查和问卷单位的选择尚难以在较大范围展开，只能限于若干试点项目进行研究。本书所进行的问卷调查分为两个部分的内容。一是配合农村反贫困社会工作研究的需要，对江西五个贫困县市贫困户的生活状况及扶贫现状进行深入调查，以了解当前贫困群众的生计现状，分析贫困户的贫困原因、脱贫需求，评估现行扶贫政策与机制的绩效，剖析当前政府主导的精准扶贫工作中存在的问题与不足，了解基层干部和群众对社会组织、社会工作者的认知状况及其在反贫困工作中的作用的认识和评价等。问卷调查选择了江西省的五个县市进行，调查样本为 400 份。二是通过关于江西乐平未成年人社会保护服务（培训）试点项目开展情况的问卷调查，以了解当前留守儿童的服务需求、留守儿童社会保护现状、问题，吸取完善相关服务的措施、建议。

4. 案例研究法

通过深入剖析江西万载白水乡永新村妇女互助储金会、江西婺源县浙源乡"少年之家"、江西乐平未成年人社会保护服务（培训）试点项目、四川理县 X 社会工作服务中心这四个分别代表农村反贫困、留守儿童社会工作、农村社会工作机构资源拓展的案例，我们发现农村社会工作的发展面临诸多的资源约束，必须强化资源拓展和嵌入式发展[①]，农村社会工作实践中整合与拓展资源的经验与做法，非常值得研究，四川理县 X 机构在这方面做了有益探索，值得深入剖析。

---

① 　王思斌：《和谐社会建设背景下中国社会工作的发展》，《中国社会科学》2009 年第 5 期。

第 2 章　文献回顾

2.1　概念界定

2.1.1　农村社会工作

关于农村社会工作，国外的研究对此没有一个明确的界定，一般理解为农村地区的社会工作（social work in rural area）[1]，或者农村社区的社会工作（social work in rural community）[2]，即社会工作是比较明确的，指的是专业社工开展的服务或干预，存在争议的是关于农村的界定。在欧美国家，给所谓的"乡村"定义是一项复杂的工作，许多社会学研究者花费了很大工夫来解决这一问题，因为随着城市化的扩张和城乡一体化的发展，城乡的边界越来越模糊。通常的做法是首先定义社区人口，将低于某一人口规模的社区定义为乡村，或者，通过乡村生活的某一特征来定义乡村，例如人口密度、与大的城市中心区的距离，或者是经济活动的类型以及现行的行政组织的划分[3]；更近的趋势则是用农村性（rurality）这样一个连续体变量来表达农村

---

[1] Collier, Ken. 1977. *Rural Social Work*：*Theory and Practice.* Presentation to the Canadian Association of Schools of Social Work 10th Annual Conference；Richard Pugh. 2000. *Rural Social Work.* Russell House Publishing Ltd.

[2] E. Martinez-Brawiley. 1980. *Pioneer Efforts in Rural Social Welfare*：*Firsthand Views since* 1908. The Pennsylvania State University Press.

[3] Richard Pugh. 2000. *Rural Social Work.* Russell House Publishing Ltd.

特征的强弱程度，而不是二元的城乡区分。①

而国内的研究恰好相反，对农村概念目前争议不大，一般以地理特点区分，农村社会工作指的是在乡、镇、村开展的服务。不过，民政部对于"农村社会工作"中的"农村"的地理范畴的界定则更大一些，往往指的是县域范围，如在全国社会工作人才队伍建设试点中，将万载县这样一个县域单位确立为农村社会工作的试点；另外，实施的"三区计划"也是以县域为单位。尽管如此，对农村的界定，尚有一个相对清晰的地理边界。但对"农村社会工作"中的"社会工作"的内涵，国内则存在一些争议。一些学者认为，在计划经济时期，存在着一套系统化的，由政府部门、人民团体、企事业单位实施的，帮助其成员解决现实困难和问题的制度化做法，李迎生教授称之为计划经济体制下的社会工作。② 王思斌教授部分认同此种观点，称之为"行政性非专业社会工作"，以区分于"专业社会工作"。③ 后来，王思斌又提出了"本土社会工作"与"专业社会工作"的区分，前者的指涉面更宽，其中甚至包括了一般的社会管理活动，它与计划经济体制相适应，成为解决社会成员和组织成员的问题、促进政治团结和提高社会管理水平的措施。④ 还有学者特别指出了中国源远流长的民政工作的社会工作意义，雷洁琼教授早在 20 世纪 80 年代初就指出民政工作是社会工作⑤，戴利朝学者称之为"有中国特色的社会工作"，认为民政工作坚持以人为本、为民解愁的理念，已经成为救助社会群体、增加社会福利、推进乡村民主的重要支柱，构成了我国社会工作的主要载体。⑥ 具体到农村社会工作领域，亦有学者认为行政性农村社会工作是农村社会工作的重要组成部分⑦，如郭伟和学者通过比较中国本土发生的大学生村官计划和国际援助的社区发展项

---

① Guohe Jiang, Fei Sun & Flavio Marsiglia. 2016. "Rural-urban Disparities in Adolescent Risky Behaviors：A Family Social Capital Perspective." *Journal of Community Psychology* Vol. 44（8）.
② 李迎生：《中国社会工作模式的转型与发展》，《中国人民大学学报》2010 年第 3 期。
③ 王思斌：《中国社会工作的经验与发展》，《中国社会科学》1995 年第 2 期。
④ 王思斌：《和谐社会建设背景下社会工作的发展》，《中国社会科学》2009 年第 5 期。
⑤ 民进中央宣传部编《雷洁琼文集》，开明出版社，1994，第 430 页，转引自王思斌《和谐社会建设背景下社会工作的发展》，《中国社会科学》2009 年第 5 期。
⑥ 民政部社会工作司编《农村社会工作研究》，中国社会出版社，2011，第 156 页。
⑦ 兰世辉：《论我国行政性农村社会工作的发展》，《北京科技大学学报》2009 年第 3 期。

目，指出了立足于中国乡村基层的政治、社会制度的行政性社会工作的优势。^① 对于上述观点，笔者基本赞同，确实，虽然在严格意义上，这些并非专业的农村社会工作，但是对农村社会工作的发展仍然具有很大的启迪。不过，这些界定的问题在于，就学术研究而言，本土社会工作概念或行政性社会工作概念比较模糊，范围也比较宽泛，界限不清，难以在一个课题框架内清晰地探讨。

为此，笔者更主张使用"社会工作的本土化"而不是"本土化的社会工作"概念。确实，作为舶来品的专业社会工作，存在与中国现行政治、文化、社会制度的结构性张力，必须走一条本土化路径，实现嵌入式发展。^② 但相比本土社会工作或行政性社会工作，社会工作本土化的核心仍然是专业社会工作，探索的是秉承社会工作基本的理念、价值伦理、方法的社会工作者或社会工作组织的本土化成长或培育路径，是一个新事物的制度变迁过程（关于这一点，笔者将在后文的理论基础的讨论中更多地涉及）。农村社会工作的界定也应该坚持这一基本立场。

对此，笔者基本赞同学者钟涨宝主编的《农村社会工作》一书中对农村社会工作的界定："农村社会工作是专业社会工作者与其他农村工作者合作，以农村社区为基础，在社会工作专业价值观指导下，运用专业方法，发动村民广泛参与，增强农民和社区的能力，在预防和解决农村社区问题的基础上，提高农民福利水平，最终实现农村社区的稳定与可持续发展。"^③

2.1.2　农村社会工作的"实践模式"

从学界已有的研究看，专门针对社会工作的"实践模式"这一特定概念的直接论述较少，但有一些学者对"社会工作模式""社会工作发展模式""社会工作实务模式"等相关概念进行了论述，这些探讨对本书有一定的启示。

文军教授认为，社会工作模式是以社会工作理论为基础，贯穿于社会工作实务过程中的一种概念化设计与经验总结，社会工作理论知识和方法的独

---

① 郭伟和：《体制内演进与体制外发育的冲突：中国农村社会工作的制度性条件反思》，《北京科技大学学报》（社会科学版）2007 年第 4 期。

② 王思斌：《和谐社会建设背景下社会工作的发展》，《中国社会科学》2009 年第 5 期。

③ 钟涨宝主编《农村社会工作》，复旦大学出版社，2011，第 16 页。

特性都浓缩在社会工作模式之上。从社会工作一百多年的发展历程看，社会工作模式的形成与发展可分为四个不同的时期：一是模式探索期；二是经典模式初步形成时期；三是各种模式的总结与多元发展期；四是多维视角下模式的繁荣期。文军根据佩恩、特纳和大卫·豪的分类法和社会工作的价值观、方法，梳理了社会工作理论与实务模范的各种类型①，总的来看，文军主要是借用理论家对社会工作实务理论的类型划分来对社会工作模式进行分类的。因此，文军对社会工作模式的探讨侧重于微观层面社会工作的实务模式。

朱力、李迎生、徐道稳等学者则侧重从宏观层面对中国社会工作模式进行解读。朱力教授的《我国社会工作模式的转换》一文，较早地论及我国社会工作的模式，该文强调，我国社会工作在观念、行为、制度等方面要与国际社会工作接轨。② 李迎生主要从国家制度层面对社会工作模式进行探讨，认为，社会工作的制度模式是对社会工作制度特征的概括性描述，它向人们描述社会工作的结构、运作和文化背景。李迎生提出了计划经济体制下的实际社会工作和市场经济时期的专业社会工作两种制度模式，并指出，计划经济体制下形成的政府包揽、差序格局、非专业性的社会工作模式，开始进入转型进程，但由于实际社会工作的制度惯性和专业社会工作的发展不足，目前中国的社会工作发展存在着两种模式并存、过渡性、不平衡性和民间组织发育不良等问题。③ 徐道稳则从社会工作发展的角度提出了两种社会工作的发展模式：内生模式和嵌入模式。所谓内生模式，是指从体制内生长出来的制度结构，以长沙天心区的试点为代表；所谓嵌入模式，意指社会工作作为一项制度从体制外切入，逐渐成为整个社会的有机组成部分，以深圳南山区为代表。④ 两种模式各有特点，各有优劣。

以上对社会工作模式的探讨或侧重于从微观层面进行实务模式探讨，或侧重于从宏观层面就社会工作的制度模式或发展模式进行阐述。还有一些研究涉及了社会工作实务模式或实践模式的探索，但并未对这一概念加以界定

---

① 文军：《社会工作模式的形成及其基本类型》，《社会科学研究》2010 年第 3 期。
② 朱力：《我国社会工作模式的转换》，《中国社会工作》1997 年第 2 期。
③ 李迎生：《中国社会工作模式的转型与发展》，《中国人民大学学报》2010 年第 3 期。
④ 徐道稳：《我国社会工作发展模式研究：以深圳、长沙试点区调查为基础》，《华东理工大学学报》（社会科学版）2010 年第 1 期。

或阐释，不过，从研究的内容看，其所指的实践，偏向于实务层面，但也有别于如文军所分析的微观、具体的实务模式，而是倾向于方法论或策略层面的探讨，比如"证据为本"抑或"社区为本"、整合的社会工作策略等。①

任何模式均是一种理论简化，是对现实事件的内在机制和事件之间关系的直观、简洁的描述，表明事物结构或过程的主要成分及其相互关系。就农村社会工作而言，鉴于中国农村独特的人口、文化、制度等情境特点和社会工作在农村欠发展的现状，探讨农村社会工作的实践，既需要思考宏观层面的制度建构和发展方式，也需要探讨中观层面的项目运作策略和微观层面的实务策略。而现有的关于社会工作模式的探讨尚不能概括这种多重的内涵。因此，本书提出农村社会工作实践模式这一概念是具有体系化特点的农村社会工作模式，试图涵盖从宏观至中观再至微观多层面内涵的探讨。具体而言，本书所界定的农村社会工作实践模式，是一个涵盖多重主体的行动体系，包括农村地区的政府部门在发展农村社会工作过程中的角色地位、组织体系和制度设计、社会工作组织运作项目的机制和社会工作者的实务策略或服务策略。

2.2　国内外研究现状

2.2.1　国外农村社会工作研究

西方社会工作发端于城市地区。1877 年，美国第一个慈善组织协会在纽约布法罗成立，能力卓著的社会工作者逐渐成为协会的骨干力量，开始为那些有志于通过个别化的服务来帮助穷人的私人机构提供援助和专业支持②，这可视为专业意义上的社会工作的开端。因此，在社会工作产生之初就缺乏关于农村社会工作的专门研究。

---

① 郭伟和、陈明心、陈涛：《社会工作实践模式：从证据为本到反思性对话实践——基于"青红社工"案例的行动研究》2012 年第 3 期；张和清、杨锡聪、古学斌：《优势视角下的农村社会工作——以能力建设和资产建立为核心的农村社会工作实践模式》，《社会学研究》2008 年第 6 期；张和清：《中国社区社会工作的核心议题与实务模式探索》，《东南学术》2016 年第 6 期。

② 威廉·法利、拉里·史密斯：《社会工作概论》（第 11 版），隋玉杰等译，中国人民大学出版社，2010，第 25 页。

　　但进入 20 世纪初以后，美国的社会工作开始扩展到农村地区，对农村社会工作的探讨和研究开始出现并逐渐增多。美国亚利桑那州立大学长期从事农村社会工作研究的 E. Martinez-Brawley 教授所著的 *Pioneer Efforts in Rural Social Welfare: Firsthand Views since* 1908 一书详尽地描述了 20 世纪初期以来美国农村社会工作发展的进程。根据该书的描述，美国乡村社会工作实践的起源可以追溯到 1908 年本奥多·罗斯福总统任命的乡村生活委员会和同年召开的美国慈善与矫治会议。从 1919 年开始，美国的农村社会工作服务开始了专业化和本土化的进程，该年，美国北卡罗来纳州开始在县一级建立农村社会工作和公共福利服务的机构。① 罗斯福新政时期，农村社会工作进一步发展。为应对经济萧条对农业和农村家庭造成的影响，当时的农村社会工作者开展了大量针对儿童福利、社会救济服务和农业支持运动（Back-to-the-Farm），他们运用专业知识和方法帮助农村家庭改善生活状况，恢复农业发展。② 新政哲学推动了农村社会工作的实践和扩展。此后，通过建立认证制度和加强对农村社会工作者的培训，更多如精神健康服务等细分的专业社会工作领域在农村地区开展起来。③

　　20 世纪 60 年代末期，由于向贫困宣战哲学的出现以及西弗吉尼亚大学里昂·金斯伯格教授等人对社会工作的卓越领导，美国社会工作界对农村社会工作的兴趣进一步增长，进入一个高潮时期，直到 20 世纪 80 年代中期。在这段时期，农村社会工作的实践和研究均较为活跃，并留下了丰富的研究成果。1969 年，在社会工作教育协会年会上，昂·金斯伯格教授发表了重要演讲，并号召成立农村社会工作小组和农村社会工作研究会。自 1976 年至 1985 年，美国连续每年召开全国农村社会工作学术年会，每次会议参会学者近二百人。会议涉及的主题包括农村老年社会服务（service to rural aged）、农村社区服务（service to rural communities）、农村社区矫正服务（correction services in rural areas）、农村家庭社会工作（services to rural

---

① E. Martinez-Brawley. 1980. *Pioneer Efforts in Rural Social Welfare: Firsthand Views since* 1908. The Pennsylvania State University Press, p. 116.

② E. Martinez-Brawley. 1980. *Pioneer Efforts in Rural Social Welfare: Firsthand Views since* 1908. The Pennsylvania State University Press, pp. 225–268.

③ E. Martinez-Brawley. 1980. *Pioneer Efforts in Rural Social Welfare: Firsthand Views since* 1908. The Pennsylvania State University Press, pp. 414–448.

families)、农村医疗社会工作（health services in rural areas）、农村精神健康服务（mental health services in rural areas）、农村社会工作实务教育（educating for social work practice in rural areas）等[1]，内容很丰富。1976 年，威斯康星大学麦迪逊分校创办了专业杂志 Public Service in Rural Area（《农村地区的公共服务》）。在 1985 年召开的乡村社会工作全国委员会第 10 次会议上，会议主席之一迈克·雅各布森（Michael Jacobsen）指出，1969 年至1985 年间，美国的乡村社会工作教育工作者和实践者的学术活动取得了巨大的发展。[2]

美国农村社会工作的衰弱自 20 世纪 80 年代中期开始。进入 80 年代以后，随着大规模的高速公路建设和郊区化、逆城市化发展，城市开始向农村地区蔓延和扩张[3]，美国哥伦比亚大学社会历史学家 Kenneth T. Jackson 教授的著作《杂草的前沿：美国郊区化》（Crabgrass Frontier：The Suburbanization of the United States）生动地描写了这一伟大的进程。在这一过程中，农村社区发生了较大的变化，城乡的差别越来越小，城乡边界也越来越模糊，一些乡村社区已经把"乡村"和"城市"结合起来形成了"乡镇"（rurban）[4]，美国社会对农村的关注因此日益下降，对农村社会工作的研究也越来越少。

在当代国际社会工作学界，对农村社会工作较为关注的国家是澳大利亚。20 世纪 70 年代以来，在农村社会工作委员会的推动下，澳大利亚的农村社会工作开始发展起来，关注重点是地广人稀的偏远乡村的社会工作服务。[5] 澳大利亚巴里迪大学至今仍在出版关于农村社会工作的专业学术期刊 Rural Social Work&Community Practice（《农村社会工作与社区实务》），该期刊刊载了世界各地关于农村社会工作的研究成果。

与此同时，伴随城镇化的发展，一些农村社会工作的研究者开始关注由

---

[1] The Third Annual National Institute on Social Work in Rural Areas；Effective Models for the Delivery of Services in Rural Areas：Implications for Practice and Social Work Education.

[2] 威廉·法利、拉里·史密斯：《社会工作概论》（第 11 版），隋玉杰等译，中国人民大学出版社，2010，第 375 页。

[3] Kenneth T. Jackson. 1985. Crabgrass Frontier：The Suburbanization of the United States. Oxford University Press.

[4] Elizabeth Ruff. 1991. "The Community as Client in Rural Social Work." Human Services in the Rural Environment Vol. 14：21.

[5] Joan Saltman. 2004. "Rural Social Work Practice in the United States and Australia：A Comparison." International Social Work 47（4）：515-531.

村落延伸而来的小社区或小镇的社会工作研究，如美国的 E. Martinez-Brawley 教授在 2000 年出版了 *Close to Home：Human Services and the Small Community*①一书。本书顺应城镇化发展趋势的转型，对我国未来的农村社会工作研究同样具有启示性意义，比如，我国广东省近来开展的"双百计划"，是村镇结合的社会工作模式。

就本书关注的农村社会工作实践模式而言，美国、英国、澳大利亚一些学者的研究颇具启示。

美国学者 Hardcastle 、Farley 等人研究了美国农村社会工作的主要实践模式。美国从事农村社会工作的服务机构主要有以下几类：一是在各县（county）设立的公共福利局，由政府资助或向机构购买服务，主要提供儿童福利、社会救济等方面的服务，以个案服务为主；二是各种小型的职业化的社会服务机构，如社区精神健康中心、社区矫正中心，一般开展临床诊断式服务，实行市场化购买服务或纳入医保报销服务范围；三是在一些人口聚集的村镇地区设立的邻里服务中心国；四是本地非政府组织提供的志愿服务，如"县社区发展中心"（CDC）、"县社区行动机构"（CAA）②，服务方式一般是项目式服务。这种多元实践模式有助于弥补农村实务资源的不足。另一些研究揭示，美国农村社会工作的主要服务内容经历了一个从早期的以临床社会工作为主到以能力建设、资产建设、社区发展教育为核心的参与式社区发展实践的转变。③ 美国社工界还注重依托社区学院和远程教育拓展服务资源。④

英国学者 Richard 分析了英国农村社会工作实践模式的特色。英国的农村社会工作的特点是社区为本，以社区照顾模式为主，即结合所设立的日间照顾中心开展针对老年人、儿童、无家可归者、残障者和少数族裔的福利服

① E. Martinez-Brawley. 2000. *Close to Home：Human Services and the Small Community*. Washington, DC：NASW Press.

② David A. Hardcastle. 1997. *Community Practice：Theories and Skills for Social Workers*. Oxford University Press，p. 20.

③ Ginsberg, L. H.（ed.）1976. *Social Work in Rural Communities：A Book of Readings*. New York：Council on Social Work Education；Morales, A. & Sheafor, B. W. 2004. *Social Work：A Profession of Many Faces*（13ed）. Boston：Allyn and Bacon.

④ David A. Hardcastle. 1997. *Community Practice：Theories and Skills for Social Workers*. Oxford University Press，p. 20.

务，这种社区照顾性质的社会工作模式显示了与社会福利政策的紧密联系，但也要面对交通、资源、人员和日间照顾中心等设施设置不足的问题。[①] 针对类似的问题，除了强调发挥邻里资源的支持，英国的坎布里亚郡（Cumbria）、波厄斯郡（Powys）的社会服务机构把社会工作与当地政府主导的农村发展战略和其他发展计划联系起来拓展服务资源，如依托农村数字化工程建立儿童信息数据库和儿童救助热线。[②]

美英两国的农村社会工作实践模式对其他国家和地区的农村社会工作实践模式有深刻的影响。我国台湾农村社会工作的发展深受美英等国的影响，如依托社区大学开展社区发展实践与教育[③]，或依托福利资源开展社区照顾服务。[④] 澳大利亚的农村社会工作也深受美英模式的影响。但一个有趣的比较研究显示了澳大利亚农村社会工作实务模式与美国、英国农村社会工作的差异性。如果说，美国的农村社会工作有浓郁的个人主义倾向和临床、个案社会工作的特点，英国的农村社会工作具有社群主义倾向和社区为本的特点，那么澳大利亚农村社会工作的特点则是团体为本，以团体社会工作模式为主。[⑤] 而这种模式的形成与澳大利亚独特的人文地理情境有关。澳大利亚学者 Brian Cheers 的研究指出，澳大利亚的人口高度集中在大城市，农村居民人口不多，但分散在全国广大的偏远地区，具有地广人稀的特点。同时，由于地理和气候因素千差万别，所以各地人群分布、生活方式、社会适应和服务需求不同，并且，同住一地的居民职业特点也是多种多样，并不全是农民，还包括杂货店主、公职人员等，因此，以城市化模式为基础的社会福利体系设计对澳大利亚农村并不适合，传统的社区工作模式和临床模式也不太符合本土化需求[⑥]，因此适应不同人群特点的团体社会工作模式更受欢迎。

世界各地的农村社会工作实践模式存在明显差异，但也有一些共同的特

---

① Richard Pugh. 2000. *Rural Social Work*. Russell House Publishing Ltd.
② Whittle，K. 1995. *Partnerships in Practice：Developments and Achievements*, *in Country Children Count*. London：Association of County Councils.
③ 徐震：《社区与社区发展》，中正书局，1980。
④ 黄源协：《台湾社区照顾的实施与冲击》，《台大社工学刊》2001 年第 5 期，第 59 页。
⑤ Joan Saltman. 2004. "Rural Social Work Practice in the United States and Australia：A Comparison." *International Social Work* 47（4）：515-531.
⑥ Brian Cheers. 1992. "Rural Social Work and Social Welfare in the Australia Context." *Australia Social Work* 45（2）：11-21.

点和需要面对的共同挑战。根据英国长期从事国际农村社会工作研究的学者 Richard Pugh 等的观察和研究,国际范围内农村社会工作的共同特点和共同主题如下:实务的多面性;社区发展为本;注重建立与外部资源包括地方政治家和掌握资源的权力部门的联系;对地方性文化的敏感性;争取社区居民和非正式资源的支持等。[①] Brian Cheers 基于对澳大利亚、美国、英国的比较研究,提出了农村社会工作实践模式的形成须考虑四个方面的挑战和问题:服务成本(cost);可及性和可得性(accessibility and availability);相关性(relevance);认受性(可接受和认可,acceptability),而回应这些问题的一个最重要的原则是基于本土化的服务创新。[②] 这些国外的研究成果对本书关于中国特色农村社会工作实践模式的探讨很有启发。

2.2.2 国内农村社会工作研究

与专业社会工作在中国的发展同步,国内农村社会工作研究开展得较晚,成果主要集中在近十年以内。在 2007 年以前,国内农村社会工作的研究成果较为罕见。查询中国知网,可以发现,2007 年以前以农村社会工作为关键词的文章仅有 3 篇,而 2007 年以来的文章有 153 篇,其中,2007 年有 11 篇。2007 年成为一个分界点,一是因为 2006 年 10 月召开的党的十六届六中全会提出,要"建设规模宏大的社会工作人才队伍",从而推动了全国社会工作的发展;二是自 2007 年起,民政部开始在全国范围内逐步推动一批城市和农村的社会工作人才队伍建设试点和示范点工作,在上述背景下,对农村社会工作的关注和研究因此也多起来。国内农村社会工作的研究大体可以归纳为两大方面:一是对发展农村社会工作的理论探讨;二是基于农村社会工作实践的实证研究。具体可概括为以下几个方面的成果。

(1)发展农村社会工作的重要性和可行性的探讨。王思斌教授指出,我国迫切需要发展农村社会工作,以改善基本民生,服务弱势群体,促进乡

---

① Richard Pugh and Brian Cheer. 2010. *Rural Social Work*: *An International Perspective*. The Policy Press.

② Brian Cheers. 1992. "Rural Social Work and Social Welfare in the Australia Context." *Australia Social Work* 45(2): 11–21.

村发展。[①] 周沛从农村社区问题和社区发展的角度分析了农村社区社会工作发展的重要性。[②] 陈成文指出，实现农村善治、构建和谐社会，需要推进农村社会工作的职业化。[③] 杨发祥、闵慧认为，当代农村社会工作的动力来自于农村社会的现实需求、农村社会建设的政治和政策需要。[④] 戴利朝讨论了社会工作介入乡村治理的必要性与可行性，其必要性在于社会工作有助于解决乡村治理的难题，提升基层政府公务员开展公共服务的能力，其可行性在于中央政府对社会工作的制度化设计、民政部门和基层政府建设社会工作人才队伍所提供的契机、中国本土社会工作的基础、社会工作所具有的科学理论和方法等。[⑤] 还有学者指出，推进我国农村社会工作发展不仅有助于实现农村基本公共服务均等化，而且能够有效缓解农村社会的衰败并解决农村发展所面临的重点和难点问题。[⑥] 周绍宾等人指出，发展农村社会工作对创新农村社区治理、整个国家治理体系和治理能力的现代化都具有重要的积极影响。[⑦]

（2）农村社会工作人才队伍建设研究。专业社会工作对我国农村地区来说，完全是一个新鲜事物，在面临诸多考验之下，如何从无到有建设一支专业的农村社会工作人才队伍尤其引人关注。原江西省万载县委书记陈晓平指出，农村社会工作人才队伍建设，要与改革基层社会管理体制紧密结合，与各项民生政策紧密结合，坚持专业化与本土化相结合。[⑧] 郭伟和对中国农村社会工作职业化推进中的制度性条件进行了反思，提出了体制内演进与体

---

① 王思斌：《我国农村社会工作的综合性及其发展——兼论大农村社会工作》，《中国农业大学学报》2017年第3期。
② 周沛：《社区社会工作》，社会科学文献出版社，2002，第247~256页。
③ 陈成文：《现实农村善治必须推进农村社会工作职业化》，《湖南农业大学学报》2011年第6期。
④ 杨发祥、闵慧：《中国农村社会工作发展探析》，《福建论坛》（人文社会科学版）2011年第1期。
⑤ 戴利朝：《社会工作介入乡村治理的必要性和可行性分析》，《江西师范大学学报》2007年第5期。
⑥ 袁泉、游志麒：《我国农村社会工作的需求特征与推进路径》，《华东理工大学学报》（社会科学版）2016年第5期。
⑦ 周绍宾、李连辉：《社会工作与农村社区治理——以重庆市白虎村为例》，《重庆工商大学学报》（社会科学版）2016年第4期。
⑧ 陈晓平：《农村社会工作人才队伍建设的新探索》，《红旗文稿》2011年第7期。

制外发育的张力及其调适的问题。① 蒋国河提出，加快农村社会工作人才队伍建设，必须从理念、制度、财政、人才开发、培训与激励制度等多方面入手；把社会工作人才队伍建设纳入党政干部农村工作的考核范畴；通过体制内和体制外双轮驱动，加快农村社会工作岗位开发与设置；完善职称评定、薪酬保障及合理流动等激励机制②；同时，要加快乡镇社会工作服务分支机构建设，实现社会工作服务在地化、本土化，其运作原则是实现组织独立，建立与基层政府的伙伴关系。③ 还有学者建议，将大学生村官队伍转变成农村社工人才队伍。④

（3）农村社会工作的角色与功能研究。顾东辉教授基于对江西万载的调查指出，社会工作者在新农村建设的社会工作实践中大致体现了调查者、支持者、能力促进者、资源链接者、社区组织者、政策影响者等方面的角色。⑤ 蒋国河指出，社会工作在新农村建设中的主要角色应该是充分发挥其专业引领作用，形成政府主导、农民主体、社工引领这样一种良性互动的新农村建设格局，社会工作者能够在新型农民培养、村庄发展与规划、文明乡风形成、农民合作组织培育、基层角色互动与资源整合等领域发挥专业服务功能。⑥ 陈涛认为，目前农村社会工作角色的主体地位是"照顾者"角色和"陪伴同行者"角色；基本功能定位为农村社会事业的组织者和执行者，核心是承担与农村社会福利、社会救助相关的组织执行与服务任务。⑦ 熊景维、钟涨宝则认为，社会工作在农村社会发展中的职能定位应为辅助和支持性的手段，而非替代和根本性的手段；其主要职能一方面在于提供基本社会服务，更重要的是这些服务活动应该成为村民自我发展、自助助人的火种，

① 郭伟和：《体制内演进与体制外发育的冲突：中国农村社会工作的制度性条件反思》，《北京科技大学学报》（社会科学版）2007 年第 4 期。
② 蒋国河：《加快农村社会工作人才队伍建设的对策研究》，《党史文苑》2010 年第 2 期。
③ 蒋国河：《社会工作在新农村建设中的需求、角色与功能》，《中国农村经济》2010 年第 5 期。
④ 程毅：《建构与增能：农村社会工作视域下大学生村官的角色与功能》，《华东理工大学学报》（社会科学版）2009 年第 4 期。
⑤ 民政部社会工作司：《农村社会工作研究》，中国社会出版社，2001，第 40 页。
⑥ 蒋国河：《社会工作在新农村建设中的需求、角色与功能》，《中国农村经济》2010 年第 5 期。
⑦ 陈涛：《农村社会工作及其主体角色定位》，《湖南农业大学学报》（社会科学版）2014 年第 6 期。

社会工作的角色应定位为卓有成效的支持者和协助者，而不是社区领导者和计划执行者。总而言之，对农村社会工作的角色和功能，学界尚有不同的看法和观点。①

（4）农村留守人员社会工作服务研究。史铁尔、蒋国庆结合长沙民政职业技术学院社会工作团队在湖南湘西翁草村的实务案例探讨了社区营造视野下的农村留守人员社会工作服务的操作模式。他们指出，农村社区营造是实现我国社会治理的重要手段之一。社区营造作为一项文化新政策，主要以建立社区文化、凝聚社区共识、建构社区生命共同体为主要目的，社区营造为社会工作介入农村留守人员提供了新的理论视角和社会服务模式，如以社区治理为视野、以社会工作为方法、以城乡公平贸易为平台，采取文化引导，以社会工作服务站为载体、以生态合作社为基础，重建农村社会互帮互助支持网络，通过为农村留守人员提供社会工作专业服务，改善他们的生活质量。② 有学者专门探讨了社会工作在农村留守儿童教育中的介入问题，指出社会工作作为专业的助人服务活动，其功能、方法、介入模式对留守儿童教育问题的解决具有促进作用。③ 吴帆的研究指出了目前留守儿童社会工作服务的不足，如专业人才的不足、缺乏科学的服务评估等，提出要加强留守儿童社会工作服务主体的建设，发挥专业社会工作者在多元主体中的核心作用。④

（5）社会工作介入农村反贫困问题的研究。徐永祥、向德平等学者探讨了社会工作对中国农村扶贫发展的启示。徐永祥指出，农村扶贫中最大的问题是扶贫项目的效益差，资源浪费严重，而借鉴社区工作中的社会策划模式，有助于加强项目的微观管理技巧，提高整个项目的成效和效益。⑤ 向德平、姚霞分析了社会工作与反贫困工作的亲和性，指出社会工作可以为反贫

---

① 熊景维、钟涨宝：《新时期我国农村社会工作的典型实践、经验与挑战》，《华东理工大学学报》（社会科学版）2016 年第 5 期。

② 史铁尔、蒋国庆：《社区营造视野下的农村留守人员社会工作服务》，《中国社会工作》2014 年第 6 期。

③ 王章华、戴利朝：《农村留守儿童教育问题与社会工作介入》，《河北师范大学学报》（教育科学版）2009 年第 7 期。

④ 吴帆：《我国农村留守儿童社会工作服务发展现状与主要问题》，《中国民政》2016 年第 12 期。

⑤ 徐永祥：《社区工作》，高等教育出版社，2004，第 117 页。

困提供专业的价值观、专业的方法与技能及优势视角，并从重视能力建设、促进贫困者的社会参与等方面提出了介入的途径。[①]钱宁则分析了社会工作视角的社区能力建设对反贫困的重要性及其策略[②]，并指出，以内源发展的社会政策思维助力精准扶贫，有助于克服当前扶贫工作中过度行政化带来的贫困者依赖政府、被动脱贫的不良倾向。[③]王思斌从价值观、方法等方面分析了社会工作参与扶贫开发的优势，认为社会工作在制度-能力整合的反贫困模式中可以发挥重要作用；但是，目前的实际情况是社会工作在反贫困中的作用发挥有限，为此要加强社会工作参与反贫困的制度建设和社会工作队伍参与扶贫开发的能力建设。[④]李迎生、袁君刚认为，现行的扶贫工作专业性不足，扶贫能力和精力有限，以扶贫济困为本，遵循个别化、差异化原则的专业社会工作介入精准扶贫是对政府传统扶贫方式的革新和有效补充。[⑤]在实践层面，张和清、陈涛等具有实务倾向的学者在云南、广东、四川等地开展的农村社会工作实务探索具有启蒙性意义，他们开创性提出的"城乡合作贸易""生计社会工作"也体现了反贫困社会工作的面向。

（6）农村社会工作实践模式的理论探讨。王思斌教授提出了"大农村社会工作"的模式。他指出，农村社会工作面对的服务对象的问题具有综合性特点，社会工作服务和干预也相应地具有综合性特征。比如，贫困就是一个综合性问题，家庭成员的劳动能力、就业机会、家庭结构、社会支持网络，都与家庭的贫困与否直接相连；同样，已成为重大社会问题的留守儿童问题也具有综合性特征。而农村问题和社会工作的综合性特征呼唤"大农村社会工作"，需要在缓解和走出贫困、协调社会关系、心理抚慰等方面联

---

① 向德平、姚霞：《社会工作介入我国反贫困实践的空间与途径》，《教学与研究》2009 年第 6 期。

② 钱宁：《农村发展中的新贫困与社区能力建设：社会工作的视角》，《思想战线》2007 年第 1 期。

③ 钱宁：《以内源发展的社会政策思维助力精准扶贫》，《湖南师范大学社会科学学报》2017 年第 3 期。

④ 王思斌：《精准扶贫的社会工作参与——兼论实践型精准扶贫》，《社会工作》2016 年第 6 期；王思斌：《农村反贫困的制度——能力整合模式刍议》，《江苏社会科学》2016 年第 3 期。

⑤ 李迎生：《社会工作助人精准扶贫：功能定位与实践探索》，《学》2016 年第 4 期；袁君刚：《社会工作参与精准扶贫的比较优势探析》，《西北农林科技大学学报》（社会科学版）2017 年第 1 期。

合工作，在社会救助、扶贫开发、能力发展方面联合工作。具体来说，即坚持专业理念、灵活运用专业方法，对社会工作任务进行综合考虑和界定，将直接服务与增强权能相结合、将专业方法与本土方法相结合，协同多方资源服务农村居民和社区发展。① 江波、谢雨锋分析了社会救助这一本土社会工作实践中存在的缺失，提出要构建新型社会救助系统必须从宏观和微观层面输入社会工作元素，采取整合的社会工作介入策略。② 边慧敏、韦克难等学者归纳了与农村社会工作相关联的灾害社会工作实践中的三种介入模式，包括政府主导、社会组织主导、高校主导的三种模式③，并提出行之有效的模式应该是：以政府为主导、以民办社工机构为服务主体、以社区能力建设为主要内容的灾后重建社会工作服务体系。④ 刘军奎学者提出了村庄本位的农村社会工作推进导向和发展思路，强调农村社会工作导向应从个人、家庭服务转向村庄服务，从问题解决转向关系调适，从经济帮扶转向文化帮扶。⑤ 此观点的问题在于，个人、家庭服务不仅是社会工作的基本对象，而且是与村民建立信任关系的主要手段，没有个案、家庭服务和经济帮扶，农村社会工作将没有立足之本。农村社会工作服务必须立足于地方性知识，扎根于农民的真正需求，同时也须注意文化敏感性，立足于本土处境不断反思，如古学斌等学者所言，要避免把自己的文化价值和行为观念强套于案主，形成一种文化的压迫，社会工作者需要识别地方性文化（即特定社群的特定生活方式及其生活意义）的盲点，也即文化识盲。⑥

（7）地域性农村社会工作实践模式的实证研究。①云南平寨和广东绿耕模式的研究。张和清、古学斌、杨锡聪依据云南平寨项目的多年实践经验

---

① 王思斌：《我国农村社会工作的综合性及其发展——兼论"大农村社会工作"》，《中国农业大学学报》（社会科学版）2017 年第 3 期。
② 江波、谢雨锋：《社会救助：基于本土社会工作的视角》，《科学·经济·社会》2010 年第 2 期。
③ 边慧敏、林胜冰、邓湘树：《灾害社会工作：现状、问题与对策——基于汶川地震灾区社会工作服务开展情况的调查》，《中国行政管理》2011 年第 12 期。
④ 韦克难、黄玉浓、张琼文：《汶川地震灾后社会工作介入模式探讨》，《社会工作》2013 年第 1 期。
⑤ 刘军奎：《村庄本位：中国农村社会工作的推进导向》，《中国农业大学学报》（社会科学版）2017 年第 3 期。
⑥ 古学斌、张和清、杨锡聪：《专业限制与文化识盲：农村社会工作实践中的文化问题》，《社会学研究》2007 年第 6 期。

总结出了一种优势视角下的农村社会工作实务模式，强调以社区为本，重视以能力建设和资产建立为本的社区发展实践与社区发展教育[①]；绿耕模式是平寨模式的延伸，系张和清教授依据团队创建的机构——广东绿耕社会工作发展中心在广东从化市仙娘溪村、珠海市红星村等地的农村社会工作项目实践，进一步总结出来的农村社会工作实践模式，即社区为本的整合社会工作实践模式，包括"驻村工作"的服务模式、"整合社会工作方法"、"以社区生计为突破口"、"社区组织"、"能力建设"、"资产为本的社区发展"、"文化行动"等实务策略[②]；基本目标是通过城乡合作、公平贸易等社区互助的社工实践，协力村民摆脱生计困境，实现乡村经济、社会、文化、环境的可持续发展。[③] ②万载模式的研究。万载县 2007 年获批为全国首批社会工作人才队伍建设试点县，2010 年被评为全国首批社会工作人才队伍建设示范县。民政部将万载的经验确立为农村社会工作的"万载模式"，向全国推广。社会工作学界对万载模式有一定的研究。原万载县委书记陈晓平发表的论文《新农村建设中的社会工作创新——以江西万载模式为例》将万载模式的特征概括为"党政主导、政策扶持、社工引领、农民参与、法治保障、和谐共建"[④]。戴利朝、沈新坤对江西万载"1+3"（即一名社工专业大学生，帮带一名民政干部、一名村居干部、一名志愿者）农村社会工作实务模式进行了总结。戴利朝指出，万载模式注重本土人才与高校专业人才的互动，通过"社会工作站"的设立和社工大学生的传帮带，培养本土的社工人才，在内容上注重与政府工作结合。[⑤] 沈新坤指出，江西万载的"1+3"模式表明本土社会工作与专业社会工作的互构演化态势，社工能够根据现实需要相互学习，在互相学习的过程中实现发展与调整。[⑥] 也有学者指出，万载模式具有典型的政府主导的特征，将面临党政的政绩追求和基层的动力不足之间

---

① 张和清、杨锡聪、古学斌：《优势视角下的农村社会工作——以能力建设和资产建立为核心的农村社会工作实践模式》，《社会学研究》2008 年第 6 期。

② 张和清、杨锡聪等：《社区为本的整合社会工作实践：理论、实务与绿耕经验》，社会科学文献出版社，2016，第 9~10 页。

③ 张和清：《全球化背景下中国农村问题与农村社会工作》，《社会科学战线》2012 年第 8 期。

④ 陈晓平：《新农村建设中的社会工作创新——以江西万载模式为例》，《江西社会科学》2014 年第 6 期。

⑤ 戴利朝：《万载经验：专业人才与本土人才互动》，《中国社会工作》2009 年第 4 期。

⑥ 沈新坤：《本土社会工作与专业社会工作的互构演化——"1+3"组合实践模式的学理阐述》，《社会工作》2009 年第 11 期。

的矛盾、政绩光环效应的暂时性和万载模式的可持续性之间的矛盾等。①
③江波、杨晖基于陕西民族社区农村社会工作的实践，总结了以赋权为本的
农村社区健康促进行动、社会性别与健康教育的基本方法，并提出了一种整
合取向的农村社会工作介入方式，强调农村社会工作对农村发展除了有实践
性之外，还要有一定的反思性，要承担起评估农村发展的使命，并立足于本
土经验，强化农村发展主体的能动性。② ④万江红、杨霞基于底层视角下的
农村社会工作实践反思，提出要以底层视角的理念来看待服务对象，注重站
在底层的视角来解读"隐藏的文本"背后的行为逻辑；在实践中通过发掘
服务对象的亚级次话语来还原真实需求，注重服务对象所处社区的文化、制
度等宏观结构的影响，同时要经常性地反思以促进实践的进步。③ 以底层视
角来看待服务对象，确实能发现诸多本土化的服务需求，不足之处在于，社
会工作者有可能因此将服务对象问题化，甚至造成标签效应，而忽视优势视
角下的解决方案。⑤湘西民族村落社会工作实践研究。史铁尔教授领导的长
沙民政职业技术学院社会工作师生自 2002 年起在湖南湘西的几个苗族村落
开展农村社会工作服务。其基本实践策略是：以民族团结为中心，以社区综
合服务中心为平台，以能力建设和优势视角为理念，开展以苗歌苗舞等为主
的民族文化传播和生计援助等服务；在人才队伍建设上，注重将当地人才的
培养作为服务项目的核心工作。④ 但也有学者指出，湘西的农村社会工作模
式具有典型的"高校实习"特征⑤，即高校主导的一种结合社会工作专业学
生实习与服务地方需要的实践模式。

2.2.3 国内外相关研究述评

现有的研究取得了一些重要成果，为我们进一步深化农村社会工作研究
提供了理论与文献基础。但从总体看，国内农村社会工作的研究并不成熟，
就本课题而言，存在以下几个方面的不足。

---

① 田先红：《农村社会工作的万载实验》，《决策》2012 年第 Z1 期。
② 杨晖、江波：《农村社会工作：实践与反思》，西安出版社，2007。
③ 万江红、杨霞：《底层视角下的农村社会工作实践反思——以 E 社工站为例》，《社会工作》2014 年第 1 期。
④ 史铁尔、蒋国庆、钟涛等编著《农村社会工作》，中国劳动社会保障出版社，2015，第 251~252 页。
⑤ 民政部社会工作司：《农村社会工作研究》，中国社会出版社，2011，第 159 页。

（1）现有研究多停留在零散的"局部观察"阶段，且局限于实务理论视角或介入技巧，缺乏对国内外农村社会工作实践模式的系统、比较研究，也尚未深入认识各种实践模式的局限性以及如何构建符合本国特色的实践模式，比如，对农村社会工作的职能定位问题，农村社会工作站的设置问题，驻村还是驻镇、驻县等服务模式的选择问题，资源配置问题等，缺乏深入探讨。

（2）对农村社会工作实践中的典型模式如万载模式、绿耕模式的研究成果不够丰富和深入，尤其对万载模式的研究，来自媒体的报道和官方人员等方面的经验总结的政绩性材料较为多见；而涉及万载模式的学术研究，也多为引用的媒体及官方人员的材料，较少见到关于该模式的客观、平实的经验性学理研究。

（3）缺乏对农村社会工作实践中整合与拓展资源的经验与做法的学术关注与理论提升。农村社会工作的发展面临诸多的资源约束，必须强化资源拓展和嵌入式发展。① 关于农村社会工作机构在资源拓展方面有哪些本土化的经验，目前尚缺乏这方面的经验研究。

（4）对农村留守人群尤其是全社会普遍关注的留守儿童群体社会工作服务模式的研究不够深入。当前对留守儿童社会工作服务模式的研究，还停留在零碎的个案研究层面，研究的内容还停留在留守儿童学业辅导、心理障碍、行为偏差等方面，对留守儿童社会工作服务的机构建设、制度建设的本土化研究成果不够；另一方面，对体现儿童权益最大化的留守儿童社会保护服务这一前沿主题关注不多。

（5）对社会工作如何介入当代农村反贫困或精准扶贫这一具有中国特色的农村社会工作议题的研究不够丰富和系统。社会工作作为专业的社会力量在具有中国特色的农村反贫困行动中可以发挥哪些独特的作用并弥补政府主导的扶贫机制的不足？国际范围内社会工作介入扶贫的视角有哪些？从中国的实际出发，有哪些具体的实践空间？这些都值得深入探讨。

本书将围绕上述议题，结合对农村社会工作典型实践模式的调查分析与比较，总结各地实践经验，并深入剖析有关案例，在此基础上，以本土化和专业化为核心，深入探索适合本土情境的农村社会工作实践模式和政策、制度体系建设，为发展具有中国特色的农村社会工作提供经验参考和理论支持。

---

① 王思斌：《和谐社会建设背景下社会工作的发展》，《中国社会科学》2009 年第 5 期。

第3章 我国农村社会工作的
发展历程和现状

　　关于我国农村社会工作的起源和兴起的时间，学界存在不同的观点。一种观点认为，我国的农村社会工作可追溯到民国时期的乡村建设运动①，另一种观点则倾向于把党的十六届六中全会通过《中共中央关于构建社会主义和谐社会若干重大问题的决定》（以下简称《决定》）和2007年民政部推动的农村社会工作人才队伍建设试点视为农村社会工作的兴起时间。② 党的十六届六中全会通过的《决定》提出"建设宏大的社会工作人才队伍""造就一支结构合理、素质优良的社会工作人才队伍"；党的十六届六中全会之后，民政部贯彻会议精神在全国范围内选取了75个（县、市）作为社会工作人才队伍建设试点单位，其中有4个农村社会工作人才队伍建设试点，从此，农村社会工作发展开始进入政府工作的视野，这确实是当代农村社会工作发展的一个具有里程碑意义的开端。不过，最新的研究揭示，历史上第一次以"社会工作"名义从事本土农村社会工作实践的应该是燕京大学1930年开始举办的"清河实验"③，这一观点也获得陈涛教授的支持。④

---

① 杨发祥、闵慧：《中国农村社会工作发展探析》，《福建论坛》（人文社会科学版）2011年第1期；王员、周琴、胡朝阳：《晏阳初的平民教育运动对我国农村社会工作的启示》，《社会工作》2004年第7期。

② 郭伟和：《体制内演进与体制外发育的冲突：中国农村社会工作的制度性条件反思》，《北京科技大学学报》（社会科学版）2007年第4期；民政部社会工作司：《农村社会工作研究》，中国社会出版社，2011，第277~278页。

③ 郭占峰、李卓：《中国农村社会工作的发展现状、问题与前景展望》，《社会建设》2017年第2期。

④ 陈涛：《社工的基础是百姓自组织的民间社会》，《南都观察》2017年6月29日。

不过，"清河实验"本质上仍是民国乡村建设运动的一部分，"清河实验"的四大任务包括调查研究、农村经济、农村卫生及农村社会教育，这大体也与晏阳初先生的平民教育与乡村建设运动相呼应，说明其深受平民教育与乡村建设运动的影响。但"清河实验"是专业社会工作人才推动的乡村建设运动，也在乡村建设运动中造就了一批社会工作人才[①]，因此，关于农村社会工作的起源和兴起，我们就从民国乡村建设运动开始追溯。

3.1　民国乡村建设与本土农村社会工作

20 世纪上半叶由晏阳初、梁漱溟率先发起的乡村建设运动，实际上是一场影响深远的社会综合发展实验，乡村建设运动的领导者、参与者在很大程度上都可被视为本土农村社会工作者。[②] 其中，时间最早、比较典型的案例是晏阳初先生在河北定县开展的平民教育与乡村建设运动，笔者将在这里重点阐述。此外，20 世纪 30 年代燕京大学社会学系的师生开展的"清河实验"，虽然社会影响远不如晏阳初、梁漱溟领导的乡村建设运动，但"清河实验"是社会工作专业师生较早开始农村社区社会工作实践的探索，相比前者，具有更多的专业社会工作的成分，是农村社会工作的重要遗产，这里也将做一阐述。

3.1.1　晏阳初的河北定县实验

1923 年，晏阳初在北平成立了中华平民教育促进总会（简称"平教会"）。后来，为了集中人力、物力、财力，他在河北定县设立实验区，聚集力量开展乡村建设运动。晏阳初开展乡村建设实验的理论依据是他提出的"愚、穷、弱、私"论。他认为，中国的社会结构问题牵连到具体的"人"的问题。问题既然在人的身上，所以从事"人的改造"的教育工作，就成为解决中国整个社会问题的关键。而中国农民的四大病是"愚、穷、弱、私"。河北定县的实验是针对中国民众这四种大病提出的四大教育：以文艺

---

① 颜芳：《燕京大学乡村建设实验及其现实启示》，《教育史研究》2010 年第 2 期；张学东：《清河实验的启示》，《中国社会科学报》2015 年第 1 期。

② 民政部社会工作司：《农村社会工作研究》，中国社会出版社，2011，第 155 页。

教育培养知识力，以救农民之"愚"；以生计教育培养生产力，以救农民之"穷"；以卫生教育培植强健力，以救农民之"弱"；以公民教育培植团结力，以救农民之"私"。[①] 通过四大教育等平民教育，晏阳初希望能养成有知识、生产力和公德心且身心强健的一代新农民[②]，这是其平民教育的目标。

文艺教育，包含：①平民文学项目，如制定通用识字表，采集秧歌、鼓词和民间文艺，编辑平民读物等；②美术教育，包括收集、编辑、绘制民间图画，并发放给家庭和学校使用；③音乐教育，包括制造乐器、收集和编选民间歌曲、组织各种唱歌比赛活动等，利用广播无线电，普及社会教育；④农村戏剧，包括话剧公演、剧本编制、乡村露天剧场的建造、剧团训练等。

生计教育，目标是要"训练农民生计上的现代知识和技术，以增加其生产"，同时，"创设农村合作经营组织"，养成国民经济意识与控制经济环境的能力。换言之，要从生计教育入手，以达到农村的经济建设目的。具体内容包括：①农民生计训练，训练科目分为植物生产、动物生产、农村经济、农村工艺四类；②合作组织建设，分为自助社（合作社尚未组织之前，先组织自助社）、合作社、合作社联合会，合作社采取兼营方式，按农民之需要，逐渐经营信用、购买、生产、运销四方面的经济活动；③植物生产改进，含育种、园艺术，重点是兴办农场果园，引进和推广粮、棉、禽畜良种；④动物生产改进，含改良猪种、鸡种等。

卫生教育，其目的有两方面，一是实施卫生教育，人民强健身心，使每个人都成为健康的国民；二是要创建农村医药卫生制度，以节省各个农民的医药费用，改进医药设备的分配状况，以改善公共卫生的环境。卫生教育的内容包括以下几个方面：①建立保健组织，包括每村设保健员1人，中心村设保健所，所内设医师1人、助理1人，县里设保健院，为全县卫生教育与卫生建设之总机关；②消除天花流行病；③治疗沙眼与皮肤病等。[③]

公民教育，晏阳初视其为"必要的道德训练"，其意义在于养成人民的

---

① 晏阳初：《平民教育与乡村建设运动》，商务印书馆，2014，第216页。
② 晏阳初：《平民教育与乡村建设运动》，商务印书馆，2014，第52、123页。
③ 晏阳初：《平民教育与乡村建设运动》，商务印书馆，2014，第109~124页。

公共心与合作精神，训练团结力，发展国民的判断力、正义心。具体内容包括：①国族精神研究工作，选择志士仁人之事迹，制成图说，附以歌曲，作为公民教育之材料；②农村自治研究工作，如修改乡公约、清理债务、成立农民训练班等；③公民教育材料研究工作；④公民活动指导研究工作，如利用节会，培养村民的公共心与团结力；⑤家庭式教育研究工作，如开展家庭会，研究家庭实际问题及改良家庭日常生活之方法，分为家主、主妇、少年、闺女、幼童五种集会。

上述平教会的工作分为五个步骤进行，即调查、研究、实验、表演、推行。尤其难能可贵的是，定县实验特别注重社会调查，晏阳初先生强调，"对于定县的实验最生注意的就是社会调查。要以系统的科学方法，实地调查定县一切社会情况，使我们对于农民生活、农村社会的一般的与特殊的事实与问题有充分的了解与明了的认识，然后各方面的工作才能有事实根据地实施"①。

河北定县实验推行合作事业，强调尊重农民的意愿，同时特别关照贫困农民，给予每位有贷款需求的农民以贷款机会。定县实验开展的十年时间里，号召集中了许多优秀知识分子，平教会募集了巨款，在促进定县教育、生计、卫生事业的发展方面起到了重要的作用。② 河北定县的乡村建设实验为我们今天开展农村社会工作提供了重要的启示。

一是强调实证为本，开展调查研究。定县平民教育运动的起步是从社会调查开始的。平教会于 1928 年秋选定定县为"华北实验区"，以翟城村为中心，在开始各项工作之前，便成立了社会调查部，并着手进行社会调查。平教会先后聘任冯梯霞先生和李景汉先生担任调查主持人。调查人员首先对定县全县的历史、地理、赋税、风俗习惯进行了调查，然后又根据平教会划定的 62 个村庄，调查了教育、娱乐、宗教、卫生、生活、经济等具体情况。1930 年又开展了全县各村的概况调查，包括户口、村中领袖、学校现状、文盲人数、种地亩数、农产品种类、男女职业、医药状况等。调查人员获得了大量的第一手资料，编写了《定县社会概况调查》《定县土地分配调查》《定县人口调查》《定县农民生活费调查》等一系列定县社会调查丛书。通

① 晏阳初：《平民教育与乡村建设运动》，商务印书馆，2014，第 81 页。
② 郑杭生、李迎生：《中国社会史新编》，高等教育出版社，2000。

过调查，明确了问题和需求，为平教会实施行动层面的介入提供了事实依据。① 这体现了本土社会工作者的实证精神，制订调研计划、实施调查和评估、明确问题、预估需求，形成本土化的介入方案，今天的社会工作者仍然要坚守这种实证为本的精神，这也是社会工作本土化的必然要求。

二是注重本土优势资产的挖掘。优势视角和资产建设是社会工作重要的视角，而对优势资产包括历史文化资产的挖掘体现了这两种视角的结合。晏阳初与平教会在河北定县的实验中，无论是文艺教育还是生计教育，都注重挖掘内部优势资产或资源，比如，在文艺教育中，重视采集来自民间的秧歌、鼓词和民间文艺，编辑平民读物等，收集、编辑、绘制民间图画，收集和编选民间歌曲和农村剧本，在生计教育中，也注重与农民日常种养的种类相结合，如猪种、鸡种，而不是盲目引进外来品种。以上这些均有助于充分调动村民参与乡村建设活动的积极性和参与热情，也有助于实现内源式发展。

三是运用"表证农家"的本土方式创造性地开展生计教育。晏阳初与平教会认识到，生计教育是平民教育第一重要问题。② 文字教育虽然重要，文字教育可以消除大多数的文盲，但并不能给国家和农民带来直接的利益。农民是理性的，所谓"理性小农"③，将对生存和谋生的需要、对经济利益的考虑，永远放在第一位，一项发展方案，若是不能改善农民的经济处境，农民可能对之没有兴趣和参与热情，所以，晏阳初高度重视"生计教育"。这一点对今天农村社会工作者从事的乡村建设或社区发展来说仍具有启示意义。张和清等人开展的云南平寨农村社会工作项目、史铁尔等在湘西农村的社会工作项目、陈涛等在四川绵竹开展的灾后社会工作项目以及万载的农村社会工作实践，均重视生计项目的发展。而这种对生计项目的重视或是受到了晏阳初等乡村建设前辈思想的影响，如张和清、古学斌、杨锡聪在研究成果中梳理了晏阳初的乡村建设思想，并对生计项目给予了重点关注。④ 平教

---

① 李景汉：《回忆平教会定县实验区的社会调查工作》，载李济东主编《晏阳初与定县平民教育》，河北教育出版社，1990，第449页；娄海波：《定县平民教育运动对农村社会工作发展的启示》，《河北广播电视大学学报》2015年第5期。
② 晏阳初：《平民教育与乡村建设运动》，商务印书馆，2014，第51页。
③ 西奥多·W.舒尔茨：《改造传统农业》，梁小民译，商务印书馆，2006。
④ 张和清、杨锡聪、古学斌：《优势视角下的农村社会工作——以能力建设和资产建立为核心的农村社会工作实践模式》，《社会学研究》2008年第6期。

会还创造了"表证农家"的独特方式，来推广先进的农业技术。"表证农家"即表演证明的意思，即农民将自己从平教会获得的知识和技能、所取得的成功经验，传授给一般农民，让农民从身边人的成功中感受到现代农业技术带来的好处。[①] 从某种意义上说，"表证农家"是从中国农村社会生活实际中产生的本土社会工作方法[②]，更准确地说，这是本土化的社区教育方法。

四是重视农民合作组织建设。晏阳初要求生计教育部不仅要加强生计训练，而且要有合作组织体系建设的制度设计，研究建立村区合作经济组织和县一级的农民合作经济组织，包括自助社、合作社和合作社联合会。在平教会的努力下，全县成立了 276 个自助社，50 个合作社，成立了区、县联合会，发挥了合作组织在融资、生产、流通等方面的功能。[③] 从专业社会工作的视域看，农民合作组织的培育体现了赋权的视角，赋权的重要途径是组织增能，晏阳初虽然未接受过专门的社会工作训练，但通过深入观察中国农村和基于本土化的实践，认识到建立农民合作组织对于提升农民自我发展能力的重要性，并且卓有成效地推动合作社在全县农村组建起来，虽然对其成效缺乏进一步的评估，但这种努力尝试的精神值得今天的农村社会工作者学习。在今天的中国农村，虽然农民专业合作社开始建立起来，但呈现弱、小、散的状况，而发挥实际成效的合作社更少，农民合作组织的建立仍然任重而道远，农村社会工作者在其中大有可为。

五是重视通过家庭会、同学会等本土化的团体社会工作助推公共精神的形成。晏阳初和平教会重视公民教育，认为这是治"私"之本，且尤其注重民众的团结力、公共心的培养，培养"有公德心"的公民。为此，平教会设计了平民学校毕业同学会、家庭会和公民服务团等各种形式的活动。如果说"表证农家"是晏阳初和平教会从中国农村社会生活实际中产生的本土社区工作方法，那么从平民学校毕业的同学会、家庭会则是从中国农村社会生活实际中产生的本土团体工作（或小组工作）方法。以家庭会为例，其分组包括家主、主妇、少年、闺女、幼童等多种集会形式，研究家庭实际

---

① 晏阳初：《平民教育与乡村建设运动》，商务印书馆，2014，第 117 页。
② 娄海波：《定县平民教育运动对农村社会工作发展的启示》，《河北广播电视大学学报》2015 年第 5 期。
③ 晏阳初：《平民教育与乡村建设运动》，商务印书馆，2014，第 118 页。

问题及改良家庭日常生活的方法。以家庭会等团体社会工作的形式来提高公德心和公共精神，是一个创举，对当代社会工作者仍具有很大启发。公共精神，包括社区精神、社区意识的塑造依然是社区社会工作包括农村社区工作的重要内容，一般的方法以社区工作为主，而平教会采用的"家庭会"等团体形式，启发社会工作者可以尝试采用更多生动活泼的方式，改进工作。

晏阳初先生领导的平民教育和乡村建设运动不但为当代的乡村建设实验者提供了启蒙思想和经验[1]，也为本土农村社会工作留下了丰富的遗产，以上只是初步的探讨，平民教育和乡村建设运动对于本土农村社会工作的价值有待进一步的挖掘。

3.1.2 燕京大学师生的"清河实验"

关于"清河实验"，这方面的研究资料并不丰富，笔者也尚未接触到有关"清河实验"的直接史料，这里仅根据检索到的一些文献对"清河实验"做一简要介绍。

根据张学东的研究，尽管 1917 年上海成立的"沪东公社"开启了社会工作本土化的先河，但历史上第一次以"社会工作"名义从事本土社会工作的当属燕京大学 1930 年开始举办的"清河实验"（也有"清河实验区""清河试验区""清河试验所"等称谓，这里统称为"清河实验"）。就本质而言，前者属于城市社区工作，后者属于农村社区工作；就实务而言，后者的系统性、专业性更为凸显，它不仅推进了清河农村社区发展，而且造就了一批社会工作人才，推进了乡村建设运动。[2]

1922 年，北京大学的前身之一燕京大学设立了社会学系，由美国普林斯顿大学驻华同学会步济时（J. S. Burgese）、爱德华（D. W. Edwards）倡议发起。燕京大学社会学系初建时即注重培训社会服务专业人才，讲授课程侧重于社会服务及社会调查。1925 年，社会学系改称为社会学与社会服务学系[3]，正式开设社会服务学专业，也就是今天的社会工作专业。该专业开设"个案工作""团体工作""社会行政""精神健康社会工作""社会福利"

---

① 温铁军等：《中国大陆乡村建设》，《开放时代》2003 年第 2 期；温铁军：《乡村建设是避免经济危机的可能出路》，《小城镇建设》2017 年第 3 期。

② 张学东：《"清河实验"的启示》，《中国社会科学报》2015 年 1 月 9 日。

③ 雷洁琼、水世铮：《燕京大学社会服务工作三十年》，《中国社会工作》1998 年第 4 期。

等课程，培养了我国第一代专业社会工作者，开启了中国专业社会工作教育的先河。① 彼时，由于我国开展社会福利和社会救济工作，主修这一学系的学生日益增加，1927 年，该系同时开设了社会服务工作本科、研究科（即研究生）和函授科，函授科专为社会服务机关团体在职人员而设立。教师队伍也不断扩大，许仕廉、杨开道、李景汉、严景耀、张鸿钧、雷洁琼等知名学者均曾担任该系专职教师。据雷洁琼先生回忆，该系注重参观、访问、实地调查，指导学生走出课堂，深入社会，接触实际，发现社会问题，锻炼学生从事社会工作的能力。②

　　燕京大学社会服务工作专业师生对农村社会工作尤为重视。"清河实验"即由燕京大学社会学系社会服务工作专业的师生开创。当年的清河，是北平市郊宛平县的一个镇，今天的清河早已没有了农田，成为城区的一部分，隶属于海淀区"清河街道办事处"③。1928 年，燕京大学接受美国洛克菲勒基金会的资助，由杨开道教授主持，组织学生到北平郊区清河镇开展农村社区的社会调查，建立乡村服务实习基地。同年秋，燕京大学师生对清河镇进行了实验预先评估。在随后的一年里，他们向清河居民宣传预估结果与建议，引起了当地居民的注意，居民们主动要求合作、进行社会改良。1930 年清河实验区成立。该实验区覆盖 40 个村落、22444 人。1932 年，实验区设立了调查研究、农村经济、农村卫生及农村社会教育四股，开办家庭工艺厂、花生酱厂、毛织工厂、补习学校和医院。此外，还开展了儿童福利工作、职业训练、公共卫生、文化学习、公共娱乐及体育活动；并根据当地需要，组织信用合作社、消费合作社和小额贷款等。合作农场是"清河实验"特别提倡的事业。1931 年，燕京大学师生首先在东北旺村成立合作农场，由清河实验区经济股给予 200 元的借贷支持，主要从事薄荷种植项目。实验区针对合作农场的种植项目还加强了农业科技指导，聘请专家前往指导培育技术和栽种养护方法。东北旺村的合作农场取得了一定成功，带动其他各村模仿。至 1935 年，清河实验区共有东北旺、黄土北店、西二旗和卢家村 4 个合作农场。合作农场种植的多是特色农业作物，包括薄荷、棉花、芝麻

---

① 陈涛：《社工的基础是百姓自组织的民间社会》，《南都观察》2017 年 6 月 29 日。
② 雷洁琼、水世铮：《燕京大学社会服务工作三十年》，《中国社会工作》1998 年第 4 期。
③ 谈小燕：《社会治理与清河实验——专访清华大学社会科学学院院长、中国社会学会会长李强教授》，《领导文萃》2016 年第 4 期。

等，同时，聘请了农业科技专家进行栽种技术指导，并推进品种改良，这其实是一种现代农业的尝试，清华大学陈争平学者称之为北京农业现代化的先声。①

"清河实验"的目标即是服务社会、改造社会，这也是加强社会服务工作专业实习教育的重要内容。清河镇同时也是燕京大学社会学系的实习基地。为加强对参与清河实验的学生的指导，燕京大学社会学系教师担任督导，每年带领学生到"实验区"学习一个月，并根据"实验区"调查材料写出调查报告和学术论文。②

燕大师生还参加了河北定县平民教育实验区社会调查，为平民教育与乡村建设运动做出了贡献。为了满足乡村建设运动兴起的需要，1934年，燕京大学社会学系还开设了农村建设科，专门进行农村问题的研究和实验，培训从事乡村建设的人才。③ 1936年，燕京大学社会服务工作专业师生还参加了华北农村改造协进会培训工作，该会由平民教育促进会、清华大学、南开大学、燕京大学、金陵大学及协和医院六个单位相互配合，培训农村工作人员，由燕大张鸿钧教授主持，分别在山东济宁及河北定县两地进行。1937年，抗日战争爆发，原定计划未能实现④，清河实验在历时 8 年后被迫停办。抗战胜利后，实验工作又恢复了一段时间，但规模和影响大不如前。

"清河实验"围绕经济、社会、卫生等项目开展了一系列实验工作，取得了一定成效。在经济方面，改进当地农业生产技术，提高了农作物产量，通过资金合作减少了农民的经济压力，发展家庭手工业，提高了农民收入；在社会层面，教育事业得到发展，提高了居民文化素养，保护了妇女儿童的权益；在卫生方面，改善了保健卫生条件，培养了一批基层保健人才，建立了一些预防保健制度；在研究方面，关于农村青苗会、商市、日常用品统计、诉讼等主题的探索不仅推进了实验工作，而且形成了关于农村研究的理

---

① 陈争平、张顺周：《北京农业现代化的先声——民国时期清河经济建设实验概述》，《北京社会科学》2013 年第 3 期。

② 胡杰荣：《教会大学与早期中国社会工作教育——以燕京大学为个案》，载王思斌主编《中国社会工作研究》第 7 辑，社会科学文献出版社，2010，第 193 页。

③ 刘楠：《民国时期燕京大学社会学系的社会服务与改造》，西北师范大学硕士学位论文，2014，第 15 页。

④ 雷洁琼、水世铮：《燕京大学社会服务工作三十年》，《中国社会工作》1998 年第 4 期。

论成果。[①]

　　"清河实验"为我国农村社会工作留下了宝贵的财富，提供了以下启示。其一，注重专业化与本土化的结合，深入接触农村，扎根农村，大量开展调查研究，发现现实社会问题，探索本土化的方法，提供适合本土需要的农村社会工作服务。其二，开创了高校社会工作专业师生以实习形式介入农村社会服务和乡村建设的先河。当时的社会工作在全国的状况和当代的状况一样，专业教育的发展超前于职业化的进程，社会对社会工作缺乏认知，虽然有诸多社会福利服务方面的需求，但缺乏专业的机构资源供学生实习。通过开辟实验区，建立实习基地，促进实习与服务社会相结合，燕京大学为社会工作专业学生提供了一个既能服务社会又能加强实习教育的平台。其三，"清河实验"较早地建立了教师督导制，指导学生实习实践。教师身体力行，走出书斋，走进乡村，进入清河实习基地，带领和指导学生开展专业实习，培训农村社会工作本土化人才，这为今天加强农村社会工作人才队伍的专业化建设提供了启迪。应该说，十多年来，农村社会工作的发展，大体沿袭了"清河实验"的传统，包括云南平寨、江西万载、湖南凤凰等地的农村社会工作实践中，高校社会工作专业师生均以实习教育的形式深度介入，教师也发挥了督导的作用。这体现了社会工作这一舶来品在中国农村本土化的必然路径：教育界、高校将在社会工作的专业化、职业化进程中发挥先导作用。

3.2　当代农村社会工作的发展

3.2.1　宏观背景

　　燕京大学等高校的社会工作专业与社会学专业，在 1952 年因高等院校调整而被撤销。[②] 20 世纪 80 年代中期以后，社会工作专业得到恢复和发展。1986 年，北京大学首先设立了社会工作专业。1987 年召开的马甸会议是中

---

①　张学东：《"清河实验"的启示》，《中国社会科学报》2015 年 1 月 9 日。
②　雷洁琼、水世铮：《燕京大学社会服务工作三十年》，《中国社会工作》1998 年第 4 期。

国社会工作发展的里程碑，也意味着中国社会工作重建的开端。① 此后，社会工作专业在中国内地高等院校逐步发展起来。2006 年，党的十六届六中全会召开，全会通过了《中共中央关于构建社会主义和谐社会若干重大问题的决定》，《决定》提出，要"建立一支宏大的社会工作人才队伍"，并"加强专业培训，提高社会工作专业人员职业素质和专业水平"，"充实公共服务和社会管理部门，配备社会工作专门人员"。党的十六届六中全会通过的《决定》为社会工作的开展创造了前所未有的机遇，堪称是中国社会工作发展的又一个重要里程碑。此后，社会工作专业进一步发展，办学层次也得到提升，至今国内已有 300 余所院校设立了专、本、研究生不同层次的社会工作专业。党的十六届六中全会后，在《决定》的精神指引下，自 2007 年起，民政部等国务院部委开始加强全国社会工作人才队伍建设的部署，在全国推进了第一批、第二批社会工作人才队伍建设试点和示范点工作，制定了《社会工作专业人才队伍建设中长期规划（2011—2020）》（以下简称《社工规划》）。《社工规划》明确提出，到 2020 年基本实现每个国家扶贫开发工作重点县有一家社会工作服务站，带动培养 5 万名农村社会工作专业人才；自 2013 年起，实施了边远贫困地区、边疆民族地区和革命老区人才支持计划、社会工作专业人才专项计划（简称"三区计划"）。"三区计划"目标任务明确：从 2012 年至 2020 年，每年引导 1000 名社会工作专业人才（具有助理社会工作师、社会工作师职业水平证书，或具有社会工作专业本科以上学历，且具有一年以上社会工作经验者，包括在读社会工作硕士、博士研究生）到"三区"工作或提供服务，每年支持"三区计划"培养 500 名社会工作专业人才。自 2013 年起，民政部选派了首批 1000 名社会工作专业人员到"三区"服务。尽管"三区计划"存在种种不足，总体成效并不特别令人满意，但无论如何，"三区计划"在全国偏远的地区播撒了农村社会工作的火种，提升了社会工作在各地的认知程度和接纳程度。② 各省民政厅也自 2007 年起开始进行各地包括农村地区的社会工作人才队伍建

---

① 郑杭生：《在纪念马甸会议 20 周年会议上的致辞》，2007 年 12 月 21 日，http：//www.sociologyol.org/yan.jiubankuai/xuejierenwu/zhenghangsheng/2008-01-10/4362.html。

② "三区计划"实施过程中存在的问题有：经费不足；人员不稳定；交通成本、管理成本高；督导、考核环节薄弱等，参见刘伟、赵秀琴《专业社工参与农村基层治理研究——基于广西实施民政部"三区计划"的思考》，《中央民族大学学报》（社会科学版）2015 年第 6 期。

设的探索。相比城市地区，农村地区社会工作的推进较为缓慢，但也在一定程度上促进了农村社会工作的发展。

综合来看，无论是城市社会工作的发展还是农村社会工作的发展，均得益于上述宏观背景下两个方面的推力，一是高校社会工作专业教育对于实践的需要，社会工作是以实务为本的专业，实务是社会工作的灵魂，为提升学生的实务能力，高校需要发展社会工作实习实训等相关实践活动；二是政府层面为建设富强、民主、文明、和谐的社会，需要加强城乡地区的社会工作人才队伍建设，也需要推进城乡社会工作的发展。在此背景下，农村社会工作的实验和实践也逐步在各地开展起来。其中，云南、湖南、江西、广东等地的农村社会工作实践走在了全国前列，而广东最近实施的社会工作人才"双百计划"，更是农村社会工作发展的重要推进力量。因此，课题组将重点对云南、湖南、江西、广东等地的农村社会工作经验做一比较，这些具有不同特点的农村地区及其社会工作发展模式，代表了不一样的农村社会工作实践特点，社会工作者在这些试点地区的服务则体现了多样化的农村社会工作实践类型。

3.2.2 云南民族村落的农村社会工作实践

云南的农村社会工作实践项目中，以 2001 年以来张和清、古学斌、杨锡聪团队在云南师宗县的壮族村庄平寨村的农村社会工作项目最为知名（在一些研究成果中，也称其为"绿寨"）。此外，云南大学钱宁教授自2005 年起在苗族村庄开展的反贫困实践也具有一定的社会影响。钱宁教授的团队通过发展各种社区草根组织，建立社区议事会、妇女小组、农业技术小组，培育社区自我治理的精英，构建提升苗族社区能力和促进内源式发展的自主力量。[①] 这是赋权视角下的有意义的探索。由于资料有限，笔者无法就此做更多的阐述，这里就张和清教授等人开展的平寨项目做一重点探讨。

从 2001 年 3 月开始，借助基金会的支持，在云南省师宗县人民政府的协助下，香港理工大学和云南大学社会工作专业的师生选择滇东北少数民族

---

① 熊景维、钟涨宝:《新时期我国农村社会工作的典型实践、经验与挑战》,《华东理工大学学报》（社会科学版）2016 年第 5 期；钱宁:《农村发展中的新贫困与社区能力建设——社会工作的视角》,《思想战线》2007 年第 1 期。

行政村平寨作为项目点，推动了名为"探索中国农村社区发展的能力建设模式——以云南为例"的行动研究计划。项目注重草根组织的发育和社区文化的保护，目的是重建村民的社区认同感和文化自觉。例如，资助失学儿童重返校园、推动村民建设沼气、建立社区文化活动中心、设立图书馆、成立乡村文艺队、推动夜校扫盲班、与村民一起编写并出版村史、建立妇女手工艺小组、发展社区产业等。其社会工作的特色体现在两方面，一是注重能力建设，尤其是农民的合作能力建设。正如项目的主持者香港理工大学学者古学斌所言，他们主要希望依靠项目的开展发育出不同的社区组织，在此过程中提升社区民众的能力，使他们最后能够成为社区发展的主体。例如，同样是资助失学儿童的项目，基金会所捐助的款项不是由社会工作者或者村委会来管理，而是由不同村民（包括妇女、小学老师、青年等）组成的教育基金管委会来管理，由他们自己讨论决定资助的方法和名额、管委会的运作模式、换届选举的形式等，即以项目为载体，培育社区民众集体合作的精神，以及自我管理和自我决策的能力。① 二是贯彻优势视角，搭建"城乡合作平台"，促进农民的资产建设。该项目的另外一个主持者张和清教授根据实践经验总结出了一种优势视角下的农村社会工作实践模式。此模式以能力建设和资产建立为核心，强调如何利用社会工作的介入手法和策略，发掘农村当地社区和民众所拥有的资产和能力，从而使得当地社区和民众成为农村发展的真正主体。该优势视角下的资产建设的一个重要平台是"城乡合作平台"②。

"城乡合作"项目的总体构思是：①发展工作必须跳出农村社区的限制，到城市居民小区进行消费者的组织工作，并促进城乡社区（农产品消费者与生产者）的合作。②不仅要致力于改善农民的经济生活，也要推动他们保护环境，保存及弘扬传统文化，整合地应对农村诸问题，实现可持续生计；与此同时，通过城乡合作维护消费者获得健康、安全食物的权益。③科学工作者与社会工作者精诚合作，协助农民解决在生产转型过程中遇到的种种问题。因此，项目的总目标以城乡合作、公平贸易为平台，通过建立

---

① 古学斌、张和清、杨锡聪：《专业限制与文化识盲：农村社会工作实践中的文化问题》，《社会学研究》2007 年第 6 期。

② 张和清、杨锡聪、古学斌：《优势视角下的农村社会工作——以能力建设和资产建立为核心的农村社会工作实践模式》，《社会学研究》2008 年第 6 期。

城乡合作社组织和参与式质量认证体系，深入挖掘农耕文化，最终实现城乡和谐发展，共创生态文明和可持续生计。具体目标包括：①通过城乡合作社组织的发育，搭建城乡合作和公平贸易的平台，促进生产者与消费者直接交易，创建和谐的城乡关系；②发掘、保存和利用优良的水稻品种资源和稻作文化资源，恢复生态和文化的多样性，促进社区生态文明和可持续生计；③提高城乡居民使用农药化肥的风险意识，探索有效的参与式农药化肥替代技术方案，发展生态农业，保护生态环境，维护食物安全；④建立健全以城市消费者为主体，生产者参与的"参与式质量认证体系"，检查农产品质量，保证"城乡合作"项目的顺利进行。[①]

实践表明，云南平寨的项目由于其执行者的专业社工师生背景，体现了较高的专业水准和专业化运作特色，并由于其有充足的基金支持，对政府的依赖少，从而保持了充分的专业自主性，项目历时时间长，且深入社区，扎根民间，与农民建立了较好的互动关系，调动了村民的主动性，发挥了农民的主体性作用，项目实践取得了一定成效，为农村社会工作的推广和发展积累了经验。当然，云南平寨的项目实验由于其具有探索性质，存在不足也在所难免，其中一个重要不足是社会工作的本土化不够。王思斌先生提出，中国社会工作必须走"嵌入式发展"路径[②]，而云南平寨（同样的问题也存在于湖南的农村社会工作实践中）农村社会工作实践的"嵌入性"是不足的，甚至是"脱嵌"的，这一点在古学斌先生对"专业限制与文化识盲"的反思中也体现出来。[③] 一是专业实务技能的本土化不够。实践脱离"地方性知识"，未深入分析中国乡村文化的特色、领略乡村特殊的社区权力结构（如宗族等），文化敏感性不够，未据此对专业方法、干预策略进行因地制宜的变革与调整，致使如古学斌语所言"一种无知和无能感常常使我们感到步履维艰"。二是本土化的社会工作人才队伍和机构建设不够。新农村建设和农村社会工作的发展是一个长期的过程，因此需要大力培育本土化的社会工作人才队伍。在云南滇东北和湖南凤凰、古丈的实验中，项目的开展虽然专

---

① 张和清、杨锡聪、古学斌：《优势视角下的农村社会工作——以能力建设和资产建立为核心的农村社会工作实践模式》，《社会学研究》2008 年第 6 期。

② 王思斌：《和谐社会建设背景下中国社会工作的发展》，《中国社会科学》2009 年第 5 期。

③ 古学斌、张和清、杨锡聪：《专业限制与文化识盲：农村社会工作实践中的文化问题》，《社会学研究》2007 年第 6 期。

业自主性有余，但与政府的互动不足，项目虽然深入，但主要依赖实习师生，本土化的专业社工队伍未建立起来，因此只能局限于某一个村落开展，未能推广和覆盖到更多的地方，也因此影响到项目的可持续发展。项目组撤离后，该地的农村社会工作基本处于停滞状态。而在农村社会工作的本土化方面，江西万载的探索是非常有意义的，这一点将在后文中进一步论述。

3.2.3　湖南凤凰、古丈等地的农村社会工作实践

长沙民政职业技术学院史铁尔教授团队较早在湖南进行农村社会工作的探索，其主要的实践基地是地处湘西的凤凰县和古丈县。湖南省古丈县和凤凰县地处湖南省西北部，隶属于湘西土家族苗族自治州，地处偏远，交通不便，信息闭塞，属"老、少、边、穷"地区。从 2003 年起，古丈县、凤凰县与长沙民政职业技术学院社会工作系开展合作，将培育和发展社会工作引入政府视野。长沙民政职业技术学院选择了古丈县的默戎镇、凤凰县的山江镇的 3 个苗寨村落作为农村社会工作的教学实践基地。在当时来说，基地设立主要是出于社会工作专业师生实习的需要，"实习的目的主要是锻炼实习生的农村社会工作实务能力，积累农村社会工作的实务经验，并希望能做一些农村社区发展的项目，为当地农村社区做一些事情"[①]。而关于选择湘西偏远的村寨作为社会工作实习点的原因，史铁尔教授说："现在中国的社会工作教材都是从国外引进的，但中国有自己的特殊国情。中国是个农业大国，农民是主体，两千万绝对贫困人口生活在农村。那里有最需要帮助的人，所以我们去农村。"[②] 湘西农村经济仍然较落后，且是少数民族聚居区，农村社会工作确实有广阔的实践空间。2007 年，凤凰县入选民政部农村社会工作人才队伍建设首批试点单位，古丈县虽不在公布的首批名单之列，但由于成绩显著，获邀作为代表在 2008 年底召开的全国农村社会工作人才队伍试点建设经验交流会上做经验介绍。

从长沙民政职业技术学院与两县的合作情况看，2007 年以后，古丈县

---

① 薛洋、李四凤、张明辉：《九龙社区报告》，载史铁尔主编《农村社会工作实践调查报告》打印稿，2007 年 5 月；民政部社会工作司：《农村社会工作研究》，中国社会出版社，2011，第 160 页。

② 曾鸣：《史铁尔：率社工湘军下农村》，《公益时报》2007 年 4 月 3 日，转引自民政部社会工作司《农村社会工作研究》，中国社会出版社，2011，第 160 页。

的默戎镇中寨村社会工作服务站成为长沙民政职业技术学院的重点实习单位，学院每年派出学生赴该基地实习。2013 年 1 月，依托长沙民政职业技术学院的古丈县仁与社会工作服务中心注册成立，主要从事农村社会工作服务。仁与成立后，又开拓了翁草村社会工作服务站，并专门聘用了一名社工长期进驻默戎镇翁草村，以协作者身份开展农村社会工作服务①，该村也是仁与社会工作服务中心承担的民政部"三区计划"项目单位。

在史铁尔教授等人的指导下，湖南凤凰县和古丈县的农村社会工作者，遵循平等、尊重、参与、发展的原则，紧扣少数民族的生存和发展主题，扎根苗寨，立足苗民的现实需求，开展了形式多样、内容丰富的农村社会工作服务，探索了具有民族区域特色的农村社会工作模式。主要的活动有：①建成苗寨社区活动中心开展服务。在多方努力下，建成社工驻点的中寨村苗寨社区活动中心，该中心建有阅览室、活动室、放映室、电脑室、广播室以及户外的活动广场。社区活动中心成为村民的公共活动空间，社工和实习学生依托这一平台开展社区服务、社区组织、社区文化、社区教育等活动。②广泛开展以苗歌苗鼓为核心内容的小组活动，弘扬民族特色文化。苗鼓、苗歌是苗族人民智慧的结晶，村民对苗鼓、苗歌的喜爱尽显其中。社会工作者本着保护当地文化多样性的目的，鼓励村民恢复自己的传统文化，在村里组织了苗鼓队、苗歌队，开展了如"四月八"山歌会、"赶秋"节、苗鼓赛等活动。这些活动一方面恢复了当地传统文化，保护了文化的多样性，另一方面也丰富了人们的文化生活。③针对苗族妇女地位低下的状况，开展了以兴趣爱好、才艺表演为形式，以提升自信和自我身份认同为目的的妇女小组活动。④针对当地信息获取渠道单一（主要是电视）、公共文化资源缺乏的特点，社工引领村民办起了社区报、建立了流动图书馆，组织了简报小组，既丰富了村民的信息、科技、文化资源，又让村民学会了与他人分享与合作，增进了村民之间的沟通与交流。⑤开展外出打工培训，帮助山区少数民族青年更新知识、拓展能力、学会维权，以使其更好地适应城市工作和生活。⑥重视生计项目开发。社工扶助苗寨村民成立农业合作社，并与省扶贫办合

---

① 根据课题组对史铁尔教授等人的访谈以及课题主持人 2015 年对翁草村的实地考察。

作，引入波尔山羊喂养项目，拓宽当地农民致富渠道，促进社区经济发展。①

以上是凤凰县、古丈县在全国社会工作人才队伍建设试点期间开展的主要农村社会工作服务。这些举措充分发挥了优势视角，结合了苗歌苗鼓等具有民族特色的文化资源，开展资产为本的社会工作服务。近两年，长沙民政职业技术学院着力开拓翁草村等新的农村社会工作服务点，并尝试运用更具时代感的社会工作方式开展服务和拓展资源。这在以下两个事例上能得到充分体现。

一是为苗寨安装路灯和 wifi。初进翁草村的社工 H，没有急着开展活动，而是敏锐地捕捉到村寨年轻人的急迫需求，整合资源为社区安装了路灯，并想方设法为苗寨装上了 wifi，很快与村民建立了信任和亲切的关系，在随后的工作中，村干部和村民对 H 的工作都很支持。

二是发挥苗族文化特色优势，开展暑期支教、夏令营、民宿、苗族文化体验活动。据统计，2012~2013 年，已有 15 个组织到翁草村开展相关体验活动。参加这些活动的成员共捐助 24000 元，资助村里 13 名儿童继续上学，吃住在村民家，为提供住宿的家庭每月带来 600 元的收入。② 2017 年，社工还组织了本地留守儿童夏令营活动，入营儿童达 40 多名，长沙民政职业技术学院的社工实习生设计了丰富的主题活动，帮助这些儿童快乐地度过暑期。

三是建立了微信群开展网络社会工作。微信群是时下团体互动和交流的常用方式。但社工 H 为翁草村创建的两个微信群"爱村群"和"湘西古丈城乡社会网络"却有更大的抱负。这两个微信群的独特之处在于，其成员不仅包括社工、志愿者，而且还包括国内的诸多专家、学者和政界、企业的社会精英。2015 年暑期，参加中国社会工作教育协会农村社会工作专业委员会的专家学者会后考察了翁草村，在交流环节，社工 H 和社工服务站的

---

① 资料来源自四个方面：2008 年 12 月于万载召开的"全国农村社会工作人才队伍建设试点经验交流会"试点单位交流材料；课题组对长沙民政职业技术学院史铁尔教授及其团队成员的访谈；课题主持人对默戎镇的实地考察；史铁尔、蒋国庆、钟涛编著《农村社会工作》，中国劳动社会保障出版社，2015，第 250~251 页。

② 史铁尔、蒋国庆、钟涛、张宏贤：《借助团结经济模式，助力农村少数农民族社区发展——以古丈县默戎镇农村社区为例》，民政部农村社会工作发展战略研讨会发言材料，2013 年 8 月。

其他成员就翁草村的工作计划与考察团成员进行了深入交流，各位专家也纷纷建言献策，探讨非常热烈，且意犹未尽。之后，在某位专家的建议下，社工 H 建立了"爱村群"，把所有参加考察的专家学者以及社工、村干部等纳入微信群，该群目前有成员 23 名，包括北京大学、中国社会科学院、中国青年政治学院等多所高校和科研院所的专家学者（包括本课题主持人），至今该群仍处于活跃状态，他们通过微信对翁草村的工作进展和动态保持关注并提供建议。在建立"爱村群"后，受此启发，社工 H 把原有的社工服务站工作群扩建为"湘西古丈城乡社会网络群"，该群包括了部分村民、村干部、社工、考察团的专家学者以及省内外其他关注翁草村的社会人士，目前共有成员 100 名（包括本课题主持人）。社工服务站的本地社工经常将翁草村的新动态、拟开展的活动发至群中，比如该群最近发布了 2017 年暑期夏令营招募和开营第一天的消息。部分入群的村民也时常在群中分享一些有趣的、有意义的事情，从而沟通了城乡网络，让村内外、省内外关注该村的朋友们及时了解村里的信息和动态，并在有需要且有能力的时候，给予村寨一定的支持。这就是新时代的网络社会工作。网络社会工作的运用，使农村社会工作者不再孤独，不再是一个人战斗，整合了更多的同行者跨越时空距离，协同工作。互联网条件下，社工的角色也更加丰富，正如陈涛教授所言，互联网时代，社会工作不仅包括直接的社会工作，也包括间接的社会工作，社会工作的角色可以是照顾者、陪伴者，还可以是同行者，同行也可以改变社会。[①] 以上是湖南凤凰、古丈农村社会工作的特点及启示。

3.2.4　江西万载等地的农村社会工作试点

民政部从贯彻落实党的十六届六中全会"建设宏大的社会工作人才队伍"和党的十七大精神的要求出发，于 2007 年 3 月 3 日下发了《民政部关于开展社会工作专业人才队伍建设试点工作的通知》，决定在全国有条件的地区开展社会工作人才队伍建设试点工作，积极推进社会工作发展。2007年 5 月，民政部开始在全国选择一批社会工作人才队伍建设试点单位。鉴于江西农业大省的特点，江西省民政厅对农村社会工作人才队伍建设试点尤为

---

① 引自陈涛教授 2015 年 9 月 19 日在江西财经大学的讲座"社会工作：同行改变社会"。

关注，并优先推荐万载县申报试点单位。江西万载县民政工作基础较好，曾先后获得"全国民政工作先进县""全国农村社区建设试验县"等荣誉称号，且该县时任县委主要领导对社会工作很感兴趣。万载县当时的县委书记为 CXP，曾在美国访学一年，亲自接触过美国的社工服务，对此印象深刻。在他的支持下，万载县积极申报试点单位。2007 年 5 月，民政部确定万载县为首批全国民政系统社会工作人才队伍建设试点县。

为推进社会工作人才队伍试点工作，万载县成立了社会工作人才队伍建设领导小组，县委副书记任组长，30 多个部门的主要负责人成为小组成员，民政局长任办公室主任。在民政局设立了社工股，各乡镇（街道）也相应成立了以"党政一把手"为组长的领导小组，形成了"组织部门牵头抓总，民政部门具体负责，各有关部门密切配合"的工作机制，高位推动社会工作人才队伍建设试点工作。在省民政厅和江西省三所高校（江西师范大学、江西财经大学、南昌大学）师生的协助下，万载县通过积极探索与实践，较好地完成了制定方案、建立机构、教育培训、队伍建设、选点示范和开展社会工作实务及服务等任务，并在此基础上，在全县、乡（镇）、村等层面和民政、教育、卫生、文化、就业、司法、青年、妇女、老年、助残等多个领域推进了社会工作人才队伍建设和社会工作发展。县财政在财力并不宽裕的情况下，2007 年预算安排专项工作经费 20 万元，每年递增 5 万元，建立自然增长机制。此外，还从县本级福利彩票公益金中提取 30%、慈善捐款中提取 30%、福利企业减免税中募捐 8% 用于社会工作试点工作的经费开支。应该说，万载县从党政层面确实对社会工作的发展非常重视，从组织到财力均给予了社会工作试点工作极大的支持，这些努力也取得了较好的回报。

一是在高校师生的协助下，在试点项目的实务开展过程中，若干本土的社会工作人才逐步培养起来了，通过高校专业社工的传帮带，他们已经可以自己带队伍做实务工作了。最典型的是万载县民政局社工股负责人 ZJP，她同时也是万载县社工协会秘书长。她已成长为一名真正的专业社工，对社工业务非常熟练，2013 年至 2014 年，还被民政部选派作为援疆工作代表赴新疆开展农村社会工作。

二是万载的实践经验已经为全国的同行所熟知和认可，影响越来越大。2008 年 12 月，民政部在万载县召开全国农村社会工作人才队伍建设试点经验交流会，会上当时的民政部副部长将万载的经验确立为农村社会工作的"万载模式"——"党委统一领导、政府主导推动、部门密切配合、整合现有资源、社工义工联动、公众广泛参与、广大群众受益"，并向全国推广。2010 年 3 月，万载被民政部正式命名为全国首批社会工作人才队伍建设试点示范区。2012 年 1 月，万载社会工作本土化试验又获得由北京大学等单位联合颁发的第六届中国地方政府创新奖。2013 年 7 月，万载的相关经验在民政部社会工作局于重庆召开的"农村社会工作发展战略研讨会"上受到高度关注。万载社会工作试点的部分相关经验，经过学者的专题研究，为民政部采纳吸收，甚至被纳入中组部、民政部等联合出台的《社会工作专业人才队伍建设中长期规划》和《关于加强社会工作专业人才队伍建设的实施意见》等文件中。总的来说，万载的社会工作发展走在全国欠发达地区的前列，为全国农村社会工作的发展开辟了道路，积累了经验。

除了万载县，江西省民政厅还推进了上饶婺源、新余渝水区等地的农村社会工作人才队伍建设试点工作，均取得了一定的成效。上饶婺源、新余渝水区也于 2009 年入选民政部第二批社会工作人才队伍建设试点地区和单位。这里以万载的农村社会工作实践为主，结合婺源、新余的情况，对江西农村社会工作的特点做一介绍。根据民政部和江西省民政厅对农村社会工作的目标定位，农村社会工作的功能主要是要服务社会主义新农村建设。[①] 按照新农村建设"生产发展、生活宽裕、乡风文明、村容整洁、管理民主"总体要求，结合万载农村经济欠发达，"三留"（留守儿童、留守老人、留守妇女）、"三化"（农村兼业化、经济空心化、人口老龄化）、"三缺"（生产缺人手、致富缺技术、创业缺资金）、"三差"（环境卫生差、救灾基础差、文体设施差）和"三个较多"（矛盾纠纷较多、贫困人口较多、无助老人较多）等现实问题，江西万载等地将社会工作引入这些领域，开展具有针对性的个案、小组、社区工作，使社会工作在新农村建设中发挥积极作用。

江西万载等地的农村社会工作的主要特色有以下几个方面。

---

①　民政部社会工作司曾发布了多项招标课题探讨农村社会工作人才如何服务于新农村建设以及评估社会工作在社会主义新农村建设中的功能与作用，具体见民政部社会工作司《农村社会工作研究》，中国社会出版社，2011。

（1）留守儿童社会工作。江西外出务工农民多，因此产生大量的"三留"人员，其中留守儿童的状况尤其值得关注。针对农村留守儿童生活上缺人照应、行为上缺人管教、学习上缺人辅导、情感上缺人关爱的现象，江西万载、婺源的社会工作者除了为有特别需要的留守儿童开展个案工作外，还组织开展了诸如"留守儿童之家""少年之家""模拟家庭"等小组活动，积极为他们提供学习、生活上的辅导与照顾；联结城乡资源，开展城乡互动，组织城乡留守儿童开展"励志成长、快乐暑假"联谊活动，倡导城乡志愿者为留守儿童开展"一对一"的"爱心妈妈、爱心爸爸"等社区活动，使其感受到父母之爱，促进他们健康成长。

（2）留守妇女社会工作服务，如万载县永新村妇女互助储金会。针对农村留守妇女生活负担沉重、情感缺失、身心健康受到严重损害的现状，江西万载激活了传统的妇女合作组织——妇女互助储金会，并以此为依托成立留守妇女帮扶中心，对她们的生产生活进行帮扶，保障她们的合法权益。万载县白水乡永新村的"妇女互助储金会"成立于1994年，以种植百合起家，以实现妇女自食其力、集体发展为目标，发展至今，储金会面临着发展性危机。在县社会工作领导小组及乡镇、村党委的大力支持下，社会工作者对其进行危机介入分析，并设计有步骤、阶段性的计划性社会工作方案，发现与解决"妇女互助储金会"面对的发展性危机，提高组织应对风险能力，拓展了组织的功能，实现了一个妇女组织的新生和可持续发展。通过激活"妇女互助储金会"，促进了农村留守妇女互帮互助和组织增权。

（3）留守老人社会工作。如江西万载，在县社会工作协会的倡议下，该县白水乡永新村组建了万载县村落的第一个老年协会。经过推选，德高望重的Y老支书出任会长，GXL等两人为副会长，协会班子成员共9人，多为当地较有威望、德高望重并且十分热心村集体公益活动的老干部。老年协会的一项重点活动是每月20日组织的老年人集体活动。据Y老支书介绍，"活动最多时有200多人参加"，非常热闹，像集市一样，甚至一些外村的老年人也慕名而来，"远的十华里都赶过来"。活动之所以这么吸引人，是因为协会为参会老人安排了丰富多彩的活动，有"腰鼓、打拳、二胡、麻将、狮灯、扑克"，等等。每个老年人还可领到"两个馒头或是包子"，作为简易午餐，有时还会举办抽奖活动。除了这些定期举行的大型活动，永新村老年人平时也经常聚在老年协会中心（即村祠堂）一起观看电视，或下棋、拉琴，其乐融融。如前所述，和中国大多数的村庄一样，永新村也有着大量的留守老人、空巢老人，这些老人非常孤单，"特别是单身老人，连个说话的都没有"，一位村干部说。而老年协会的组建及活动的开展，在解决空巢老人精神生活贫乏等问题上起到了重要作用，如副会长 XGL 所言，它成为"农村老人的精神乐园"。

（4）灾区移民社会工作。以江西万载为例。从 20 世纪 90 年代开始白水乡老山村大皇山山体开裂的周期越来越短，危害程度也越来越大，严重威胁了当地村民的生命安全，促使政府将受灾村民的整体搬迁紧急地提上议事日程。但搬迁工作阻力重重，村民怀疑政府政策难以落实，担心搬迁后的生活出路问题，再加上大多数村民没有做好建房的准备，对是否搬迁犹豫不定。社工借助县政府建设社会工作人才队伍发展社会工作的机会，以助人者和资源整合者的角色介入此事，组织了移民自助组织——移民搬迁理事会，协调移民内部矛盾，形成统一意见，与政府沟通，向政府反映移民诉求，向村民传达政策信息，配合政府顺利实现了移民搬迁。在移民搬迁理事会的基础上实现其功能扩展，使其由搬迁自助组织转化为促进移民发展的组织，引领移民重建生产生活秩序，规划新农村未来发展蓝图，实现新农村的可持续发展。

（5）农村反贫困社会工作。江西的万载和新余等地在农村社会工作试点中，分别围绕农民的生计发展和脱贫致富做了一些社会工作探索。比如，江西万载组织了致富驿站社会工作项目，即罗山农家乐，这是由入党积极分子 YQG 创办的集休闲、娱乐、餐饮为一体的经济实体，拥有鱼塘 30 多亩，员工 22 人，开办一年来已成为当地创收主要来源，并扮演了带动当地村民致富的"带头人"角色。但近年来，农家乐老板 YQG 在经营理念及生产方式的转型上显得有些乏力，应民政局的要求，社会工作者介入了这一案例。社工立足于增能理论，帮助服务对象提升管理水平，更新经营理念，开展员工素质培训，加速企业产业化升级的步伐。在社会工作理念的指导下，罗山农家乐致富先行的角色真正转变为致富"带头人"角色。江西省新余市渝水区社会工作者在昌坊村组织开展了"夏布小组活动"，传播当地的传统特色手工艺文化——夏布织作技术，通过小组活动促进老年人与年轻人对于夏布手工艺文化的代际沟通，促成夏布织作技术的交流与传承，推动社区经济发展，提高农民收入。①

与云南平寨、湖南湘西以农村可持续生计发展为主线的实践不同，江西万载等地开展的农村社会工作涉及经济、文化、社会、政治、环境等多个方面，且尤其关注"三留"人员社会工作服务，时任万载县委主要领导视之为一种基于新农村建设的社会工作创新。② 新农村建设的 20 字方针是"生产发展、生活宽裕、乡风文明、村容整洁、管理民主"，涉及经济、文化、社会、政治、环境等多个方面。万载农村社会工作的核心思路是，围绕新农村建设，创新社会管理和公共服务机制，缓解社会转型期农村日趋复杂的社会矛盾，解决农村中出现的诸如留守家庭、空巢化、社区矫正等突出问题③，促进社会和谐稳定。因此，经济议题只是万载农村社会工作的一部分，江西是农民工输出大省，为促进社会和谐稳定，对"三留"人员的关注必然是江西农村社会工作的重要目标。而为儿童、妇女、老人及偏差、边缘人群提供社会服务，也更符合国际社会工作的传统目标。万载的农村社会工作发展经验也因此更受民政部社会工作司的关注，笔者在调查中了解到，民政部在制定相关政策文件前，曾多次直接向万载县调取有关经验材料。这是江西万载农村社会工作发展的独特贡献。

另外，江西万载等地的农村社会工作发展具有典型的政府主导的特征。虽然高校师生在专业化建设方面发挥了重要的指导作用，但万载社会工作发展主要依赖的力量是政府的行政力量。关于这一点，后文将进一步详细阐述。

3.2.5　广东的农村社会工作实践与发展

（一）广东农村社会工作发展概要

广东省是中国改革开放的前沿阵地，也是中国城市社会工作开展较早、投入较大、覆盖较广泛的地区，尤其是深圳市的社会工作发展领全国

---

① 资料来自课题主持人及成员在江西万载、婺源、新余渝水区实地调查和访谈的笔记、获得的文字材料，以及课题主持人亲自参与的一些试点项目的总结材料。

② 陈晓平：《新农村建设中的社会工作创新——以江西万载模式为例》，《江西社会科学》2014 年第 6 期。

③ 陈晓平：《新农村建设中的社会工作创新——以江西万载模式为例》，《江西社会科学》2014 年第 6 期。

风气之先。2007 年 10 月，深圳市委、市政府通过了《中共深圳市委、深圳市人民政府关于加强社会工作人才队伍建设推进社会工作发展的意见》等系列文件（简称"1+7"文件），释放了巨大的制度创新活力，在全国率先推进政府购买社会工作服务制度和推进社会工作的职业化、专业化，大批机构如雨后春笋般成长起来，全国各地的社工专业毕业生也云集深圳。在此过程中，深圳还成为全国各地社会工作人才的孵化基地。不少回流的深圳社工回到家乡继续从事社会工作事业，引领了内地省份社会工作的发展。

继深圳之后，广州市也加大了财政保障力度，大力推动社会工作的职业化发展。广州市政府于 2011 年出台了《关于加快街道家庭综合服务中心建设的实施办法》，明确广州全市每个街道至少建成 1 个家庭综合服务中心，由民办社会工作服务机构承接运营，政府将购买社会服务的资金纳入常态化财政预算，市财政按每个家庭综合服务中心每年 200 万元的项目购买经费来预留市的分担比例预算。区（县级市）财政按辖内家庭综合服务中心数量预留区（县级市）的分担比例预算，并预留家庭服务中心社区服务点的项目购买经费。在如此强大的财政保障下，广州的家庭综合服务中心发展迅速。到 2013 年，家庭综合服务中心已覆盖市内所有街道，到 2015 年全市街道和区县的镇已实现家庭综合服务中心全覆盖。将家庭综合服务中心覆盖到县、镇的层级，意味着广州市将农村地区也部分纳入了家庭综合服务中心的覆盖范围，这在一定程度上促进了广州农村社会工作的发展。

广东的农村社会工作项目中，广东绿耕社会工作发展中心的从化项目开展得较早，影响较大。早在 2010 年，广州市民政局推出了 33 个广州市政府购买社会工作服务试点项目，张和清教授领导的广东绿耕社会工作发展中心承接了"城乡合作、公平贸易、共创生态文明与可持续生计"政府购买社会工作服务试点项目，是 33 个项目中唯一的农村社会工作项目点，借此探索可行的符合中国本土的农村社会工作发展模式。该项目选择了广州市从化区最偏僻的良口镇长流村开展农村社会工作服务。该项目形成了诸多成果，且至今仍在开展，具有持续性，后文将会进一步介绍。此外，2012 年，华南农业大学张兴杰教授团队承接了"广州市民政局农村基层建设社会工作服务项目"（简称"征程项目"），在增城市（今增城区）中新镇的 35 个村开展了为期 3 年的农村社会工作服务试点，服务村民逾 23000 人次，为

340 人次村干部开展 8 次社会工作能力专项培训，取得了较好的社会反响。①其不足之处是，项目在华南农业大学师生撤离后即中断，没有持续地发展下去。据广州市增城区政府门户网站报道，记者走访华农征程项目组曾经驻村服务的山美社工站时发现，在社工撤离后，山美村村委没有运营社工站的财政预算，难以接管社工站，目前社工站处于闲置状态②，未持续地开展下去。

华农征程项目遇到的可持续发展困境，在广东省"双百计划"实施后可能会有所改观。2017 年起，面对城乡社会工作发展不均衡的状况，广东省民政厅开始实施"双百计划"，计划从 2017 年至 2021 年，在粤东西北地区和惠州市、肇庆市、江门市台山、开平、恩平等地建设运营 200 个镇（街）社工服务站，开发近 1000 个专业社会工作岗位，孵化 200 个志愿服务组织，培育 10000 名志愿者。广东省民政厅安排专项资金，以项目委托形式，由广东绿耕社会工作发展中心承接"双百计划"的招聘、培训、督导和管理工作。"双百计划"的实施，标志着广东的农村社会工作进入加速发展阶段，将为中国农村社会工作的发展树立新的样板。

从广东农村社会工作的发展看，广东绿耕社会工作服务中心开展的从化项目以及目前广东省正在大力推进的"双百计划"的示范意义重大，在这里笔者重点做一介绍。

（二）从化项目

从化项目既是广州市政府以政府购买服务形式推进农村社会工作的一个尝试，也是张和清教授领导的广东绿耕社会工作发展中心试图在云南平寨项目经验的基础上，进一步探索运用中国本土化的社区为本的整合社会工作行动策略，通过经济、文化、社会、政治、环境五个层面的建设达成"生计发展、文化传承、邻里互助、公共参与、生态保育""五位一体"的美好农村社区的目标，背后的雄图则是借此探索可行的具有中国本土特色的农村社

---

① 易钢、张兴杰、魏剑波编著《农村社会工作发展策略——来自三年服务实践的案例》，科学出版社，2015。

② http：//www.zengcheng.gov.cn/publicfiles/business/htmlfiles/zcmh/jrzc5/201511/280601.html.

会工作发展模式。[①]

在项目开展初期，绿耕选择在广州市从化东北部偏远的良口镇仙娘溪村开展工作，项目服务后来又延伸至乐明村。以仙娘溪村为例，该村距离广州市区 130 公里，位于从化区良口镇流溪河国家自然保护区，属于典型的山区水源保护地。该村有 100 余户，户籍人口 400 余人。与全国其他地方的农村一样，该村大多数的青壮年劳动力外出务工，再加上受"撤点并校"的影响，仙娘溪村成为典型的"空心村"和"留守村"，乡村社区呈现衰败状况。面对社区的现状，项目组确立了扎根社区的服务模式。社工在村中建立据点（社工站）并长期驻村服务，与村民"同吃、同住、同劳动"，与村民建立了较好的信任关系，并有机会深入了解村民的日常生活和资源状况；在此基础上，从优势视角和资产建设出发，深入挖掘村庄的优势、资源和村民的能力。基于村庄的优势，社工以村民的生计问题和社区经济作为社区工作的突破口和社区组织的主线，先后发育了"乡村旅社""生态种植""青梅加工""生态文化导赏"等互助组，依靠组织起来的力量改善村民生计。所谓"乡村旅社"，即社工利用当地已有的建筑资源——闲置老屋，将其修建为独具当地特色的旅社，并通过发育一个由 7 位家境贫困的留守妇女组成的旅社管理小组（后增至 8 人），来布置并经营旅社。根据广东绿耕社会工作发展中心年报统计，自 2010 年至 2012 年，仙娘溪村旅社接待了 156 批次近 2500 人游客，为旅社带来直接收入 221747.6 元。其中 2012 年乡村旅社的毛收入为 92711 元，扣除成本和基金后，妇女小组 8 名成员人均纯获利 5871.36 元。[②] 同时，在社区层面，社工通过推动"老屋新生""文化导赏"逐步实现文化保护及传承，促进社会互助；通过提升村民生态保护意识促使村民关注人与自然的和谐关系，促进对水源地的保护。[③]

除了重视社区内部的组织发展和能力建设等内生力量，社工也重视整合城市社区的社会互助网络和资源，吸收云南平寨项目经验，继续推动以"城乡合作贸易、公平贸易、共创生态文明与可持续生活"为策略的农村社

---

① 张和清、杨锡聪等：《社区为本的整合社会工作实践：理论、实务与绿耕经验》，社会科学文献出版社，2016，第 31、32、120 页。

② 参见广东绿耕耘社会工作发展中心 2011~2012 年年报，第 27 页。

③ 张和清、杨锡聪等：《社区为本的整合社会工作实践：理论、实务与绿耕经验》，社会科学文献出版社，2016，第 32 页。

会工作实验。社工通过深入城市社区，举办社区活动，利用绿耕微博、微信、网站、邮件群发、短信、QQ群、电子简报等媒介，开展环保、健康、关注小农等课题的社区教育，凝聚城市网络支持者，推动居民与村民携手合作；通过公平贸易店、共同购买、农夫市集等，搭建互惠互利的城乡合作平台，链接城市消费者的资源开展公平贸易，改变传统扶贫"施"与"受"的依赖关系，实现城乡协作与乡村重建。① 根据驻村社工统计，2014年通过城乡合作网络，仙娘溪村村民直接的现金收入达到38万元，间接收入达到40万元，其中开发的"原乡梅好"青梅系列产品收入14万元②，带动了贫困妇女及其家庭增收，正如绿耕理事长闫红红所言，"提高了'留守村民'活在家乡的积极性"。

总体来看，从化仙娘溪项目是张和清教授的团队继云南平寨项目后对符合中国本土特色的农村社会工作发展模式的进一步探索。与云南平寨项目相比，张和清教授及其绿耕团队对从化仙娘溪项目赋予了更高的目标定位，涉及"生计发展、文化传承、邻里互助、公共参与、生态保育""五位一体"的美好社区目标打造。从项目成果看，社工通过长期驻村服务，促进社区互助和城乡合作，赋权留守群体，给当地社区带来了切实改变，使衰败的社区活化起来，重塑了村民对发展的愿景，提升了社区的能动性、主体性与行动力，改善了社区文化氛围，促进了社区可持续发展。

从化项目也存在不足之处。首先，虽然张和清教授及其绿耕团队对从化仙娘溪项目的目标定位极高，涉及经济、文化、社会、政治、环境"五位一体"的目标，但从项目取得的阶段性进展看，目标的达成程度不尽如人意。从生态保育来看，从化仙娘溪项目虽然也开展了一些环境卫生教育的小组活动，但更多的是探讨如何依托环境资源开发生态旅游产品，尚不能说达到了生态保护的目标。在文化、社会层面，虽然通过"老屋新生"和互助组的组织，呼应了文化与社会目标，但项目的核心运作模式依然承继了云南平寨项目"城乡合作贸易、公平贸易、共创生态文明与可持续生活"模式，

---

① 闫红红（广东绿耕社会工作发展中心理事长）：《城乡合作、公平贸易、共创可持续生计和文化》，农村社会工作发展战略研讨会发言材料，2013；张和清、杨锡聪等：《社区为本的整合社会工作实践：理论、实务与绿耕经验》，社会科学文献出版社，2016，第33页。

② 张和清、杨锡聪等：《社区为本的整合社会工作实践：理论、实务与绿耕经验》，社会科学文献出版社，2016，第32页。

即生计发展和城乡合作是核心，这与绿耕的定位有关。关于这一点，绿耕总干事黄亚军已指出，绿耕统筹委员会对绿耕的转型方向定义为以农村为依托、以城乡合作为纽带的社会企业。[1]

其次，生计发展与城乡合作也是喜忧并存，存在一定局限。绿耕的生计发展和城乡合作虽然取得了一定成效，促进了城乡间的直接贸易，一定程度上提高了村民的收入，但正如绿耕理事长闫红红所言，城乡合作绝非易事，城乡合作的不稳定、不平衡是常态。[2] 如青梅加工互助组的产量上来了，但有时却出现找不到消费者或产品不符合消费者需要的情况，所谓的"有产品，没买家"。或者相反的情况也存在，消费者的订购量上来了，产品的数量和质量却无法满足需求，即"有买家，没产品"。前者将影响到生产者的生产积极性和对产品的信心，后者将使损害消费者的消费热情，影响消费者继续购买的热情。这种城乡合作不稳定、不平衡的状况必然影响生计项目的稳定发展，因为无论是乡村旅社的生态体验游，还是生态种植、青梅加工等生计项目，无一不是依靠城市消费者的购买与支持得以维持和获取收益的，如果没有稳定的消费者网络支持，这些项目就难以开展。问题的根源是，绿耕的各个项目还处于"散兵作战"的状态，如绿耕耘总干事黄亚军所言，没有形成稳定的农村行动者网络和城市支持网络。[3] 只有有足够的农村网点，有活跃的市民支持者网络，绿耕项目才能持续运作。而如何有效扩大城市的消费者支持网络并和农村网络的组织有效对接将是对城乡合作贸易模式的最大考验。

（三）"双百计划"

"双百计划"，全称为广东粤东西北地区"双百镇（街）社会工作服务五年计划"，由广东省民政厅主办，计划时间从 2017 年至 2021 年，在粤东西北地区和惠州市、肇庆市、江门市台山、开平、恩平等地建设运营 200 个

---

[1]　张和清、杨锡聪等：《社区为本的整合社会工作实践：理论、实务与绿耕经验》，社会科学文献出版社，2016，第 217~218 页。

[2]　张和清、杨锡聪等：《社区为本的整合社会工作实践：理论、实务与绿耕经验》，社会科学文献出版社，2016，第 139 页。

[3]　张和清、杨锡聪等：《社区为本的整合社会工作实践：理论、实务与绿耕经验》，社会科学文献出版社，2016，第 227 页。

镇（街）社工服务站，开发近 1000 个专业社会工作岗位，孵化 200 个志愿服务组织，培育 10000 名志愿者。

1. 实施"双百计划"的缘由

根据《中国社会工作》杂志对"双百计划"的主推者、广东省民政厅厅长卓志强的访谈，实施"双百计划"，希冀能破解全省社会工作区域发展不平衡的瓶颈，推动广东省社会工作全面发展。纵观 10 年来广东省社会工作的发展情况，总体上来说发展很快，但资金、机构、人才等主要集中在珠三角地区，粤东西北地区社会工作仍然普遍存在缺人才、缺资金、缺路径等问题。比如，截至 2016 年底，粤东西北地区社会工作专业岗位数 1104 个，仅占全省 7%，年度资金投入 2330 万元，不足全省的 2%。实施"双百计划"，有助于加速全粤社会工作专业化、均衡化进程，同时能够将社会工作力量与民政服务相结合，打造一支稳定的、扎根一线的社工队伍，更好地为有需求的群众和社区提供专业服务。[①]

2. "双百计划"的运行模式

（1）"双百计划"的人才队伍建设与管理模式。首先在财政投入方面，如果说家庭综合服务中心模式是政府购买项目形式，"双百计划"则是政府购买岗位形式。首先"双百计划"按每配备一名社工资助 5 万元的标准，由省、市、县三级财政共同投入。其次在人员管理上，实行垂直管理与属地管理相结合的方式，由省民政厅及其聘用的督导团队，市、县民政局，镇政府（街道办）共同管理。具体来说，"双百计划"的用人需求由镇政府、街道办提出，由省民政厅统一收集、统筹安排，根据基层部门的需求，统一发布信息、统一报名、统一招聘，对应聘人员的要求是全日制大专以上学历（含大专）社会工作、社会学、心理学、人类学等相关专业应届、往届毕业生或持有助理社会工作师及以上资格证书者；着力于稳定社工人才队伍、稳定社会工作服务，主要面向粤东西北本地高校招聘毕业生，鼓励本地社工或者已在珠三角等地从事社会工作的社工人才返乡，建立稳定的本土一线社工服务队伍。聘用人员由当地镇政府、街道办与社工签订劳动合同；广东省民政厅联合中山大学社会学系组建省级专业支持和督导团队，负责镇（街）

---

① 颜小钗、李卫湘：《双百计划：加速全粤社会工作专业化、均衡化进程——访广东省民政厅厅长卓志强》，《中国社会工作》2017 年第 1 期。

社会工作服务站人员培训、专业支持、日常监督、年度评估等工作；地级市、县（市、区）民政局负责统筹协调本辖区镇（街）社会工作服务站建设，开展业务指导；镇（街）则为社会工作服务站统筹、协调场地及相关设施的提供。[①]

（2）"双百计划"的服务模式。"双百计划"实施驻站、驻镇、驻村相结合的服务模式。"双百计划"实施方案明确要求在镇（街）设立社会工作服务站，并在显著位置悬挂"××镇（街）社会工作服务站"牌子，提供与服务需求相适应的办公和服务场所，配备必要的服务设施，搭建、完善社会工作服务平台，根据需要设置个案工作室、小组活动室、多功能活动室等。服务站选址要求交通便利，靠近居民区，方便群众求助和接受服务。每个镇（街）社会工作服务站组建 3~8 人的社会工作服务团队，这样有利于避免社工个体孤独作战和被行政化[②]；社会工作服务站站长原则上由镇、街道事务办主任兼任，负责社会工作服务站行政管理工作；镇（街）社会工作服务站副站长从招聘的社工中选拔，要求是有 3 年以上工作经验的社会工作师，负责社会工作服务站的日常管理工作。根据"双百计划"的实施方案，社工要求驻站、驻镇服务，但并未要求驻村服务。不过，根据项目督导中山大学张和清教授的要求，社工必须驻村服务。驻村模式来自从化仙娘溪项目的经验。镇（街）社会工作服务站面对的是镇、街为行政单位的服务对象，不是为某一村的社会工作服务，因此长期驻村是不可能的，只能是一个阶段性目标。

（3）"双百计划"的服务对象与服务内容。"双百计划"实施的目的是打造一支扎根基层的从事民政工作的专业人才队伍，因此服务对象以民政工作的对象为主。具体来说，"双百计划"的服务对象主要为本镇（街）困境人群和社区，重点是面临困境的老年人、妇女儿童、青少年、残疾人、城乡低保对象、农村留守人员、优抚安置对象等。关于服务内容，可分为三个方面。一是为困难人群和社区提供专业社会工作服务，运用社会工作的专业技巧，提供精神慰藉、资源链接、能力提升、关系调适、社会融入等社会工作专业服务；每个镇（街）社工站根据当地具体情况，选准 1~2 个重点服务

---

① 资料来自广东社工"双百计划"官方网站：http://www.shuangbai-plan.org/about/5358/。
② 谭钊明、邹国颐：《"双百计划"推动社会工作均衡发展》，《中国民政》2016 年第 24 期。

领域，开展社会工作专项服务。二是培养本土化的社会工作人才队伍和志愿者队伍。社工与志愿者联动常态化服务机制，带动志愿服务发展，至 2017 年底，每个镇（街）社会工作服务站至少培育 1 个志愿服务组织，建立规范志愿者招募、注册、培训和使用的长效机制，规范志愿服务记录证明。三是协助参与镇（街）有关民政事务工作，这呼应了"双百计划"实施的初衷，"壮大基层民政服务力量"①。项目总督导、中山大学张和清教授称之为"人民的社会工作"。

（4）"双百计划"的人员培训与督导机制。一方面，"双百计划"将联合中山大学等高校组建督导团队，以贴身督导形式协助社工站开展需求评估、明确服务领域、协同社工制定 5 年服务规划和年度计划，跟进服务开展。另一方面，建立培训体系，对千名社工、社工站所在镇（街）党政领导、市县民政相关干部等分专题实施系列培训，提升其专业性。

3. "双百计划"的实施进展

"双百计划"的筹备工作从 2016 年下半年开始。2016 年 10 月以来，广东省民政厅联合省财政厅先后下发《关于做好 2017 年省级福利彩票公益金申报的通知》《关于做好粤东西北地区"双百镇（街）社会工作服务站"建设运营示范项目申报工作的通知》，卓志强厅长在全省社会工作推进会上就实施"双百计划"做了专门部署。经广泛发动和逐级审核，现已对 200 个镇（街）社会工作服务站予以立项，实现了粤东西北地区县（区）社会工作服务站试点全覆盖。2016 年 12 月 21 日，广东省财政厅在《关于提前下达 2017 年省财政社会福利专项资金预算的通知》（粤财社〔2016〕285 号）中，下达了"双百计划"预算资金。从 2017 年起省级福利彩票公益金安排经费 2565 万元、督导经费 500 万元、省财政留守儿童关爱保护等基层民政业务管理工作经费 435 万元，合计 3500 万元，用于资助"双百计划"。项目确定后，广东省民政厅安排专项资金，以项目委托形式，由广东绿耕社会工作发展中心承接"双百计划"的日常管理工作，目前已完成了项目宣讲、社工招聘、人员管理等工作。1 月份公开发布"双百计划"招聘近千名社工的公告，在粤东、粤西、粤北和广东省 47 所开办社工专业的大专院校，

---

① 颜小钗、李卫湘：《双百计划：加速全粤社会工作专业化、均衡化进程——访广东省民政厅厅长卓志强》，《中国社会工作》2017 年第 1 期。

集中对即将毕业的社会工作专业学生进行宣传推广，鼓励粤东西北籍的社工回当地从事社会工作；同时，在全省现有社工机构中选招部分有经验的社工人员参与"双百"社工站建设。"双百计划"报名火热，1.4 万人前来应聘。经过审核确定报名人员资格、组织专家面试和公示等程序，2017 年 6 月 5 日省民政厅公布 15 个地市 200 个镇（街）"双百计划" 912 名录用人员名单，每个镇（街）社会工作服务站实际设置社工 2~8 名。2017 年 6 月下旬，中山大学社会学系与广东绿耕社会工作中心专家分别下到各地市对入选社工进行了岗前培训，7 月 1 日起社工全部到位开展工作。①

4. "双百计划"的思考：意义、启示及局限

广东社工"双百计划"自酝酿、筹备到千名社工正式录用并全部到位开展工作，不到 1 年时间，这充分体现了广东作为改革开放前沿阵地的高效率。五年期的"双百计划"刚刚起步，尚难对其成效做出评价。这里且就"双百计划"的意义、价值、启示及前期运行中反映出的潜在局限提出一些思考。

（1）"双百计划"的意义、创新与启示

第一，"双百计划"的意义与价值。"双百计划"标志着广东的农村社会工作进入加速发展阶段，也将为中国农村社会工作的专业化、职业化发展树立新的样板。"双百计划"充分体现了广东人的创新意识，是中国农村社会工作发展进程中具有里程碑意义的一个创举，开创了农村社会工作专业化、职业化发展的新阶段。在此之前，农村社会工作主要的实践模式有两种：一是非官方性质的民间组织或高校、科研院所开展的农村社会工作服务。这类社会工作的主体之所以放在一个类型，是因为其皆属于非官方性质的组织或机构。其开展社会工作的目的或是高校实习的需要，或是行动研究的需要，或是乡村建设的实验。无论是包括"清河实验"的民国时期的本土社会工作，还是 21 世纪初以来的云南平寨项目、湖南湘西项目以及江波等人在陕西开展的民族社区社会工作，均属于此种类型。二是政府主导的类型，以江西万载为典型代表。作为欠发达地区的万载，承接了全国农村社会工作人才队伍建设试点的任务。在财政能力不足、专业人才缺乏的条件下，万载更多地依赖行政力量，把试点任务行政项目化，采用行政指令和运动式

---

① 资料来自广东社工"双百计划"官方网站：http://www.shuangbai-plan.org/about/5358/。

动员的方式来统筹资源、降低工作成本，完成项目任务。以上两种类型，尝试将社会工作引入农村，并探索本土化的实践模式，但还处于志愿性阶段或万载式的行政依附性阶段，尚未进入到专业化、职业化阶段。而"双百计划"是农村社会工作职业化、专业化的重要实践。一是设站面广点多，社会工作服务站覆盖粤东西北及东南地区15个地市的200个镇街。二是岗位设置量大、聘用人员专业。本轮"双百计划"招聘了近千名专业社会工作者，招聘人员均是全日制大专以上学历（含大专）社会工作、社会学、心理学、人类学等相关专业应届、往届毕业生或持有助理社会工作师及以上资格证书者。三是职业有保障。"双百计划"社工的薪酬按照粤东西北地区基层公务员的薪酬标准制定，社工年均收入5万元，并建立薪酬自然增长机制，每年度递增5%。[①] 四是督导和培训力量强。由中山大学社会学系和广东绿耕社会工作发展中心全方位督导和培训。因此，"双百计划"可被视为财政实力强大的广东在全国率先吹起的农村社会工作专业化、职业化的号角。

第二，"双百计划"在服务模式上的创新与启示。"双百计划"确定在镇（街）层次设立社会工作服务站，各服务站主要招收本地社工或高校毕业生，符合城乡一体化发展的大趋势以及社会工作本土化的要求。在镇（街）层次设立社会工作服务站是比较理想的模式。镇（街）既连接村落社区又勾连县城或城区，连接乡土与城市，使驻站社工在工作上不脱离基层社区，在生活上也能保持与城市通达的便利，满足年轻人对时尚生活的追求，留住年轻的社会工作人才。从城乡发展的趋势来说，乡村将越来越收缩，未来的人口和学校、社区管理等各种功能性机构将越来越向城镇或小镇集中，发达地区尤其如此。所谓"农民的终结"，已在欧美国家出现。[②] 在美国，由于传统农村的消失，以及大批小城镇的出现，一些研究农村社会工作的专家学者开始转向关注和研究小城镇的社会工作服务。[③] 在我国，一些原设在村庄的学校纷纷撤并，也体现了这一趋势，所以，社会工作服务站设在镇

---

① 颜小钗、李卫湘：《双百计划：加速全粤社会工作专业化、均衡化进程——访广东省民政厅厅长卓志强》，《中国社会工作》2017年第1期。

② H. 孟德拉斯：《农民的终结》，李培林译，社会科学文献出版社，2005。

③ E. Martinez-Brawley. 2000. *Close to Home：Human Services and the Small Community*. Washington，DC：NASW Press.

（街），是符合大势、面向未来的理性选择。当然，相对于县以上的城市来说，驻镇工作存在语言、环境的适应性问题，而招收本土人才有助于化解或至少缓解这一问题。"双百计划"服务模式的创新有助于实现农村社会工作的可持续发展。

（2）"双百计划"潜在的局限明显

一是经费保障有隐忧。2017 年 1 月广东省民政厅卓志强厅长在接受采访时提及，将按每配备一名社工资助 5 万元的标准，由省级与地方（市、县两级）按 6∶4 的比例配套资金，落实经费 5000 万元，省民政厅每年还会另行安排 500 万元，专门用于聘请社会工作督导，合计 5500 万元。但 2017 年当年实际仅落实经费 3500 万元，且全部来自省级资金，包括省级福利彩票公益金和省财政留守儿童关爱保护等基层民政业务管理工作经费。换言之，地方配套的 2000 万资金并未落实，也因此，原计划招聘 1000 名社工，实际上只招聘了 912 名，名额有所缩减。粤东西北地区皆属于经济欠发达地区，财政配套能力弱，落实配套资金确实有一定困难，这将影响到"双百计划"的后续发展。对此，广东省民政厅工作人员 L 在与笔者交流时，也表示了对"双百计划"前景的担忧："且行且看""前方是未知的"。为此，未来"双百计划"要更多元地筹措资金，包括开拓社会捐赠和基金会的资金支持，尽量避免地方资金的配套问题；同时，逐步争取将农村社会工作人才纳入组织部门、人力资源和社会保障部门的专业技术人才类别，只有将其纳入常规财政预算，予以专项财政补贴，才能保障"双百计划"持续推进。

二是条块管理存在潜在弊病和行政化隐忧。目前，"双百计划"是垂直管理与属地管理（横向管理）相结合，但实际上是条块结合的多头管理体制。这一体制的确立实属无奈。"双百计划"是民政口自上而下推动的项目，广东省民政厅为推进项目落地，必然要在财政投入和人员管理上承担更大的责任，但项目要落地也需要地方政府在办公和服务场所、服务设施等方面予以支持，因此也要强化地方的责任。但条块管理、多头管理必然带来诸多弊病，且可能存在价值和目标的冲突。中山大学等督导团队实行的垂直管理，有助于贯彻广东省民政厅希望"培育一线社工、服务社区民众"、"壮大基层民政力量"、促进"民政工作专业化"的制度设计初衷，而地方基层政府从自身需要出发，有可能把"双百计划"中的社工人员当作潜在的乡镇、社区工作人员使用，从而将其行政化。对此，广东省民政厅党组织书记、厅长卓志强的讲话已透露出这种担忧，他指出，"个别地方对社工的职责定位不准确，打算将社工安排在机关，从事纯行政事务；也有个别地方计划将社工安排在活动中心，等待群众上门开展表演式、表面式服务"①。国内社会工作在功能设计上承担了很多社会管理职能，内容上与政府的公共管理职能存在诸多交叉，很容易导致如江西万载式的主动行政化或深圳式的被动行政化（社区服务中心易名为党群服务中心即是这种体现）。在多头管理的格局下，广东省民政厅和中山大学社会学系设立的价值目标有可能发生偏移，因为基层社会工作难以离开基层政府的支持，且按既有设计，镇（街）社会工作站站长由镇、街道事务办主任兼任，更具有了行政化的可能，相应地在价值目标上必然做出妥协。因项目刚刚起步，这一趋势还有待观察。

三是"双百计划"的实施，也可能对原有本土的社会工作机构的生存造成冲击。实施有强大财政支持和配备专业师资的"双百计划"，对当地本土社工机构尤其是成长型的小机构来说，可能是雪上加霜。首要的问题是人才的流失。据湛江市某本土农村社会工作服务机构负责人邓某反映，有众多的本土农村社工机构的社工骨干被录用为"双百计划"社工，造成人才严重流失，这些机构可能面临因人才紧缺而关停的困境。② 从长远来说，社会工作的专业化、职业化必然与机构的发展相结合，因此，应重视对本土机构的培育。根据"双百计划"的进度安排，未来两年将着力培育本土有公信力的社会工作机构，而有公信力的机构是需要积淀的，为此，"双百计划"的实施，需要统筹考虑社会工作站的岗位设置和拟培育机构的人才问题，比如，拿出部分岗位名额，把部分优秀的本土机构的社工骨干也纳入政府人才支持计划或岗位购买计划，为本土机构的良性发展积淀人才。

3.3 小结：农村社会工作发展的基本规律和特点

通过梳理民国时期本土农村社会工作的发展及其启示、当代农村社会工作的发展历程以及云南、湖南、江西、广东等地的农村社会工作发展现状与

---

① 引自广东省民政厅党组织书记、厅长卓志强同志在广东社工"双百计划"推进工作视频会议上的讲话，资料来自"广东双百计划"官网。
② 《"双百计划"实施落地冲击原有本土机构发展的困境反思》，资料来自网络：http://www.sohu.com/a/140172882_491282。

特点，我们可以发现农村社会工作发展的基本规律和特点。

其一，我国农村社会工作的发展，无论是在民国时期还是在当代，均始于民间组织和知识分子的努力。这与西方社会工作的发展路径一致，西方社会工作的发展也首先由民间人士和知识分子推动。1869 年伦敦成立了第一个慈善组织会社，推动民间的志愿救济活动。1877 年在美国的布法罗成立了第一个慈善组织会社。直到 19 世纪末 20 世纪初，社会工作在西方开始进入专业化发展阶段。1898 年美国成立纽约慈善学院，开始培训"慈善组织会社"的"亲善访问员"。1904 年，成立纽约社会工作学院。[1] 中国知识分子，如贺雪峰教授所言，对乡村建设更有一种使命感。[2] 具有本土农村社会工作特点的平民教育与乡村建设运动是由民国时期的著名知识分子、教育家晏阳初先生及其创建的中华平民教育促进总会领导和开展的，而燕京大学师生开展的"清河实验"更是体现了中国优秀知识分子介入农村社会工作的努力。在当代的农村社会工作实践中，无论是云南、湖南、江西还是广东，均可以看到高校教师和学生在农村社会工作实践中的重要作用。如前所言，这体现了作为舶来品的社会工作在农村地区发展的一般路径，农民和地方官员均不懂社会工作，农村也缺乏社会工作人才，需要知识分子和高校师生开山引路，逐步带动农村地区本土化社会工作人才的成长。

其二，政府在农村社会工作发展中的作用逐渐加强。开展较早的云南平寨项目及长沙民政职业技术学院在湘西的项目中并未得到政府的财政支持，而主要依靠民间组织的资金支持和民间团体的运作。但在稍后进行的万载农村社会工作试点中，政府的作用越来越突出。在江西万载等地的农村社会工作发展中，政府发挥了主导作用。不过，在经济欠发达的万载发展农村社会工作的过程中，政府和行政干部介入过多，社会工作机构和专业人员培养不足，影响专业化发展。这一欠缺在广东省最近大力推动的广东"双百计划"中得到弥补。广东"双百计划"既高度重视政府在财政投入等保障方面的支持，同时，又注重选拔专业人员，将其引入专业机构和院校加强督导、培训和管理，促进了农村社会工作的专业化和职业化发展。

---

[1] 陈涛：《社工的基础是百姓自组织的民间社会》，《南都观察》2017 年 6 月 29 日；威廉·法利、拉里·史密斯：《社会工作概论》（第 11 版），隋玉杰等译，中国人民大学出版社，2010，第 25 页。

[2] 贺雪峰：《如何进行乡村建设》，《甘肃理论学刊》2004 年第 1 期。

其三，农村社会工作的服务对象和服务内容越来越趋向民政领域的需求。农村工作、农村建设千头万绪，农村社会工作究竟该扮演什么角色，具体做些什么事情，为谁服务，发挥什么作用，实在是一个令人困惑的问题。追溯历史，晏阳初先生领导的平民教育与乡村建设运动目标宏伟、内容庞大，包括四大教育：文艺教育、生计教育、公民教育、卫生教育，分别回应彼时农村的四大问题：愚、穷、弱、私，目标是希望能养成有知识、有生产力和公德心且身心强健的一代新农民。"清河实验"的四大任务包括调查研究、农村经济、农村卫生及农村社会教育，大体与晏阳初先生领导的平民教育、乡村建设运动相呼应。再看当代的农村社会工作实践，云南平寨项目、湖南湘西项目、四川绵竹"青红社会工作服务"的生计项目实践以及广东从化仙娘溪项目，均体现了社区经济（也有称社会经济、合作经济）议题和对社区发展的关注，重视生计项目和城乡合作贸易，借此带动社区发展，促成社区的整体性改变，其核心是张和清先生所言的社区为本的整合社会工作，目标是古学斌先生所言的赋权农村社区，提升农民行动力，改变城乡不公平的贸易状况，以达成建构和谐城乡关系，化解三农问题的目标。① 当然，在这些地方的实践中，除了关注社区发展外，农村社会工作者对民族文化、留守儿童、妇女、环境保护议题也给予了一定关注，但其主线是生计发展。在江西万载、婺源、新余渝水区等地的农村社会工作人才队伍建设试点中，除了扶贫或反贫困，"三留人员"、低保对象以及移民搬迁等农村突出的社会现实问题和民政工作的主要群体成了社会工作试点中重点关注的主体，体现了不一样的服务目标群体定位。

不过，相比婺源、新余，万载的社会工作服务领域、服务对象更为庞杂，还包括学校、医院、团委、企业等诸多领域，这是因为万载的社会工作是由县委、县政府主导的，关注面更广，而其余地方更多的是由民政部门主导。这一转向在其他地区的实践中也有充分的体现。自2012年起，华南农业大学张兴杰教授团队承接的"征程项目"除了关注农村社区组织培育，也特别注重为留守儿童、空巢老人、妇女、残疾人等社会群体提供服务。华中农业大学钟涨宝、万江红教授的社会工作团队也重点关注留守儿童、留守老人、留守妇女等群体。这一趋势在广东最近大力推进的"双百计划"中，

① 钟秀梅、古学斌、张和清等：《社会经济在中国》（下），《开放时代》2012年第2期。

更为明确。"双百计划"的服务对象明确为民政工作对象,主要为本镇(街)困难人群,重点是面临困境的老年人、妇女儿童、青少年、残疾人、城乡低保对象、农村留守人员、优抚安置对象等。也就是说,当代的农村社会工作实践中,农村社会工作的服务对象和服务内容越来越趋向民政领域的需求。

导致这种转变的因素,笔者认为,主要来自两个方面。一是民政部门加强了对农村社会工作的引导。自 2007 年起,民政部大力推动全国的社会工作人才队伍试点工作。为保障试点工作的顺利进行,民政部门重点引导了民政领域的社会工作发展,包括贫困救助、困境家庭老人、儿童、低保对象、"三留人员"等的照料服务等,同时,在"三社联动"的思路下,也注重对社区建设的参与。最近几年,民政部发布的中央财政资助的农村社会工作服务项目,也主要以留守儿童、老人照料、贫困救助等主题为主。二是对境外非政府组织的规范和治理。因为国内基金会发育不完善,境外非政府组织和基金会的资金资助曾是一些民间社会组织开展活动的重要资金来源。这可以追溯到晏阳初先生的平民教育与乡村建设运动,其资金也主要来自美国侨胞和友好人士的赞助。① 最近几年,出于国家安全考虑,政府加大了对境外非政府组织的规范和治理,2015 年 4 月的十二届全国人大常委会第十四次会议同时审议了《国家安全法》二稿和《境外非政府组织管理法》二稿,境外非政府组织开始收缩在中国的工作范围。与此同时,政府也加大了对社会领域和社会组织的培育及资金投入力度,并加强对社会组织服务的引导。从2016 年通过的《慈善法》及配套法规中可以看到,政府引导公益组织、社会服务机构所从事的工作主要是扶贫、济困、扶老、救孤、恤病、助残、救灾、助医、助学等传统服务领域②和民政领域,而这必然会引导社会组织的服务方向发生转变。

其四,农村社会工作者的工作方法和手段更具时代感和趋向网络化。"互联网+"时代的社会工作需要探索新的、更具时代感的社会工作方法和手段。农村社会工作经常面临交通、资源的约束,更需要开拓新方法、新手

---

① 晏阳初:《平民教育与乡村建设运动》,商务印书馆,2014,第 344、351 页。
② 张和清、杨锡聪等:《社区为本的整合社会工作实践:理论、实务与绿耕经验》,社会科学文献出版社,2016,第 224 页。

段。国外的农村社会工作者已有相关经验，如英国的坎布里亚郡、波厄斯郡的社会服务机构依托农村数字化工程建立儿童信息数据库和儿童救助热线。[1] 国内一些年轻、有新思想的农村社会工作者也已经进行了这方面的探索。如前文所述，湖南湘西翁草村驻村社工 H 为全村安装了 wifi，使村里年轻人有了归属感；同时，创建了两个微信群"爱村群"和"湘西古丈城乡社会网络"，搭建了省内外专家学者及关注该村的社会人士直接了解该村最新信息和动态、与村民展开交流的便利平台，社工即使离开村庄也能跨越时空距离，克服交通和地理的不便，作为"同行者"，把握村民的即时需求，通过网络的形式，开展介入和服务。互联网工具的熟练、巧妙的使用，在广东从化项目和"双百计划"中也有鲜明体现，体现了农村社会工作者能够紧跟时代、与时俱进的精神面貌。

---

[1] Whittle, K. 1995. *Partnerships in Practice: Developments and Achievements, in Country Children Count*. London: Association of County Councils.

第4章　农村社会工作实践模式的反思与建构

4.1　农村社会工作典型实践模式的比较分析

从前面文献综述部分和上一章的分析可知，伴随着社会工作教育的发展和民政部的农村社会工作人才队伍建设试点的推进，我国农村社会工作在各地有了越来越丰富多样的探索和实践。这其中，江西、云南、湖南、广东等一些地区的探索和实践较为持续和深入，并逐步形成了各具特色的经验和实践模式，在农村社会工作领域有较大影响力，也被学术界关注和探讨。戴利朝认为湘西、江西、云南的社会工作开展得最早，成效最显著，并将三地的社会工作实践模式分别概括为"高校实习""行政打造""项目运作"三种类型。熊景维、钟涨宝学者则归纳了三类农村社会工作典型实践，分别是云南少数民族社区反贫困社会工作、江西省万载县注重人才培养本土化的社会工作以及湖北、湖南高校以教育与服务"双承载"[①]。

就前期的研究看，江西、云南、湖南的实践模式较受学界关注，但上述三地农村社会工作实践不足以反映农村社会工作实践模式演进的最新趋势和成果，近两年广东农村社会工作取得的新突破值得关注和研究。同时，前述类型区分的逻辑和依据，也有可商榷之处。

笔者在前文已阐述，农村社会工作实践模式应该是一个涵盖多重主体的行动体系，包括农村地区的政府部门在发展农村社会工作过程中的角色地

---

① 熊景维、钟涨宝：《新时期我国农村社会工作的典型实践、经验与挑战》，《华东理工大学学报》（社会科学版）2016 年第 5 期。

位、组织体系和制度设计，社会工作组织运作项目的机制和社会工作者的实务策略或服务策略，涉及从宏观至中观再至微观多层面内涵。就实践模式的类型学区分而言，微观层面是不是"社区（发展）为本"或者"临床模式"，抑或是整合的社会工作策略，对当代农村社会工作的实践者来说，并没有截然的差异。"社区发展""临床模式"是国际社会工作的两大典型模式，但这是建立在社会工作高度职业化的基础上的，而我国的农村社会工作发展总体上还处在探索和试点阶段，滞后于城市社会工作的发展，离职业化还有比较大的距离（当然，"双百计划"是朝职业化迈进的重要尝试）。由此，当前农村社会工作实践模式的核心差异应该是社会工作实践中的运作主体及事权划分，重点是政府的角色或介入程度、政社（政府与社会工作者或社会工作组织）关系。

就此，笔者认为，各地的农村社会工作实践可概括为以下三种理想类型[1]：①以江西万载为代表的政府主导型；②以云南和湘西为代表的高校或民间团体主导型[2]；③以广东从化项目、四川理县、"双百计划"项目为代表的政府购买农村社会工作服务型，这又包括政府向社工机构购买服务和直接购买社会工作岗位、服务两种不同类型，后者的代表是"双百计划"。之所以将云南和湘西合并为一个类型，是因为这两地的运作模式十分接近，政府介入程度低，都是典型的高校主导，具有专业实习性质，只不过云南平寨项目还赋予了学者行动研究的目的。此外，之所以将张和清教授团队运作的云南平寨项目和广东从化项目区分为两个不同的类型，是因为云南平寨项目运作时期，实务团队还尚未注册成立机构，服务人员主要是北京大学、香港理工大学中国社会工作硕士课程班的实习师生。而在2011年，广东绿耕社会工作发展中心注册成立，广东从化项目系广州市民政局和从化区民政局资助该机构的政府购买服务项目。以下对各类型分别做一介绍。

---

① 所谓理想类型，又译为理念型，是著名社会学家马克斯·韦伯提出的概念，理想类型来源于现实的经验，又是对现实的抽离，是理念的形态，现实中不会以真正纯粹的形式出现。参见马克斯·韦伯《经济与社会》（上），林荣远译，商务印书馆，1997，第242页。

② 此种类型目前最多，国内很多高校的农村社会工作实习皆是此种类型，包括钟涨宝教授提到的湖北高校教育与服务双承载类型，实习基地或合作方也提供一定支持，包括食宿、办公场所等，但不属于严格意义上的政府购买服务。

4.1.1　政府主导的万载模式

江西万载是全国首批农村社会工作人才队伍建设试点单位和唯一的农村社会工作人才队伍建设示范区。作为一个经济欠发达地区,万载的社会工作人才队伍建设试点开展得有声有色,力度极大,步伐极快,涉及的领域和范围极广,也形成了比较大的社会反响。其所形成的经验由国家民政部副部长亲自确立为农村社会工作的"万载模式",与"深圳模式""上海模式"一起,向全国推广,引起全国社会工作学界和实务界的广泛关注,影响颇大。如今,谈起农村社会工作,万载模式几乎是必然提起的经验。从学术研究的角度而言,万载是一个鲜活的案例。大家关注的焦点是,在经济欠发达农村地区,社会工作的发展是否可能?万载是否突破了以及如何突破农村地区发展社会工作面临的人、财、物等资源瓶颈?政府主导的发展模式具体如何运作,能否持续,抑或只是一场轰轰烈烈的"华丽展示"[①]?针对这些问题,笔者试图结合调研资料对政府主导的"万载模式"做一个客观分析。

1. 万载县的基本情况

这里有必要首先了解一下万载的县情。万载县位于江西省西北边陲,西与湖南省浏阳市相邻,距南昌 180 公里。总面积 1719.63 平方公里,其中城区面积 10.6 平方公里,辖 16 个乡镇和 1 个街道,19 个居委会,181 个行政村,3355 个村民小组。2015 年年末万载县总人口为 565012 人,其中城镇人口 259358 人,占总人口的 45.9%,农村人口 305654 人,占 54.1%,农村人口仍占多数。居民绝大多数属于汉族。万载是著名的花炮之乡和百合产地,花炮、夏布、表芯纸和百合、辣椒、三黄鸡为万载历史上三大特产和三大名产,如今,夏布、表芯纸等传统产品的销量已逐渐下滑,风光不再。而花炮、百合系列产品则雄风不减,势头正旺。21 世纪初,以茭湖乡为龙头的有机食品基地在万载悄然崛起,优质稻、花生、脚板薯、蜂蜜、竹笋、红心番薯、毛豆、马铃薯等 20 多种有机农产品已通过欧盟等地认证,万载被国家环保总局定为"全国四大有机食品生产基地"之一,在全国有一定名气。

万载是典型的农业县,是经济欠发达县,也是国家西部政策延伸县。

---

① 唐斌:《社会工作职业化的政府激励及其运作机制——基于上海、深圳和江西万载的比较研究》,中国财政经济出版社,2016,第 174 页。

2015年，万载县实现生产总值（GDP）1102284万元，按可比价格计算，比上年增长9.3%，其中：第一产业增加值142145万元，第二产业增加值626858万元，第三产业增加值333281万元，按可比价格计算，分别比上年增长4.0%、9.2%、12.3%。三次产业的比重为12.89∶56.87∶30.24，年人均GDP达到22670元。

2015年万载全县实现财政总收入232033万元，比上年增长16.0%，其中公共财政预算收入142712万元，增长17.1%。全县有11个乡镇（街道）财政收入超过五千万元，其中财政收入超亿元的乡镇达6个（康乐街办、黄茅镇、株潭镇、潭埠镇、鹅峰乡、马步乡）。公共财政预算支出304937万元，增长24.0%。①

据国家统计局调查队统计，2015年，万载县城镇居民人均年可支配收入为22258元，比上年增加1894元，增长9.3%，农村居民人均可支配收入9268元，比上年增加873元，增长10.4%，农村居民人均生活费支出8002元，农村居民家庭恩格尔系数为41.77%。这与全省平均水平有一定差距，根据江西省统计局提供的数据，2015年，江西省城镇居民可支配收入为26500元，农村居民可支配收入为11139元，农村居民人均生活消费支出8486元。② 综上情况，万载确属于农村人口占多数的经济欠发达地区。

2. 高位推动与广泛发动：万载社会工作的行政动员

万载社会工作的组织与动员具有典型的行政推动性质。③ 笔者曾在一篇文章中指出了万载的成功经验，即县委书记亲自抓社会工作，高位推动社会工作发展，社会工作真正成为万载的一把手工程。④ 在万载社会工作的组织与动员过程中，党政机关的作用至关重要，且无所不在，纵向从省到县至乡、村，横向从领导到一般干部、员工，均被发动起来，可以概括为"高位推动"与"广泛发动"。

---

① 《2015年万载县国民经济和社会发展统计公报》，来自江西省统计局网站：http://www.jxstj.gov.cn/News.shtml? p5=9397819。
② 江西省统计局网站：http://www.jxstj.gov.cn/News.shtml? p5=7592771。
③ 有学者称之为"运动式动员"（唐斌：《社会工作职业化的政府激励及其运作机制——基于上海、深圳和江西万载的比较研究》，中国财政经济出版社，2016，第157页），笔者这里只是进行客观描述，暂不进行价值评判，所以用了中性的"行政动员"概念来表达。
④ 蒋国河：《推进农村社会工作发展的策略思考》，《老区建设》2010年第2期。

（1）高位推动

首先是省民政厅的大力推动和指导。当时主管社会工作的是江西省民政厅领导 H，笔者曾在其亲自带领下开展社会工作实务。作为女性领导，她对社会工作有着天然的热情，对国内社会工作的动态也了如指掌。她的主要观点是，江西经济欠发达，没有实力购买服务，发展社会工作，政府官员必须身体力行，但也要意识到专业实务人才的重要性，希望能从高校和深圳等地引进若干名专业人才到江西工作。她的助手，厅人事教育处、负责社会工作人才队伍建设的副处长 G，是位热心肠的转业军人，对社会工作也非常感兴趣，言谈中"助人自助""同理心"这些社会工作的专业词汇经常脱口而出，他曾先后三次参加中级社会工作师考试，但均未通过，一直心存遗憾。江西省民政厅的这两位领导多次亲赴万载县指导试点工作。G 处长对笔者说，2007 年至 2008 年，他曾在万载县连续待了三个多月，指导当地开展社会工作试点。很大程度上，万载社会工作试点建设的起步、发展，都有省民政厅的"影子"，换言之，万载社会工作试点的大方向是省厅把握的。[1]

其次是时任县委书记 CXP 的高度重视和高位推动。访美期间亲自接触过美国社工服务和志愿者服务的时任县委书记 CXP，对社会工作很感兴趣[2]，对社会工作人才队伍建设试点工作高度重视。CXP 在全国地方党政领导干部研究班的发言中有一句精辟之语："所谓'老大难'，'老大难'，老大重视就不难"。CXP 就社会工作人才队伍建设问题先后多次召开县委扩大会议和全县社会工作人才队伍建设动员大会并发表重要讲话，要求全县有关部门全力配合好社会工作人才队伍建设，"要钱给钱，要人给人，要物给物"，同时责令严格督查和落实责任，"谁工作没有搞上去，到时板子就打谁"。在他的推动下，社会工作真正成为万载的"一把手工程"。经他指示，"两办"（县委办、县政府办）先后出台了《关于加强社会工作人才队伍建设推进社会工作发展的意见》和《农村社会工作实施方案》等 10 项配套政策文件，完善了有关社会工作人才队伍建设的机构、岗位设置、人才队伍开发、组织运行机制和进程安排、经费预算以及监督检查等多项制度，在督

---

[1]　戴利朝：《社会工作在社会主义新农村建设中的功能与作用评估》，载民政部社会工作司《农村社会工作研究》，中国社会出版社，2011，第 181 页。

[2]　县委书记 CXP 在 2009 年于江西万载召开的一次全国地方党政领导干部专题研究班上的现场发言。

查、评比和考核中，一些懈怠、失职的部门受到"两办"的通报批评。这些做法强有力地推动了万载农村社会工作的开展。

（2）广泛发动

首先，在组织层面，万载县成立了社会工作人才队伍建设领导小组，县委副书记任组长，县委组织部长、县政府副县长为副组长，"两办"、组织、宣传、人劳、财政、民政、教育、文化、卫生等二十多个部门单位负责人为社会工作领导小组成员，民政局长任办公室主任，并在民政局设立了社工股，形成了"组织部门牵头抓总，民政部门具体负责，各有关部门密切配合"的领导管理体制。县直相关部门、各乡镇（街道）也相应成立了以"一把手"为组长的领导小组，在村一级成立了社会工作服务站，全面推进社会工作人才队伍试点工作。而行政力量配置资源的优势是民间组织或高校无法比拟的，万载的资源因此能迅速地动员起来。

其次，广泛宣传发动。为营造社会工作发展氛围，2008年7月，县委、县政府召开全县加强社会工作人才队伍建设、推进社会工作发展动员大会，时任县委书记陈晓平在大会讲话中强调，"要采取多种宣传形式，开展专项宣传活动，使全县的干部职工都知晓社会工作，广大的群众了解社会工作，从而接受、参与和支持社会工作的发展"。会上，还成立了全省首个县级社会工作者协会，举办了全县社会工作知识竞赛，并广泛利用广播、电视、网络、报刊、宣传手册等形式，宣传社会工作的理念、方法、作用和典型案例，制作了《万载涌动社工潮》的电视宣传版，在各试点单位设立了社会工作宣传栏、告示牌、社工信箱及社工热线，每月编辑两期《社工简报》，编印了两万本《社会工作知识手册》，编写了《社工之歌》《志愿者之歌》等。笔者在万载调研时了解到，万载社会工作协会秘书长ZJP女士的知名度非常高，几乎每个单位、每个我们调研过的村庄的干部都认识她，因为她经常主动去或者被请去各单位、各村宣传、讲解、指导社会工作，一名村干部说，ZJP在全县的知名度仅次于县委书记。另有一个细节是，笔者在途中随意调研的一个村庄发现，村干部中竟然有两位报考了助理社会工作师，其中有一位村干部还通过了考试，拿到了证书。而一位乡民政所的所长在与笔者谈到以后的打算时说，"退了休以后，我就去做社工"，无心的一句话，显示了其对社工这个职业的认可。可见，在那段时期，围绕社会工作，从上到下，各级干部确实都动起来了，对社会工作的认知度也有很大的提高。

3. 整合资源，缓解农村社会工作发展的"人、财、物"难题

在经济欠发达农村地区开展社会工作面临的最大难题是人才队伍开发和资金保障问题。万载县虽然没有破解这个难题，但通过整合各方资源，一定程度上缓解了试点期间的"人、财、物"难题，使试点工作顺利验收，并在总体上取得了比较好的成效。

（1）资金投入

万载在全国农村地区率先投入财政资金支持社会工作发展。时任县委副书记、县社会工作人才队伍建设领导小组组长 NHS 在全县加强社会工作人才队伍建设、推进社会工作发展动员大会上强调，"尽管我们的财力都不宽裕，也要千方百计挤出资金支持这项工作的开展"。根据县委办发〔2008〕14 号文件《中共万载县委、万载县人民政府关于加强社会工作人才队伍建设　推进社会工作发展的意见》中关于资金保障体系的意见，资金投入主要来自三方面：一是政府的财政资金，主要用于社会工作教育培训、交流合作，实习基地、社工宣传媒介等的平台建设，社工协会的成立，社工研讨会的召开等，即各种与社工有关的会议、培训，高校实习师生食宿的补助，宣传媒介等的经费补贴。其中的会议支出很大，除了举办全县加强社会工作人才队伍建设、推进社会工作发展动员大会，为扩大试点影响力，万载还主动承担了江西省民政系统社会工作人才队伍建设推进会、民政部全国农村社会工作人才队伍建设试点经验交流会、全国地方党政领导干部社会工作专题研修班等，在会议召开前，制作各种展示试点成果的展板，也投入了不少资金。二是安排 30% 的县级福利彩票公益金用于社会工作，该项资金 2008 年为 20 万元，并逐年有所增长，在 2011 年的调查中，据对该县民政局干部 ZJP 的访谈，该项投入每年约为 45 万元。[①] 三是社会筹资，包括企业赞助、干部职工和务工经商人员的募捐等。该项筹资进展不大，主要的资金来源于政府财政补贴和彩票公益金。

应该说，万载白手起家，举办声势浩大的社会工作建设试点项目，确实需要很大的财政投入。据民政局记录，"县财政在每年预算安排 20 万资金的基础上，又新增 200 余万元专项资金投入，用于打造社会工作样板和政府

---

① 来自笔者在万载的调研、访谈资料。

购买服务"①，在全国会议召开之前，民政局特向县财政申请了 109 万元的经费支持，主要用于各个"看点"硬软件的打造、宣传费用、会议接待等。其中，某试点村"光搞卫生和做展板就花了 4 万块"②。政府举办的项目好大喜功，对展板制作要求格外高，比如，在江西另一个民政部社会工作人才队伍建设试点地区新余渝水区，为迎接上级的检查，花了 10 万元在试点项目村的村口制作了一个巨大的宣传展板。③ 当然，这类支出一般都由民政局支付。

（2）人才队伍建设

万载的社会工作人才队伍开发是以"行政性的、非专业社会工作者"为主体，在此过程中，也培养出了一批"行政的、专业社会工作者"。这其中有客观因素。社会工作人才队伍缺乏，尤其是实务人才缺乏是万载试点之初面临的最大难题。江西高校虽然培养了不少社会工作专业毕业生，但几乎没有人会到像万载这样的县城去工作，也很少有人通过职业水平考试，获得社会工作师证书。截至 2013 年 10 月，全县仅有 30 人通过了全国社会工作者职业水平考试④，其中助理社工师 25 人，中级社工师 5 人。全县也没有一家注册的社会工作机构。

解决问题的途径有两条，一是做增量，引进社会工作专业人才和增设社会工作岗位；二是存量转换和提升，即依托现有的基层乡镇社区和从事民政工作的人员，也即王思斌教授所称的"行政性的、非专业社会工作者"⑤。经济欠发达的万载选择的是后者，即"盘活存量、多元吸纳、转换提升、专业引领"，这是万载人才队伍开发的基本思路，是一种契合欠发达县情的低成本人才开发路径。

在试点起步阶段，万载社会工作人才队伍建设的策略是"1+3"组合模式，即一个来自高校的社会工作专业学生、带一个民政干部、一个试点单位干部和一个志愿者开展社会工作实务，通过"传、帮、带"，培养本土社会

---

① 这里所谓的政府购买服务，实际指的是政府对各项目点的经费补贴，而非向社工机构购买的服务，后文会进一步阐述。
② 戴利朝：《社会工作在社会主义新农村建设中的功能与作用评估》，载民政部社会工作司《农村社会工作研究》，中国社会出版社，2011，第 184~185 页。
③ 来自笔者在该地参与试点工作时向当地民政局干部了解到的信息。
④ 万载县民政局：《万载县现阶段社会工作进展情况汇报》，2013 年 10 月。
⑤ 王思斌：《中国社会工作的经验与发展》，《中国社会科学》1995 年第 2 期。

工作人才，这一策略已初见成效。通过与高校联姻引领实务开展，在此过程中，带出的民政、社区系统的本土实务骨干虽为数不多，但也难能可贵，比如民政局社工股负责人兼社会工作协会秘书长 ZJP，原是一位小学教师，在社工师生的帮助下，很快成长为一个行家里手。"1+3"组合的提法在 2008年 4 月的县委办 14 号文件中被另一概念所取代，即"社工引领义工服务、从工辅助社工服务、义工协助社工服务"的"社工+从工+义工"模式，或称为社工、从工、义工联动模式，这一提法更能凸显政府的主导作用。

　　这里的"社工"，根据时任县委书记 CXP 2008 年 7 月在全县会议上的讲话，指的是县里为开展社会工作人才队伍建设，在民政部门配备的 4 个专业社工岗位和编制，计划在与社会工作密切相关的党政机关、人民团体、事业单位、乡镇（街道）等配置的专职社工岗位，以及面向社会、大中院校毕业生招聘的一批具有社会工作专业职称的人员。据万载县民政局的调研报告披露，至 2012 年，万载共配备专职社工编制 26 个；调配专业从工 800 余人，招募志愿义工 8000 多人。① 不过，据了解，这 26 人中，真正新增的社工岗位可能仅限于民政局的 4 个岗位和县福利院的 2 个全额岗位，其他 20个岗位皆是从各试点单位中已通过职业水平考试获得社工师资格者中转换过来的，实为存量转换。当然，专职社工中的绝大部分只是通过理论考试，并没有任何实务经验，还需要通过培训提升实务能力，真正实现专业化。为此，万载请来一些高校社会工作的名师，包括复旦大学的顾东辉教授、北京大学的马凤芝教授等人来万载授课，或者请江西高校的师生开设社工培训班，培训这些本土专职社工人才。不过，这批设置在行政、事业单位或官办社会团体的专业社会工作者，虽然不再是王思斌教授所说的"行政的、非专业的社会工作者"，但行政身份依然未变，只是变为"行政的、专业社会工作者"。

　　所谓从工，指的是本土化的从业社工，具体指的是民政、劳动、卫生、工青妇，以及街道、乡镇、社区（村）等在已设定的社会工作岗位从事工作，但尚未取得社会工作者职业水平证书的人员，其与专职社工的区别在于没有通过考试和获得社工师证书，实际上就是行政社会工作人员。从工与社

---

① 万载县民政局：《本土化农村社工人才建设研究——江西万载县社会工作人才队伍建设调研报告》，2012。

工均属于万载社会工作人才开发体系设计中的主体部分。这 800 多名尚未拿证的行政社会工作人员是盘活存量、转换提升的重点对象。万载县委、县政府专门出台了相关政策鼓励和支持这些体制内人员报名参加全国社会工作者职业水平考试，以将其转换为专职社工。对获得证书的从工按所设社工岗位聘用，并发放岗位津贴，中级社会工作师为每月 40 元，助理社会工作师为每月 20 元。这批行政社会工作人员中确实有一些人脱颖而出，成为万载社会工作的中坚力量，比如白水乡的民政所 L 所长和该乡永新村妇女主任 WHL，后文将会涉及。

所谓"义工"，即志愿服务人员，按照万载官方解释，主要包括以义工协会、老年协会为主体的社会化志愿者队伍，和城乡社区"五老"人才资源，包括老干部、老党员、老模范、老知识分子、老复员退伍军人。[1]

大量从工的介入，意味着行政力量不但组织领导社会工作的开展，而且也主导农村社会工作的实务环节。对于行政力量在实务中的介入，要辩证地看待。其好的一面是有利于本土化社会工作人才的培养，用官方话语来说，"让专业社工人才指导、帮带培训我县基层从业人员"[2]，有利于促进基层干部对社会工作的认知。不利的一面在于，政府对社会工作主导过多，一方面将影响专业的自主性，导致出现行政化问题，同时受主政者个人因素的影响大，一旦主政者调离，发展的持续性将受到影响，所谓的地方政府创新，将仅是一次"华丽的展示"[3]；另一方面，将不利于发挥农民的主体性，也不利于激发社会组织的活力和专业化的社会工作服务机构的成长。

4. 低成本的项目式实务运作模式

在万载试点之初，对于村落社区，万载主要依托高校社工专业师生开展农村社会工作。[4] 但随着 2009 年试点验收完成和一批本土化的专业社工的成长，万载的农村社会工作项目运作有所调整，以县社工协会为主的本土化的专业社工和村一级的社工专干或从工开始发挥重要作用，他们能够独立地

---

① 据笔者在万载调研时所获得的文件资料。
② 民政部人事司（社会工作司）编《社会工作人才队伍建设试点工作资料汇编》，2008 年 12 月，第 230 页。
③ 唐斌：《社会工作职业化的政府激励及其运作机制——基于上海、深圳和江西万载的比较研究》，中国财政经济出版社，2016，第 174 页。
④ 唐斌：《社会工作职业化的政府激励及其运作机制——基于上海、深圳和江西万载的比较研究》，中国财政经济出版社，2016，第 174 页。

开展社会工作实务，并逐步形成一种本土化的实务项目运作模式：通过选点，确立一批项目，再以项目建设为纽带、培育社区自助团体为核心、发展本土化社会工作者和志愿者队伍为根本，构建项目化、本土化、参与式发展的农村社区社会工作的实践模式。

在该模式下，首先是要选点。万载的官方宣传口径是在 100 多个村都设立了农村社会工作站，已实现农村社会工作全覆盖，实际上为了应对上级检查和全国会议与会代表在观摩时"可学、可看、可用"，集中优秀社工，精心"选点"和打造"看点"与"亮点"，重点打造了马步乡罗山新村、寨下村、白水乡永新村等一批农村社会工作站试点项目。其次在服务模式上，这些村落的农村社会工作站以项目式服务为主，由万载县社会工作协会的专业社工担任各村社工站的社工督导，且由社工协会资助一定的活动经费，并由其进行垂直管理和业务指导。由此，将村落社会工作站纳入了县社工协会（该协会是事业单位性质的专业社会工作组织）的行动体系，以项目为纽带，县社工协会与基层社区建立了紧密联系。在项目建设之初，由专职社工引领和指导基层农村社会工作站的社工专干结合社区需要探索实务项目，开展实务活动；并发挥社区精英作用，着力培育社区自助团体或社区组织，重视社区组织的培育与能力建设，使这一组织成为带动社区发展的主体，实现社区的自我管理、自我发展、自我运作项目的目标。按照此种模式运作的社工机构，在岗位设置和运作上可大大节约经费。比如，后文将作为案例分析的万载县永新村的妇女互助储金会或老年协会，社会工作者在指导该项目正式运转起来后，对项目的介入并不多，项目运作的成本也比较低，但项目从 2007 年至今，仍在持续运转。万载的经验表明，社工即使不驻村，县城的社工也可以督导好农村点的项目工作。此方式既能够适应农村地区的财政能力，又能发挥社会工作的实效。

5. 政府主导的项目化运作的弊端

万载通过主政领导高位推动、各级各部门广泛发动，高效率地整合人力、物力、财力资源，实施低成本的项目式实务运作模式，使社会工作很快在全县全方位地开展起来，覆盖领域和人群大，影响广泛，也在公众当中营造了对社会工作较好的认知，应该说成效明显，但依靠政府主导的项目化运作的万载模式也存在明显的弊端和问题。

首先，政、事、社合一的县社会工作协会越来越行政化，并且其盲目扩点，以追求部门利益。万载县社会工作协会属于事业单位性质，但其秘书长和民政局社工股长由同一人担任，因此该机构既具有行政管理职能，又具有事业单位和机构的职能。在缺乏专业社工机构的情况下，社工协会秘书处同时具有社会工作的行政管理和项目具体运作的功能，既当"裁判员"，又当"运动员"。这导致万载县每年以增加十多个点的速度扩充社会工作项目点，而之所以要规模化扩点，据相关负责人说，如果不扩点，上级部门考核时，不知道你做了什么工作，现在行政导向的考核往往数量化、表面化，你苦心经营把几个点做得再好，上级部门也没时间去看；另外，不扩点，就拿不到更多的经费，因为经费预算是项目制，按项目数量而不是质量决定拨款，所以扩的点越多，给的钱越多。但由于社工岗位并未增加，仍然是两到三人，根本无力顾及这么多点，所以大部分新扩的点有名无实，只是蜻蜓点水，做表面文章。① 但缺乏实质的考核与评估，必然导致社会工作实务质量下降，表面化、形式化，有增长无发展，形成"内卷化"现象。

其次，万载试点过于依赖主政者的强势推动，而在试点验收以及县级领导层更替的背景下，社工协会的行政性、专业社会工作者（社工）以及基层的广大行政性、非专业社会工作者（从工）的动力可能大大减弱，试点工作将难以维系。在试点阶段，党政领导可以凭借体制优势集中大量人力物力投入资源，而一旦进入常规阶段，当政府投入不再具有政绩和政治光环效应时，农村社会工作发展的可持续性便失去了保证。② 现实局面确实是这样，在试点验收尤其是万载原县委书记 CXP 于 2011 年升职调离后，万载农村社会工作发展的势头开始减弱，目前除三至五个前期基础较好的点，其他的几个点几乎都处于停止状态。

4.1.2 高校或民间团体主导模式

中国的优秀知识分子对乡村建设和农村社会工作有一种天然的热情，正如贺雪峰所言，"乡村建设不仅是农民和国家的事情，也是知识分子的事情"③。具有本土农村社会工作特点的平民教育与乡村建设运动是由民国时

---

① 资料来自笔者 2012 在万载对社会工作协会相关工作人员的访谈。
② 田先红：《农村社会工作的万载实验》，《决策》2012 年第 Z1 期。
③ 贺雪峰：《如何进行乡村建设》，《甘肃理论学刊》2004 年第 1 期。

期的著名知识分子、教育家晏阳初先生及其创建的中华平民教育促进总会领导和开展的，而燕京大学师生开展的"清河实验"更是体现了中国优秀的知识分子介入农村社会工作的努力。当代的乡村建设运动也是由教育界知识分子领导和发起的，领军人物温铁军先生是中国人民大学农业与农村发展学院教授，其先后兼任西南大学中国乡村建设学院执行院长、福建农林大学海峡乡建学院执行院长，并成立了具有社会团体性质的中国乡村建设学院，开展实质性的乡村建设实践。而当代的农村社会工作实践中，无论是云南、湖南、江西还是广东，高校教师和学生的作用都较为明显，云南平寨项目及长沙民政职业技术学院在湘西开展的项目并未得到政府的财政支持，而主要依靠实习师生的参与、高校或民间团体的资金支持，具有志愿服务的性质。高校或民间团体主导的模式主要具有以下几个特点。

（1）经费来源以高校或民间资金为主，民政部门或基层政府支持为辅。具体来说，这类项目的经费来源可能由以下三部分构成。一是高校实习经费。不管是云南平寨项目，还是湘西农村社会工作服务项目，均是以专业实习的名义进驻。2001 年 3 月启动的云南平寨项目是为配合香港理工大学与北京大学合办的"中国社会工作"硕士课程班的实习需要而设立的。长沙民政职业技术学院的湘西项目与所在乡镇、村签订了明确的实习基地协议。对于专业实习，高校一般会有相应的实践教学经费支持，用于实习学生的交通、食宿支出，比如，华中农业大学每年用于社工实习的经费达 30 多万元。[1] 当然，如果实习项目有其他渠道如基金会的充足经费支持，则项目主持者也可能不再申请高校实习经费。二是民间基金支持。如云南平寨项目所用经费基本来自境外 NGO。而湘西项目，据史铁尔教授介绍，在前期也得到了境外基金会的支持，但后来国内环境有所改变，对境外基金加强了规范，学院于是不再申请境外基金会的支持。还有一些项目受到了国内基金会的支持，比如云南大学钱宁教授在苗族社区的实践获得了社会科学基金的支持。[2]三是民政部门或基层政府一般也会给予实践项目或多或少的支持。农村社会工作实践项目直接或间接地有助于当地的社会工作人才队伍建设，因此民政

---

①　熊景维、钟涨宝：《新时期我国农村社会工作的典型实践、经验与挑战》，《华东理工大学学报》（社会科学版）2016 年第 5 期。

②　熊景维、钟涨宝：《新时期我国农村社会工作的典型实践、经验与挑战》，《华东理工大学学报》（社会科学版）2016 年第 5 期。

部门或基层政府一般对此表示欢迎，有时也会给予一定的支持。这种支持可能来自两方面：免费提供活动场所或住宿、餐饮等支出；民政部门以"三区计划"形式为选派的项目社工提供工作补助，如长沙民政职业技术学院的翁草村农村社会工作项目获得了民政部"三区计划"每年5万元的社会工作人员补助。①

（2）项目实践承载人才培养、服务农村社会、学术研究的多重目标。高校既是人才培养的主体，也承担了社会服务、科学研究的使命。首先，依托教学实践实习基地存在的农村社会工作项目，既承担了以提升实践能力或实务能力为目标的高校人才培养的职能，也承担了服务农村社区发展和帮助农村困境人群（如"三留人员"）的社会功能，同时，也直接或间接地协助了民政部门或基层政府发展农村社会工作或加强社会工作人才队伍建设，服务了地方经济发展与社会建设。比如云南平寨项目具有明确的服务农村社区发展的目标，即探索以能力建设和资产建立为核心的农村扶贫新模式，并以推动城乡合作的公平贸易项目为抓手，满足农民对可持续发展生计项目的需求。湘西项目则试图通过开展暑期支教、暑期夏令营、苗族文化体验等活动弘扬苗族文化、发掘文化资源、帮扶留守儿童。其次，一些教师或研究生参与的项目，还结合了学术研究的需要。比如，张和清、古学斌等兼具行动者与研究者身份的学者主持的云南平寨项目，明确了多重目标：一是回应贫困问题的解决；二是发展中国社会工作教育；三是开展农村社会工作实务研究或行动研究②，在权威学术期刊发表诸多重要学术成果。

（3）服务模式以周期性的暑期驻村服务为主。首先，在服务时间上，根据高校教学计划，为不影响平时的课堂教学，平时的实习活动一般仅安排在本市进行，而赴外地的专业实习实训活动通常安排在暑期进行。实习活动最长可持续两个多月，从6月底至8月底。从目前高校主导的农村社会工作项目看，情况也大抵如此。云南平寨项目持续时间虽长，从2001年持续至2007年，但每年的项目开展时间一般都在暑期，比如，写村史计划从2004年暑期开始，持续了两个月暂告一段落，直到2005年暑期的另一次实习，

---

① 资料来自笔者对史铁尔教授的访谈。
② 张和清主编《农村社会工作研究》，高等教育出版社，2014，第249页。

才继续开展。① 湘西项目一般也在暑期进行，如该项目点主导的暑期支教、暑期夏令营活动。其次，在服务方式上，一般以驻村服务为主。这一方面应是出于对实践项目的成本考虑，收缩项目服务范围，将精力集中于村落社区，而不是四面开花，有助于节约项目经费，降低服务成本；另一方面也是实务和研究的需要，只有深入基层，直面社区问题，直接面向服务对象，才能锻炼学生，提高其实务能力。

（4）实务运行中专业自主性强。与政府主导的模式不同，高校或民间团体主导的农村社会工作实践中，政府的介入程度弱，至多从外围条件上给予一些支持，不会去干预具体的实务计划制订和实务过程，因此，社工的专业自主性更强，不会受到行政化的困扰，能够自主地根据自己的专业理想、价值目标，立足基层民众的切身需求，踏实开展实务活动；同时，也不需要应付各种程式化的管理、考核和评估工具，将主要精力用到实务工作中去。

高校或民间团体主导模式的主要不足是政府支持缺乏导致资源不足和专门工作人员缺乏，高校或民间团体只能利用暑期等时间开展周期性的服务，影响服务的可持续性。比如，有学者调查发现，在非实习期间，湖南湘西的中寨社会工作站"满地垃圾"，显然很久没有开展活动。对此，史铁尔教授坦言，希望政府更加重视，希望能够获得更多的资源和资助，推动以中寨为代表的湘西农村社会工作的可持续发展。②

4.1.3　政府购买农村社会工作服务模式

近年来，一些地方的农村社会工作发展也开始向城市地区看齐，试点政府购买农村社会工作服务项目。这类项目以广东从化项目、"双百计划"项目为代表，也包括后文将要分析到的四川理县项目、江西省救助总站招标购买的未成年人社会保护服务（培训）试点项目。这其中，广东从化项目（包括华农征程项目）、四川理县项目、江西留守儿童未保项目系政府向社工机构购买的社会服务，"双百计划"系政府直接购买社会工作岗位和服务，这两种类型有共同之处，都是由政府财政购买服务，差别在于，购买的

---

① 张和清、张扬、古学斌、杨锡聪编《文化与发展的践行——平寨故事》，民族出版社，2007，第 5~7 页。

② 戴利朝：《社会工作在社会主义新农村建设中的功能与作用评估》，载民政部社会工作司《农村社会工作研究》，中国社会出版社，2011，第 172 页。

方式有所不同，也各有利弊。从发展路径看，以广东为例，先出现政府向社工机构购买的从化项目和华农征程项目，再出现政府直接购买社会工作岗位的"双百计划"。下面对这两种类型的购买服务的共性与个性分别加以比较、分析。

（1）探索了政社合作、开拓农村社会工作服务的新模式

孙立平等曾论述指出，改革开放以来，随着市场配置资源机制的形成，中国社会结构正在发生根本的变化，逐步由总体性社会向分化性社会转变；中国的社会整合也正在经历一个从传统社会的先赋性整合（以血缘、地缘为基础），到改革前的行政性社会整合，再到契约性社会整合的历史性变革。这一转变在经济生活领域已经明显地表现出来，而在更为广阔的社会生活领域，这一转变则较为模糊，社会整合明显弱于社会分化。[①] 徐永祥教授也指出，我国的社区建设体制中，政府行政管理层面的架构相对比较成熟，但社会体制层面的架构、内容、要素发育缓慢，社会性相当微弱。[②] 在城市地区，随着近年来政府职能的转移和简政放权的推进，社会组织的作用有所增强。在农村的社会治理体制中，社会的发育更为迟缓，传统的社会组织，如农村宗族，即使改革后在东南一些地区一度有所复兴，但总的趋势是影响日益式微，其更多的意义是在文化层面[③]，而宗族等传统的助人系统功能衰退。[④] 压力型治理和刚性的维稳思维是当前政府治理农村的主流模式，并形成了一种典型的"维稳政治"[⑤]。

但这不足以应对当前农村出现的各种突出社会问题，如贫困、特困群体的帮扶，留守儿童、留守老人、留守妇女的关爱和照料，等等，这些问题呼唤社会服务、社区服务的发展。但农村的这些问题靠村落本身的力量难以解决。大量的农村青壮年人口外移（不仅仅是务工，也包括求学、经商、定居城市），农村剩下"386199部队"，成为"空心村"，因此，农村自身缺

---

① 孙立平、王汉生、王思斌、林彬、杨善华：《改革以来社会结构的变迁》，《中国社会科学》1994年第2期。

② 徐永祥：《政社分工与合作：社区建设体制改革与创新研究》，《东南学术》2006年第6期。

③ 温锐、蒋国河：《20世纪90年代以来当代农村宗族问题研究管窥》，《福建师范大学学报》（社会科学版）2004年第4期。

④ 王思斌：《中国社会的求—助关系——制度与文化的视角》，《社会学研究》2001年第4期。

⑤ 肖唐镖：《当代中国的"维稳政治"：沿革与特点——以抗争政治中的政府回应为视角》，《学海》2015年第1期。

乏资源、也缺乏能力自我解决社会服务问题，而市场化企业缺乏动力提供具有"公共性"的社会服务，即所谓"市场失灵"[1]；各种行政、半行政的组织，虽握有公共财政和提供公共服务的责任，但因承担了繁杂的党政事务，根本无暇也无法扎根社区提供有效的社会服务。

由是，创新社区治理体制，实行政社分工合作，通过政府委托管理或购买服务的方式，引入专门的、专业化的社会组织[2]，或者如新治理理论创立者萨拉蒙所言，建立政府与非营利组织在公共服务中的伙伴关系[3]，提供农村社区所需要的社会服务是大势所趋。四川理县、广东从化等地实施的政府购买农村社会工作服务正是构建政社分工合作、协同解决农村社会服务需求的尝试和努力。比如，后文将分析的四川理县项目，2009 年由湖南省政府将灾后"社会工作和心理援助项目"纳入对口援建理县的规划项目，并通过政府购买服务方式委托长沙民政职业技术学院史铁尔教授团队成立的 X 社会工作服务中心负责项目的运营工作，项目经费高达 300 万元。灾后心理援助和行为偏差矫正需要专业的服务，政府公务员和一般志愿组织都不具有这个能力，需要以政府购买服务的形式引入专业的社会工作服机构。此外，江西省救助站之所以要向社工机构招标购买留守儿童社会保护等干预服务，是因为针对留守儿童的这类专业服务已经超越了传统的救助行为和救助站工作人员的能力，需要引入专业社工的服务。同样，广东从化项目和"双百计划"的社工所开展的扎根服务、以优势视角的城乡合作贸易为核心的反贫困工作都是官僚化的行政机构能力所不及的。因此，政府购买农村社会工作服务是重要的社会治理创新，探索了政社合作、开拓农村社会工作服务的新模式。

（2）服务口径以民政对象为主

前面的分析已指出，近年来农村社会工作的服务对象和服务内容越来越趋向于民政领域的需求，这在政府购买社会工作服务领域更为明显。比如，广东省民政厅发布的"双百计划"的实施文件就明确指出，"镇街社会工作服务站以辖区内有需求的群众为服务对象，覆盖城乡低保对象、特困人员、

---

①　莱斯特·M. 萨拉蒙：《公共服务中的伙伴——现代福利国家中政府与非营利组织的关系》，田凯译，商务印书馆，2008，第 40 页。
②　徐永祥：《政社分工与合作：社区建设体制改革与创新研究》，《东南学术》2006 年第 6 期。
③　莱斯特·M. 萨拉蒙：《公共服务中的伙伴——现代福利国家中政府与非营利组织的关系》，田凯译，商务印书馆，2008，第 109 页。

困境儿童、农村留守人员、优抚安置对象、老年群体等民政重点服务对象"①。江西省救助总站招标的留守儿童未保项目、四川理县的灾后援助项目也具有明显的民政服务特征。相对而言，广东绿耕社会工作发展中心运作的从化仙娘溪项目偏离民政领域，比如以城乡合作的公平贸易为核心的生计发展项目、文化保护与开发项目等偏向社会经济层面，这与绿耕一直以来坚持的价值追求和发展理念有关。但这种坚持也给绿耕的发展带来了困扰，甚至带来生存压力。② 这是因为，政府在加大对社会服务购买力度的同时，也在引导社会服务机构的服务方向。这种转向有三个方面的原因：一是民政部门出于加强自身领域工作的需要，如广东省民政厅在文件中的表述，要有助于"充实基层民政服务力量"，提升社会服务水平；二是财政专项资金或彩票公益金使用的监管要求，一般要求专项资金专项使用，不能挪作其他用途；三是2016年颁布的《慈善法》及其配套文件也引导慈善资源用于开展扶贫济困、扶老助残、医疗救助、教育救助等社会救助领域的服务和活动。公益组织如果服务方向偏离这些领域，将很难获得政府购买相关服务项目。

（3）两种政府购买社会工作服务类型各有利弊

广东省的城市地区，包括深圳和广州，政府都是通过社会工作服务机构购买社工服务。在"双百计划"之前，广州市对从化项目和华南征程项目等农村社会工作项目也采取向社会工作服务机构购买社工服务的形式，但"双百计划"有所不同，采取的是民政部门直接购买社工包括社工督导的形式。就农村社会工作而言，这两种类型各有特点，各有利弊，采取何种形式，取决于购买服务者的核心关切。

先看政府向社会工作服务机构购买社会工作服务类型。

该类型的优点首先是专业自主性强、行政化困扰相对少。相对政府直接购买社工服务，通过社工机构购买社工服务的政府部门并没有直接介入社工人事管理和具体事务，因此行政化困扰相对要小。但只是相对而言，行政化的现象总是存在。从深圳和广东的实践看，基层政府在购买服务时总是存在"搭便车"现象，把一些非社会工作性质的行政性事务打包给社会工作服务

---

① 据笔者调研所获得的文件资料。
② 张和清、杨锡聪等：《社区为本的整合社会工作实践：理论、实务与绿耕经验》，社会科学文献出版社，2016，第223~224页。

机构。其次，任务目标明确，便于考核，效率更高。政府在向社会工作服务机构购买服务时，一般会明确项目内容、具体任务和目标，以结果为导向，便于考核，也能提高工作效率。

该类型的缺点，首先是服务成本更高。因为向社会工作服务机构购买服务，意味着机构要独立承担项目的运营，机构不仅需要提供专业社会工作人员的开支，而且需要支付支持性岗位人员的开支，如财务、行政等人员的用工支出，甚至还要支付服务场所和设施的开支。服务成本因此相对于直接购买社工服务，无疑更高，比如，广州每年 200 万元的家庭综合服务中心项目，综合考虑了专业人员与行政人员的成本。当然，经济发达的城市地区，有财政能力承担这些成本，可以获得更有效率、更优质的服务。但在经济欠发达的农村地区开拓农村社会工作，对成本与效率必须兼顾考虑，甚至要优先考虑成本。其次，政府向社会工作服务机构购买社会服务，如前面所指，多采用以项目制为主的购买方式，此方式虽然效率更高，但也存在短期效应的问题，项目持续性较差。目前政府购买的农村社会工作项目多属于试点性质，并未明确持续投入。项目服务期结束后，政府可能因各种原因中断对项目的支持，导致项目无法持续，比如，前面提到的华农"征程项目"。项目组社工曾经驻村服务的山美社工站，在社工撤离后，山美村村委没有运营社工站的财政预算，难以接管社工站，社工站因此处于闲置的状态，项目未能持续地开展下去。另外，即使没有中断支持，但也可能更换机构，这也会导致原有的项目无法持续推进，而频繁更换项目，也会给服务的社区带来困扰。江西省的未成年人社会保护服务（培训）试点项目就是如此，12 个县的项目试点服务期完成后，除乐平等个别点由于工作出色获得了联合国儿童基金会的后续支持而得以继续开展外，其他的项目点在社工撤离后都处于停滞状态。

不过，这些缺点也并非无法克服。目前，在政府向社会工作机构购买社会服务的案例中，绿耕从化仙娘溪项目总体较为顺利，在广州市民政局和从化区民政局的财政资金支持下，已开展了两个周期，持续 7 年时间，这说明绿耕团体扎根社区、脚踏实地开展农村社会工作服务的努力获得了政府部门的认可和肯定。再如，后文的案例 X 机构在四川理县的灾后社会工作与心理援助项目，根据计划安排，也顺利地结项和验收，但机构的服务并没有中断，通过培养本土化的社工，长沙民政职业技术学院较好地实现了本土化，将 X 机构顺利地移交给当地政府民政部门管理，机构服务得以延续。不过，

X机构未来仍然面临项目资金的持续投入问题，如后文的案例分析所指出的，在最大的支持方援建队撤离后，X机构失去了体制内的各种优越条件，只能向政府、基金会申请一些小项目，因此发展阻力增大，比湖南援建时期艰难很多。

再看政府直接购买的社会工作岗位及服务类型。

政府直接购买的社工岗位及服务的优点，首先是服务成本相对更低。这是因为省却了服务场所、办公设施以及支持性岗位的经费，如"双百计划"明确规定，服务场所、办公设施由各镇、街办事处落实。"双百计划"之所以采用此种类型，很大一部分原因可能是出于成本考虑，粤东西北地区是经济欠发达地区，地方财政配套能力弱，必须考虑发展成本。如果按照广州家庭综合服务中心的资助标准，每年200万元，200个镇街的服务购买资金将达到每年4亿元，而按照现有的政府直接购买社工服务，每人每年5万元，按计划购买1000名社工（实际购买社工912名）仅需要5000万元，再加上购买督导经费500万元，合计5500万元，大大节约购买成本。其次，理论上，服务的持续性也更强。因为，此时的评估考核对象为社工个人，而即使考核不通过，也仅是中断对个别社工的使用，其影响要比整个社会工作服务机构撤离小很多。如"双百计划"，依托镇、街办事处设立社会工作服务站，组建3~8人的社会工作服务团队，5年期试点期满后，如果"双百计划"证明是成功的，将会长期延续，即使个别社工被调整或流失，团队开展的项目也不会受很大影响。

政府直接购买社工岗位及服务的缺点，首先是对基层政府或社区资源的依赖程度更高，因此也容易受到基层更严重的行政化困扰。"双百计划"虽然启动时间短，但已遇到类似问题。根据广东省民政厅提供的"双百计划"进展情况跟踪材料①，部分镇、街领导对"双百计划"聚焦民政主业、服务民政对象的认识不足，随意统筹使用社工，如兴宁田兴街道将7名社工分配到镇的7个部门，事务办一个都没分到。对此，广东省民政厅社会工作处负责人L也很无奈，"行政化与专业化是一个漫长的博弈过程"。其次，农村地区当地政府对农村社会工作的财政支持难以落实到位。欠发达的农村地区财政配套能力弱，很难按计划落实，甚至连服务场所和办公设施都不一定能

---

① 资料由广东省民政厅工作人员提供。

保证。比如，"双百计划"主要在粤东西北推进，原计划投入 5000 万元资金，由省级与地方（市、县两级）按 6∶4 的比例配套资金，但这些地方经济落后，原来本级财政几乎没将社工经费列入预算，实际困难加上认识不足，造成部分需要当地配套的资金至今尚未落实，有些地方的社会工作站还未真正开展工作。① 最后，政府直接购买社工岗位，如果设站单位购买人数太少，将导致农村社工孤军作战。而社会工作有时需要团队作战，比如开展社区活动，社工人数太少，增加工作难度，此外，孤独地工作，将带来更严重的职业倦怠，增加人才流失的可能性。

4.1.4　小结：三种模式的整体比较

以上三种模式代表了当代中国农村社会工作实践和探索的主要模式。这三种模式各有特点、各有利弊。具体特点前文已分别加以分析。这里从政府介入的适度性、专业化与职业化、本土化、普遍性意义四个方面对三种模式的表现整体上做一比较。

首先，政府介入的适度性，或政社关系的合理性。社会工作服务本质上属于社会福利体系或公共服务体系的一部分，而无论是现代福利国家的发展还是创新国家治理和治理能力现代化，均要求政府承担起应有的责任，在农村社会工作的发展中发挥应有的作用。但政府的介入也要保持合适的度，过度介入影响社会组织作用的发挥和专业的自主性。三种模式中，万载模式中政府充分发挥了作用，主要领导的重视程度前所未有，组织、领导与发动强势有力，人力、物力、财力资源调配也尽其所能，但万载模式中，政社角色失衡，政府过度介入，既是"发动机"，又是"运作者"②，既是"裁判员"，又是"运动员"，社工机构等专业力量培育和发挥不足；云南、湖南的农村社会工作试点主要依靠高校或民间团体的运作，政府介入不够，作用发挥不足；广东等地民政部门试点政府购买社会工作服务，扮演了农村社会工作的资金保障主体的角色，同时，并不过度介入具体的实践过程，而是充分发挥专业社会工作机构或专业社会工作者的作用，虽然在此过程中，也不

---

① 资料来自笔者对广东省民政厅工作人员的访谈。
② 戴利朗：《社会工作在社会主义新农村建设中的功能与作用评估》，载民政部社会工作司《农村社会工作研究》，中国社会出版社，2011，第 196 页。

可避免地存在行政化问题，但总体来说，平衡了政府介入与专业自主性的关系，是更为理想的政社合作模式。

其二，专业化与职业化方面。专业化、职业化是一个行业或一个领域发展成熟的标志。"职业化"（occupationalization）是指一种职业逐步形成并被社会认可的过程，即由一种兼职、免薪的志愿活动逐步发展成为一种专职、受薪的过程；而"专业化"（professionalization）则更强调某一职业或行业专业性程度变化的过程，即由非专业、半专业到完全专业的变化过程中的表现或位置。① 就此而言，三大模式中，政府购买社会工作服务模式专业化、职业化的程度最高，尤其是广东实施的"双百计划"在 15 个市的 200 个镇街购买 912 名专业社工，年薪 5 万元，5 年为一个服务期，其专业化、职业化程度已接近深圳、广州等大城市地区。云南、湖南的农村社会工作试点主要依靠高校或民间团体的运作，专业化程度较高，但职业化程度严重不足，当地政府尚未把农村社会工作的职业化发展提上议事日程；在政府主导的万载模式中，虽然通过与高校联姻，专业化程度有所提升，但总体专业化程度不高，不过其职业化已有初步的体现，如政府设置了一批专职社工岗位，并出台了一系列文件对通过职业水平考试获得社工师资格者在薪酬上给予一定的激励和保障，至 2012 年，培养了专职社工 26 名，这在经济欠发达农村地区也是一个重要的突破。

其三，本土化方面。社会工作是一门既注重专业性，又强调特殊性、情境性的学科，即既注重专业化，也重视本土化。这种对本土化情境的关注，不仅在于其实务过程中对地方性知识的文化识盲、对社区及个体优势资产的挖掘，也包括对政策情境、体制特点的考量与适应。农村社会工作尤其强调本土化，因为传统的社会工作知识是基于城市环境发展出来的，而城乡环境、情境差异很大，在农村开展社会工作不能生搬硬套，要关注服务的相关性、有效性。为此，英国、美国、澳大利亚的农村社会工作专家和学者也特别强调本土化的重要性。② 从本土化方面看，三种模式的实践均比较重视本

---

① Vollmer H. M., Mills D. L. 1966. *Professionaliztion*. Englewood Cliffs, N. J.: Prentice Hall, p. 136.
② Richard Pugh. 2000. *Rural Social Work*. Russell House Publishing Ltd; E. Martinez-Brawley. 2000. *Close to Home: Human Services and the Small Community*. Washington, DC: NASW Press; Brian Cheers. 1992; "Rural Social Work and Social Welfare in the Australia Context." *Australia Social Work* 45（2）: 11-21.

土化问题，但本土化的表现方式或者表现的领域各有不同。比如，张和清教授团队在云南平寨、广东从化项目的运行过程中均把优势视角下的城乡合作贸易作为社会工作实务的中心环节。湖南湘西项目注重开发苗歌苗鼓等特殊文化资源。四川理县项目注重培养本土化人才。"双百计划"注重服务队伍本土化，优先招聘本地社工，在服务内容上注重与民政这一具有中国特色的社会工作结合。相比较而言，万载的本土化探索更为多样。首先，万载比较重视本土化的社会工作人才队伍培养和建设，通过"1+3"组合模式，即一个来自高校的社会工作专业学生、带一个民政干部、一个试点单位干部和一个志愿者开展社会工作实务，通过"传、帮、带"，培养本土社会工作人才；或者通过"盘活存量、多元吸纳、转换提升、专业引领"，以及"社工+从工+义工"，试图把大批行政、非专业的社会工作人才（即"从工"）培养成为本土化的专业人才；万载也尝试盘活已有的民间公益团体或合作组织，激发和挖掘原有机构组织的功能，推动农村社区工作的开展，典型是后文要分析到的永新村妇女互助储金会案例；此外，在社会工作的实务内容方面，也试图和新农村建设、农村社会管理体制创新这些制度情境以及"三留人员"这类中国农村的特色问题联系起来，这都是有意义的本土化的探索，对后文论及的中国特色农村社会工作实践模式的构建颇有启发意义。

其四，普遍性意义，即普及推广的可能性。试点或实验的重要意义在于，它是否可成为未来的一种模式，可复制、可推广，即便达不到这一点，那它是否能够为未来更合理模式的构建提供部分或局部架构，或者说虽然不具有全局性意义，但是否具有区域性意义，可在特定区域复制、推广。

首先看高校或民间团体主导模式的普遍性意义。这种模式的局限性在于，远在大中城市的高校社会工作专业师生，其服务具有周期性的特征，以暑期短期服务为主，无法在农村地区提供常规化的服务；资源有限，高校有人才培养、科学研究、社会服务三大任务，但最主要的任务是人才培养，有限的资源首先要服从人才培养的需要，农村社会工作实践基地的设立也是实践教学的需要，在此基础上，兼顾服务社会的目标。因此，实践教学基地不具有扩散性，覆盖面较窄，在时间上也无法提供常规的服务。一些民间团体的实践也是如此，资源有限，覆盖面有限，服务时间也有限，所以高校或民间团体主导模式不具有全局推广的意义。不过，云南、湘西项目中，高校或民间团体在推动农村社会工作实践中发挥出极大的影响力，万载实践中，高校的作用也很突出，"双百计划"中，高校也发挥了重要的督导作用。这启示我们，高校在未来农村社会工作的发展格局中，仍将发挥极大的作用，因为作为舶来品的专业社会工作，在中国是教育先行，教育者承担了引领社会工作行业专业化建设的使命，无论在城市还是在农村，皆是如此。

再看万载模式的普遍性意义。从目前来看，万载的农村社会工作试点是县域范围内政府重视程度最高、覆盖领域最广、覆盖人群最多、资源投入力度最大、社会反响也最好的农村社会工作实践。万载是经济欠发达、农业人口至今占多数的地区，农民人均收入尚不及江西省的农民人均收入水平，是典型的经济欠发达农村地区。因此，万载的农村社会工作实践无疑具有极强的示范意义，民政部于 2008 年底确立"万载模式"，于 2010 年确立万载为全国唯一的农村社会工作人才队伍建设示范区，其目的当然是希望能把万载模式向全国推广复制。民政部时任副部长罗平飞在万载召开的全国农村社会工作试点经验交流会上说："万载县在探索农村社会工作及其人才队伍建设方面取得的成效充分说明，社会工作不仅可以在东部经济发达地区开展，也完全可以在经济欠发达的中西部地区进行；不仅可以在经济基础、工作基础较好的城市开展，同样可以在发展相对滞后的广大农村地区实施。"① 所以，如果仅从典型学意义看，万载是一个很好的样板。但从实践效果看，政府主导的万载模式局限也非常明显。综合前面的分析，这些局限表现在，过于依赖行政力量，政府介入过度，政府角色严重越位，既是"裁判员"，又是"运动员"，社会组织和专业社工发展不足，政社分工合作的合理化机制尚未形成；农村社会工作的专业化水平不高，行政性、非专业的社会工作泛滥，这势必影响社会工作的实务质量，使社会工作流于形式化、一般化、表面化，而如果社会工作服务质量低，满足不了农民的真正需求，农民未直接受益，用官方话语来说，缺乏"获得感"，则很难建立群众基础和获得大众包括官员真正的支持，因此，虽然社会工作的发展曾在万载辉煌一时，但当主政者一旦调离，则很快寥落，社会工作的发展市场也将萎缩。② 因此，万载模式并不是一种理想的农村社会工作实践模式。理想的农村社会工作实践

---

① 摘自全国农村社会工作人才队伍试点经验交流会材料，2008 年 12 月。
② 陈晓平：《新农村建设中的社会工作创新——以江西万载为例》，《江西社会科学》2014 年第 6 期。

模式必须立足于中国本土情境或者说具有中国特色的经济、政治、社会管理体制机制。而就我国强政府、弱社会的传统与现实看，为了构建符合本土情境的、具有中国特色的农村社会工作实践模式，必须解决政府的动力问题，发挥政府在组织、动员和资源配置方面的作用和优势，在这方面万载提供了较好的经验；同时，万载在本土化社会工作人才的培养以及低成本的项目运作模式方面也探索出了一些好的经验。这对广大的农村地区来说，是具有普遍性意义的经验和模式。但同时，也要克服万载模式的弊端，最关键是要培育和激发专业社工和社会组织的活力，形成合理的政社分工合作格局。

　　最后看一下广东等地实施的政府购买社会工作服务模式的普遍性意义。从"双百计划"的实施看，广东省有条件在全省普及镇、街的社会工作服务，虽然从目前的状况看，经济欠发达区的粤东西北县市的财政配套能力跟不上，但凭借全省的财政实力，可以通过转移支付或省级财政来解决这一问题。但总体来说，"双百计划"等大规模、全域性的政府购买农村社会工作服务的模式，在城乡发展严重失衡、东中西部发展严重失衡的中国，目前尚不具有全局性意义。在中西部等欠发达地区，不少地方还是吃饭财政，没有余力发展农村社会工作，况且，很多地方官员压根不知道什么叫社会工作，能力上、认识上均没达到条件。但即使如此，该模式仍具有非常重要的意义。一是局部性意义、区域性意义重大。局部性意义表现在，在对特定困境人群的专项服务上，可以通过政府购买社会工作服务的形式推进，民政部最近几年每年发布的中央财政购买留守儿童、留守老人等社会服务试点项目即是很好的尝试和推进。江西省民政厅、救助总站 2016 年、2017 年连续通过政府招标的形式购买未成年人社会保护服务（培训）试点项目也顺应了这一趋势。区域性意义表现在，东南沿海等经济发达地区可以借鉴广东的模式推进农村社会工作的发展，一些沿海省份的县域经济比广东粤东西北部地区更为发达，比如江浙一带，对这些地区来说，不管是城市社会工作还是农村社会工作发展的阻力均不是经济问题，而是地方领导对社会工作的认知问题。二是政府购买社会工作服务机制代表了一种理想的模式和机制，也代表了国际上和未来中国农村社会工作发展的大趋势，其专业化、职业化的现代取向，是中国特色的农村社会工作发展进程中要逐步加强和努力推进的。

　　总之，三种模式各有特点、各有利弊，这为探索中国特色的农村社会工作实践模式提供了丰富多样的本土化实践经验、教训与反思。农村社会工作的发展需要整合各地实践的优良机制并解决一些共性问题、难点问题，突破农村发展社会工作面临的独特的制约，形成本土化特色的实践模式，这样才能促进农村社会工作的深入、可持续发展。

4.2 当代中国农村社会工作实践的反思：问题和挑战

综上所述，全国各地已经在农村社会工作的实践方面有了比较多样和富有创造性的探索，并形成了一些具有本土化特点的实践模式。但总体而言，当代中国农村社会工作的发展还处于试点探索和起步阶段。农村社会工作的实践还存在不少问题和面临诸多挑战，尤其是其中的一些共性问题、难点问题，制约了农村社会工作的可持续发展。这些问题和挑战包括：农村社会工作服务的职能定位问题；服务资源的可及性、便利性问题；农村文化传统及服务的关联度与农民对服务的认可和接受问题；农村社会工作人才队伍开发问题；本土农村社会工作机构发展问题；农村社会工作的资源约束、服务成本与投入问题。

4.2.1 农村社会工作服务的职能定位不清

农村社会工作者服务的职能定位指农村社会工作作为一种专业服务，其角色功能、职责与事权。前面的分析已提到，在千头万绪的农村工作和农村建设领域，农村社会工作应该扮演什么角色和发挥什么作用，是一个令人困惑的问题。虽然，从最近的趋势看，农村社会工作的服务对象和服务内容越来越趋向民政领域的需求，但即使是民政领域，也是一个非常宽泛的领域，包括基层社区工作，老年、儿童、青少年福利工作和关爱服务，残疾人、城乡低保对象救助，农村留守人员服务，优抚安置对象服务等。同时，受计划经济时代形成的总体性经济社会体制影响，这些领域存在大量的行政性、非专业社会工作者，不仅包括民政系统的行政人员、社会福利机构的工作人员，还包括党的基层组织，青年团、妇联等人民团体，村居社区工作人员以及驻村干部、大学生村官等。那么，在这样一个庞杂的农村工作体系中，在这样一个多主体的乡村社区权力格局中，农村社会工作者的服务职能应该如何定位，如何根据社会工作的专业特点，区分农村社工与其他乡村社区主体的关系，明确政社分工，界定农村社会工作者的角色功能、职责与事权，从目前的实践来看，是一个尚未解决的难题。

这些问题在现实中具体表现为，农村社会工作服务的边界不清，或者说没有边界，农村社工扮演的角色太宽泛，太全能主义，看似无所不能，什么都做，但好像又什么都没做。比如社工擅长搞搞活动，做做游戏，但涉及农民关切的具体问题，又好像什么都没解决，而沦为"为活动而活动"①。诚然，农村社会工作有其特殊性，农村社区远离城市，接触的公共服务资源少，服务需求多，但同时社会工作人员少，甚至要单兵作战，所以，即使国外的农村社会工作者，也往往要成为一个多面手，一个通才（generalist），需要具备较为宽泛的知识和技能②，但至少社会工作者清楚自己的职责和工作内容。但在我国，不仅基层民众及官员对农村社会工作者的职能缺乏认识，多数试点地区的农村社会工作者也对自己的职能定位不清不楚（个别有明确行动研究目标的农村社会工作项目实践除外，比如张和清教授团队在云南平寨的项目）。职能定位问题不清，将影响农村社工专业价值的体现，也难以建立基层民众及官员对社会工作的认同，职业化的发展也因此缺乏基础；容易造成专业社会工作者被行政化。

4.2.2　服务资源的可及性、便利性欠缺

服务资源的可及性（accessibility）是指服务资源能够便利地通达服务对象的程度，也是服务通达的便利性。农村社会工作服务资源的可及性问题是一个世界性的问题，美国、欧洲、澳大利亚都存在类似的问题③，在人口少且分散的澳大利亚农村，问题更严重。而与美国、欧洲、澳大利亚相比，中国的情况可能更为突出。

中国农村人口多，层级多，从县到乡、镇，再到行政村，最后是自然村，农村人口分布呈金字塔式结构，居住形态分散，大部分的农村人口分布

---

① 熊景维、钟涨宝：《新时期我国农村社会工作的典型实践、经验与挑战》，《华东理工大学学报》（社会科学版）2016 年第 5 期。

② Rosemary Green. 2003. "Social Work in Rural Areas：A Personal and Professional Challenge. " *Australia Social Work* 56（3）：209-219.

③ Richard Pugh and Brian Cheers. 2010. *Rural Social Work：An International Perspective*. The Policy Press.

在各个远离中心集镇的自然村落社区。随着近年来村村通公路的推进，农村的交通状况有较大改善，但村落的公共服务设施依然缺乏，一些原有的设施如学校，普遍遭到撤并，因为农村人口整体呈下降趋势，很多农村人口流动到了城市工作和居住，多数公共服务设施集中在集镇或城镇。中国农村的这种人口和公共服务分布特点，使农村社会工作服务的可及性问题尤为突出。一是因为中国的农村社会工作发展滞后，农村社会工作者和服务资源比较稀缺；二是农村社会工作服务站点的合理设置存在难题，有限的服务资源与潜在服务对象居住的分散性的矛盾，使服务的覆盖面受影响，辐射范围较窄，影响服务的总体效能。①

　　根据澳大利亚学者的研究，较高可及性的服务是这样一种类型，只要服务需求出现，不管多少，需要服务者都能够在他们方便的时间、地点与服务提供者取得联系。潜在的服务对象知道服务者的存在，可提供什么样的服务，如何获得这些服务。② 显然，服务可及性的前提是服务的在地化（on site）。而目前各地的农村社会工作实践中，数量不多的服务资源多集中在中心城镇甚至县城或城区，农村人口聚居的大部分行政村和自然村落社区成为服务的“真空地带”，而个别重点打造的试点村、“亮点村”除外。以万载为例，该县有 16 个乡镇，181 个行政村，3360 个村民小组。万载的社会工作虽然搞得轰轰烈烈，但真正享受到社会工作服务资源的示范点村落只有 16 个。③ 广东“双百计划”虽在镇、街一级设立社会工作服务站，但每站只设 2~8 名社工，比如，韶关市秀水镇，地处偏远山区，全镇总面积 56 平方公里，下辖 10 个村委会，77 个村小组，农业人口 16675 人，但该镇目前仅有 2 名“双百计划”社工，如何为分散在各个偏远山区的服务对象提供服务是个难题。

---

① 熊景维、钟涨宝：《新时期我国农村社会工作的典型实践、经验与挑战》，《华东理工大学学报》（社会科学版）2016 年第 5 期。

② Brian Cheers. 1992. "Rural Social Work and Social Welfare in the Australia Context." *Australia Social Work* 45（2）：11-21.

③ 引自万载县民政局提供的《关于进一步巩固提升社会工作人才队伍建设水平推进社会工作发展的实施意见》，2010。

4.2.3　文化的敏感度及服务关联度不足，影响农民对服务的接受和认可

社会工作必须保持文化的敏感性，善于体察地方性知识①，或者如古学斌所言，要认识到专业的限制和文化识盲的重要性②，否则，我们所开展的社会工作不但不会被纯朴的农民所接受，反而可能遭到拒绝和排斥。相比现代城市文明，农民的文化结构和价值观比较传统，不仅仅是中国，其他国家的农民同样存在这个特点。国外的研究表明，农民的价值观比市民更传统，更倾向于家庭中心，更自立、更依赖邻里互助，因此对于福利服务（如养老院）更持一种负面的态度，因此也不倾向于使用这些福利设施。③ 这与我们在中国农村观察到的经验和中国学者的研究相吻合。在中国传统文化中，无论是老人还是其子女，都希望老人在家庭中度过终身，而如果老人入住了养老福利机构，则会被视为"子女不孝"，老人会感到"没面子""很可怜"。长期关注农村养老问题的钟涨宝教授团队的研究成果表明，多数农民入住养老机构的意愿低，且有正式或非正式宗族组织网络的农村居民的入住意愿更低。④ 王思斌教授的研究也表明，农村居民在遇到困境时，一般首先向传统的家族网络求助。⑤ 也就是说，农民尤其是老年农民的观念偏传统和保守，偏好在具有中国传统文化情境的家庭或社区中养老，也偏向传统的求助方式，从而对现代的福利设施和福利服务产生一定的、本能的排斥性。这因此影响到农民尤其是老年农民对具有照料、临床干预性质的农村社会工作服务的接受和认可，他们对此缺乏信任，也缺乏兴趣。这是农村社会工作服务在农村需要面对的挑战之一。

另一方面，影响农民对社会工作服务接受和认可的因素还包括农村社会工作服务的关联度不高，即服务的针对性、适切性、效能感不强。这是因为，首先，目前的农村社会工作者多数来自城市，而城市的社会工作者习惯

---

① 克利福德·吉尔兹：《地方性知识》，王海龙、张家瑄译，中央编译出版社，2000。

② 古学斌、张和清、杨锡聪：《专业限制与文化识盲：农村社会工作实践中的文化问题》，《社会学研究》2007 年第 6 期。

③ Osgood, M. H. 1977. "Rural and Urban Attitudes toward Welfare." *Social Work* 22：41-47.

④ 狄金华、季子力、钟涨宝：《村落视野下的农民机构养老意愿研究——基于鄂、川、赣三省抽样调查的实证分析》，《南方人口》2014 年第 1 期。

⑤ 王思斌：《我国农村社会工作的综合性及其发展——兼论"大农村社会工作"》，《中国农业大学学报》（社会科学版）2017 年第 3 期。

于城市化的服务模式，这种模式与农村需求的相关性不强，因为城市化的服务模式源于城市福利体系和生活方式，符合城市居民的特点，比如对于一些游戏活动、小组活动，农民参与的兴趣不高。在一些农村社区活动中，大学生社工甚至让老人参加一些吃香蕉、户外拓展游戏，老人被累得疲惫不堪。其次，年轻社工缺乏对当地的需求、价值观和生活方式的敏感度，对农村群体的社会心理特点缺乏了解，甚至由于方言不通等原因，与案主沟通都存在困难，他们也不能识别、重视和使用本土化资源。江西万载永新村的经验表明，村里老年人对秧歌队、腰鼓队活动的热爱远远高于年轻社工组织的游戏活动。最后，服务的效能感不强。多数农村社会工作实务活动由没有实践经验的年轻社工或学生来完成，实务形式或内容往往停留在游戏活动或社区文化活动等表面层次，缺乏对个案主诉和社区问题的深入跟踪服务，未触及个案和社区的核心关切，未解决实际问题，服务效能低，因而无法获得社区居民的尊重和认可。此外，一些农村社会工作项目偏好社区经济发展项目，但大多数农民可能对此不感兴趣，参与积极性不高，因为青壮年都已外出，留守农村的老人、妇女、儿童缺乏能力，也缺乏精力和兴趣。即使开展较好的云南平寨的城乡合作贸易项目①、万载永新村的妇女互助储金会的百合种植项目，慢慢地也都只有少数社区成员参与。

4.2.4 专业社会工作人才队伍开发难

专业社会工作人才队伍的开发与培养是农村社会工作发展中的一个难题。在其他国家的农村社会工作发展中，社工人才的招募难和流失率高也是一个普遍性的问题。② 中国的农村社会工作尚处在探索和起步阶段，专业社会工作人才队伍的开发更是一个难题。以万载为例，江西高校虽然培养了不少社会工作专业毕业生，但几乎没有人会到像万载这样的县城（更不必说乡下）去工作，也很少有人通过职业水平考试，获得社会工作师证书。根据民政部门的统计，2012 年，万载所有领域合计仅有专职社工编

---

① 来自和陈涛教授的访谈。

② Grace Brown, Rosemary Green. 2009. "Inspiring Rural Practice: Australian and International Perspectives." *Rural Social Work and Community Practice* 4 (1): 63-70; Robyn Mason. 2006. "Providing Social Care Service in Rural Australia." *Rural Social Work and Community Practice* 11: 40-51.

制 26 个。为此，万载不得不依托大量的"从工"队伍，即依托现有的基层乡镇社区和从事民政工作的人员，也即王思斌教授所称的"行政性的、非专业社会工作者"①。农村社会工作人才的流失也是个严重问题。长沙民政职业技术学院史铁尔教授在访谈中曾提到，他们在四川理县、湖南湘西培养的一些农村社会工作人才流失很严重，"没有学生愿意留下来""人才留不住"。广东实施不久的"双百计划"也已表现出类似问题，广东省民政部门提供的最新进展情况反馈，912 名被录取的"双百计划"社工中，不少人被公务员或事业单位录用后，放弃双百社工岗位，造成当前已有 128 个双百社工岗位空缺。② 专业人才队伍开发难的原因主要有以下几方面。

一是高校社工专业毕业生和城市机构的社工不愿意到条件相对艰苦的农村地区工作。目前高校社会工作专业学生对专业的认同度不高，一些学生毕业后转向从事其他工作，从事社会工作的比例不高。即使愿意从事社会工作的学生，也会优先选择大城市地区，目前社会工作职业化发展较好的深圳、广州、上海都是一线城市，对大学毕业生有很大的吸引力。此外，虽然深圳、广州等地社工的流失率高，但也主要回流到了内地省会城市，一般不愿意回到条件反差太大的农村地区工作。

二是农村地区尚没有合适的社会工作岗位和有效的激励制度。以万载为例，虽然 2012 年万载所有领域合计有专职社工编制 26 个，不过据了解，这 26 人中，真正新增的社工岗位可能仅限于民政局的 4 个岗位和县福利院的 2 个全额岗位，其他 20 个岗位仅是从各试点单位中已通过职业水平考试、获得社工师资质者中转换过来的，并且基本不是独立的岗位，有换汤不换药之嫌。除了岗位缺乏，对农村社会工作人才的激励机制不足也制约专业人才的开发。目前社工岗位待遇偏低，缺乏明确的职业晋升和发展通道，也没有如"大学生村官"计划一类在事业编制、考研、考公务员等方面的激励制度，这使得农村社会工作岗位没有吸引力。

三是本地的人才培养和转化的速度缓慢。人才队伍开发的途径有两条，一是做增量，引进社会工作专业人才和增设社会工作岗位；二是存量转换和增加现有体制内人员和社区工作人员。江西万载的"1+3"模式或"社工+

---

① 王思斌：《中国社会工作的经验与发展》，《中国社会科学》1995 年第 2 期。
② 资料由广东省民政部门提供。

从工+义工"模式的一个重要目标是通过专业力量的传、帮、带，将党政机关、民政系统、基层社区存在的大量行政性、非专业社会工作者，培养成本土化的专业社会工作者。不过，这一计划的进展极为缓慢，到 2013 年，800多名的行政性、非专业社会工作者中，只有 30 名获得助理社会工作师和社会工作师资格。一方面是因为万载乡镇（街道）民政所、村（居）委、福利机构、社会救助站等实际从事社会工作的人员年龄偏大，学历程度偏低①，对社会工作了解甚少，至多参加过几期社会工作的专业讲座或培训，综合素质与社会工作的实际要求有较大差距，很难通过对专业理论与实务知识要求较高的职业水平考试获得社工师资格。这些从业人员自己也缺乏信心，有畏难情绪，如江西省乐平市未成年人社会保护服务中心的员工认为，社工是专业人士，中心工作人员很难达到专业水平。② 基层党政机关的从工，虽然素质较高，但他们工作强度大，将主要精力用来完成政府及职能部门的工作目标任务，没有更多的时间用于做社会工作，更不用说从事专业化、职业化的社会工作。

四是本土农村社工机构发育迟缓、滞后，农村社会工作服务缺乏社会化、专业化、职业化的基础，也缺乏吸纳专业社会工作者扎根农村开展社会工作的平台。这也是下文要讨论的内容。

4.2.5 本土农村社会工作机构发展滞后

前文已提到，农村社会工作专业人才开发难的影响因素之一，是本土农村社会工作机构发育迟缓、滞后。全国各地的农村社会工作虽然有了一定程度的探索和实践，但农村社会工作机构的培育滞后，登记注册的本土农村社会工作机构极为缺乏。前面分析到的农村社会工作实践的三大典型模式中，几乎看不到本土农村社会工作机构的影子。比如，万载模式的主要推动力量是党政部门，具体实务运作是"两块牌子、一套人马"，即民政局社工股和县社工协会，虽然在 2008 年 11 月，县社工协会也注册了一个机构"百合服

---

① 据 2008 年万载民政局的调查，万载的乡镇（街道）民政所、村（居）委、福利机构、社会救助站等实际从事社会工作的人员，29 岁以下的人员仅占 5.2%，40～49 岁的人员占 55.9%，大专以上学历者仅占 4%，初中及以下文化程度者达 42.8%。资料源自《万载县社会工作资料汇编》，2011，第 16 页。
② 来自课题组成员在江西省乐平市未成年人社会保护中心的访谈。

务社"，但由于其负责人是官方身份，该机构从未进行实际运作。而云南平寨项目、湖南湘西项目前期主要依靠实习师生进行运作。后来，这些项目包括广东从化项目分别依托张和清教授团队、史铁尔教授团队在广州和长沙注册成立的社会工作服务机构进行运作，这属于依托高校成立的大中城市社会工作机构在农村设立的项目服务点开展工作，并非本土化的农村社会工作机构运作。广东"双百计划"目前主要以政府直接购买社工服务为主，尚未落实对本土社会工作机构的扶持。例外的是，长沙民政职业技术学院 2009年承接的湖南对口援建的四川理县"湘理情"发展项目，在四川理县本土注册成立了 X 社会工作服务中心，项目验收后，机构整体移交给当地人员管理，真正培育了一个本土化的农村社会工作机构，代表了未来的方向，后文会将之作为一个机构的案例深入剖析。

本土化的农村社会工作机构发展滞后带来很不利的影响。

首先，不利于农村社会工作专业人才的开发与培养。在政府职能转型和简政放权加快推进的大背景下，未来政府机关、事业单位将进一步"瘦身"，所能吸纳、设置的社会工作岗位非常有限。机构将是吸纳社工人才的最大平台，也是社会工作服务社会化的基础，只有本土的农村社会工作机构真正发展起来了，有了本土的专业社工组织，才能造就一批长期扎根基层、服务基层的稳定的专业社会工作人员队伍。

其次，不利于农村社会工作服务项目的可持续发展和服务经验的持续积累。农村地区向城市社会工作机构购买社会工作服务有益于带动农村社会工作的专业化建设，但是来自城市的机构及其专业社工不可能长期驻扎农村，一旦项目结束，项目机构和人员撤离后，项目服务就此中断，农村社会工作站也就此荒废，如前面提到的广州增城区中新镇的华农征程项目就是一个典型案例，这种服务的中断，也不利于服务经验的持续积累和项目服务的不断改进。

最后，农村社会工作机构的缺乏，不利于形成政社良性互动、分工合作的合理化机制，将导致农村社会工作服务出现行政化、形式化倾向。以万载为例，该县的农村社会工作发展取得了较大成就，在全国起到了示范效应，但其机构建设严重不足为后续发展带来很不利的影响。试点期间，万载县的社会工作体系或架构是以下状况：在县一级，有民政局设立的社会工作股，以及行业协会性质的社会工作协会（由民政局副局长任会长），但实际上两者是合署办公，两块牌子，一套人马，社会工作股股长担任社会工作协会秘书长；不仅如此，社会工作协会名义上还管理着一家经过注册的社工机构"百合服务社"，但该机构与民政局社会工作股以及社会工作协会秘书处几乎是同一套人马，以至于很少有人知道万载县有这么一个机构，这个机构也未实际发挥作用。县社工协会，实则兼具行政、事业、社团、机构的职能，严重的政社不分、政事不分，即存在典型的既当"裁判员"又当"运动员"的状况。虽然在短期内，该体制有利于调动资源，促进农村社会工作在全县的开展，但也带来了诸多弊病，追求量的扩张，服务质量下降，表面化、形式化、行政化倾向越来越突出，形成有增长、无发展的"内卷化"现象。

4.2.6　农村社会工作服务成本高，资源投入与供给面临较大挑战

农村社会工作的发展面临诸多的资源约束。除了上面谈到的人才问题，资金投入能力不足也是个很现实的问题。农村地区尤其是欠发达的农村地区经济发展水平不高，政府的财政能力较弱，这对农村社会工作的发展形成了制约。另外，相对城市社区社会工作而言，农村社会工作的需求更大、服务成本更高。

农村地区有更高比例的贫困人群、困境人群。据国家统计局发布的《2016 年国民经济和社会发展统计公报》，至 2016 年底，我国有建档立卡的农村贫困人口 4335 万人。而据民政部统计，截至 2016 年底，全国有城市低保对象 855.3 万户、1480.2 万人，农村低保对象 2635.3 万户、4586.5 万人，农村低保户数、人数均大大高于城市地区，农村另有特困人员（即原"五保户"）496.9 万人。①

除了这些传统的扶贫济困对象，农村还存在一个庞大的留守儿童、留守妇女、留守老人群体。关于全国农村留守儿童的数量，2016 年 11 月民政部官方发布的数据为 902 万人，但这只是计算了父母双方均外出务工的儿童。如果按通常的界定，把父母有一方外出务工的儿童纳入，则留守儿童的比例大大提高，这方面较为权威的数据来自全国妇联。全国妇联根据 2010 年全国第六次人口普查资料推算出的全国农村留守儿童数量为

---

①　民政部：《2016 年社会服务发展统计公报》，2017 年 7 月印发。

6102.6 万人。①

因此，农村地区的社会工作有更大的需求，需要更多的社会工作者介入和帮扶，也面临更多的服务成本和资金需求，因为农村人口分散且交通成本高，需要更多的资金投入。但同时，因农村财政能力弱，农村社会工作比城市社会工作面临更严重的资源约束，这可概括为农村社会工作投入面临"双重条件"，即服务成本高，但资源较缺乏。在此双重条件下，如何保障农村社会工作的有效投入是一个难题和挑战。这需要更多创新的思维和方法。要注重开源节流，加强成本与效益的分析，一方面，要不断开拓资源，缓解农村社会工作投入的困难；另一方面，要在保证质量的前提下尽可能控制成本，要参考经济学的成本-效益分析尤其是福利经济学的边际效益的分析②，结合实际需求和自身行动条件，使有限的资金服务于最需要的人群和领域，发挥投入资金的最大社会效益。后文将会对此进一步讨论。

4.3 中国特色农村社会工作实践模式的建构：
一个框架分析

本章第一节对当代中国农村社会工作三种典型实践模式的梳理，有助于我们了解农村社会工作领域丰富多样的本土化实践经验、特点和利弊，厘清其优势、资源和潜能，这也可被视为社会工作学的"优势视角"的分析。本章第二节对当代中国农村社会工作实践存在的六个方面的问题和挑战的剖析，有助于我们结合专业理论与本土经验，从更深层的角度反思目前总体上还处于试点探索和起步阶段的农村社会工作实践存在的各种局限、约束、困境和挑战，以及一些共性问题、难点问题；探索了潜在的突破方向，有助于我们从更宏观的层面、更多维的视野、更系统的视角，思考如何确立整合各地实践的优良机制，结合中国的体制情境和文化传统，借鉴国际国内的有关经验，直面挑战，探索共性难题的突破路径，形成更符合中国情境、具有本土化特色的实践模式，有效应对在农村地区发展社会工作面临的各种局限、

---

① 《农村留守儿童超6000万》，2013 年 5 月 11 日，人民网，http://politics.people.com.cn/n/2013/0510/c70731-21442574.html。
② A. C. 庇古：《福利经济学》，朱泱、张胜纪、吴良健译，商务印书馆，2006，第 149 页。

制约与挑战，促进农村社会工作的深入、可持续发展。

不过，中国各地千差万别，中国农村的发展速度不平衡，东部发达地区农村与中西部农村经济条件差异很大。中国村落的类型也有很大差异，经历经济社会的巨大变迁，江浙一带的许多农村，已经就地城镇化或加快迈向城乡一体化，发展水平甚至高于中西部的一些县城或小城市。而西部不少农村却更加凋敝，特别是在大规模扶贫移民异地搬迁政策实施后，一些村庄即将消失。此外，各地农村的社会文化基础也不尽一致，在全国大多数地方，宗族已经衰弱，但在中国的东南地区，包括广东、湖南、福建、江西等地，宗族组织和宗族文化还一定程度地存在，虽然影响力已大不如前，但仍然在村庄的公益互助、文化传承等方面发挥一定的作用，构成村庄治理的非正式社会基础。鉴于此，我们要探讨符合中国本土情境的或具有中国特色的农村社会工作实践模式，但我们并不是去建构一个具体、划一的模式，而仅是围绕共性问题、难点问题、方向与原则问题进行框架的分析，并以此为基础，鼓励各地结合各自需求和自身行动条件，在具体路径、模式上探索创新，促进各地不断自我调适和完善。

4.3.1 总体框架设想

结合前面对各地农村社会实践的特点、模式、问题的理论与实证分析，为了创新可持续的、适合中国本土情境的农村社会工作实践模式，要着力解决以下几个方面的问题。

一是要把握政府介入的适度性，建构合理互动与分工的政社关系及组织管理体系。核心是要厘清农村社会工作服务的职能定位，并处理好政府责任与专业自主性的关系。农村社会工作服务本质上属于城乡社会福利体系或公共服务体系的一部分，政府须承担起应有的责任，发挥应有的作用。但政府也要保持合适的度，过度介入则侵蚀了社会工作者的角色，影响社会组织和专业力量的发育和发挥作用，造成行政化，削弱专业性，这是万载模式的根本问题。另一方面，没有政府的重视和投入，仅靠高校或民间的专业力量，农村社会工作的发展也会受到很大局限，无法影响和覆盖更多的地区和村落。

二是要着力解决农村社会工作专业人才开发与培养难题。核心是要解决好专业社会工作人才开发与培养的激励机制与约束机制问题。从农村地区公务员、医生、教师乃至大学生村官等系统供不应求的用人状况看，城乡与否并不是导致农村专业社工人才缺乏的决定性因素，影响职业吸引力的因素有很多，包括薪酬待遇、保障的稳定性、职业发展空间等。因此，要通过政策层面的引导，在岗位设置、待遇、职业晋升和发展通道等方面，对有志于赴农村工作的高校社工专业毕业生和专业社工给予明确有效的人才激励政策；另外也要形成一定的约束机制，对体制内实际从事社会工作的人员尤其是新增岗位人员，在专业资格方面明确设定从业资格和职业晋升的准入条件。

三是要处理好服务的可及性与服务成本的关系。核心是农村社会工作基层服务站点的合理设置及其服务模式。从服务的可及性方面看，服务的在地化至关重要，并且设置的服务站点距离潜在的服务对象越近，即越接近农村居民的居住点，服务资源越能便利地通达服务对象。而从服务成本看，农村人口分散，农民聚族而居，聚自然村落而居，服务站点设置得越便利，则服务成本越高，但农村地区因经济发展水平不高、政府的财政能力弱而面临更多的资金资源约束，因此服务站点的设置要综合考虑距离与成本的因素，在此基础上，创新服务方式和资源连通方式，探索项目化、参与式、在地化、多元协作的服务模式，既可以提高服务的可及性（availability）、便利性，又因降低服务成本，提高了服务的可得性（availability），使有限的服务资源达到最大化的服务效益。

四是服务的有效性和认可度的提升。核心是基于本土化的服务方法的创新，促进本土化与专业化的结合。前面已分析到，影响农村居民对社会工作服务的认可度的主要因素包括相对传统的文化、观念结构以及农村社会工作服务的针对性、适切性不强的问题。为此，在项目策划、服务内容、方法的设计等方面要保持对文化的敏感性，体察当地的需求，以适应农村不同人群的特点和农村社区急剧变迁的新形势、新挑战，因地制宜地选择服务领域、内容，策划服务项目；注重识别、重视和使用本土化资源，采用当地民众喜闻乐见的本土化方法开展社会工作，提升服务效能，这样农村居民对社会工作服务的接受度和认可度也会逐步提高。

五是要解决基层社会工作服务站和本土农村社会工作服务机构等农村社工组织的生存难题。核心是要改革农村公共服务的资源配置机制，保障农村社会工作及社工组织的资源输入。基层社会工作服务站的存在关系到农村社区居民对社会工作服务的"获得感"。无论是万载模式的村、社联动机制，还是广东"双百计划"的镇、街社会工作站形式，服务资金、资源都未得到有效保障。在万载，除个别重点打造的示范点有一定的经费支持外，其余大多数点都缺乏经费来源。"双百计划"的社工薪酬虽有保障，但配套服务经费缺乏保障。本土农村社会工作服务机构本是吸纳社工人才的最大平台，也是社会工作服务社会化的基础，但其成长更为艰难，普遍缺乏资金来源。在政策层面，需要改革农村公共服务的常态化专项财政经费配置，将农村社会工作站的日常经费纳入预算范畴；建立政府向社工服务机构购买农村社会工作服务制度，建构政府与社工机构可持续合作的平台。

基于此，适合中国本土情境的农村社会工作实践模式的构建，在总体框架上，应着力围绕以下五个层面加强体制机制和方法的创新。一是要通过清晰划分农村社会工作服务的职能定位和政府的职责作用，形成政社合理互动与分工的组织管理体系；二是要建立健全激励机制，形成与高校和城市社工组织的督导合作机制，加强农村社会工作专业人才的开发、培养与专业能力提升；三是要改革和完善农村公共服务的资源配置机制，加快培育基层社会工作服务站和农村社会工作服务机构并保障其资源输入；四是要探索项目化、参与式、在地化、多元协作的服务模式，提高服务的可及性和可得性（因较低的服务成本）；五是要探索本土化与专业化相结合的服务方法，提高服务的适切性和效能。

概而言之，要通过农村社会工作服务的职能定位与组织管理体系、人才开发激励与提升机制、资源配置机制、服务模式、服务方法等层面的体制机制创新，形成政社合理分工、人才激励与专业提升有力、社会工作组织体系健全、资源配置有保障及服务可及性、可得性、效能感较高的中国特色农村社会工作实践模式。具体如图4-1所示。

4.3.2 明确职能定位，构建政社合理互动的组织管理体系

（1）国家和社会亟须明确职能定位

从国际上看，农村社会工作的职能定位有四种类型：一是高度专业化的临床社会工作，以精神健康、戒毒、医务社会工作为主；二是老人、儿童等特定人群的照料服务；三是全能型的社区服务类型；四是增权强能、促进社区自我改变的社区发展类型。就我国而言，由于农村社会工作尚处于起步阶段，高度专业化的临床社会工作在农村地区尚不存在，而后面三种类型都一

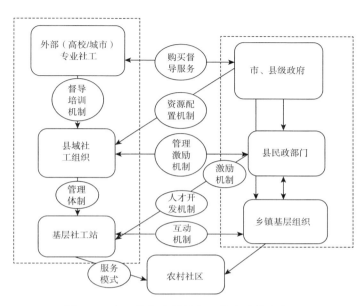

图 4-1　中国特色农村社会工作实践模式框架

定程度地存在。比如，云南平寨项目、四川绵竹"青红社会工作服务"的
生计项目实践以及广东从化仙娘溪项目，均体现了对社区经济等社区发展议
题的关注。而后文将作为案例的江西乐平的未成年人社会保护服务（培训）
试点项目，属于典型的对特定人群的照料服务。还有一些地方的农村社会工
作人才队伍建设试点或高校学生实习活动中，农村社工扮演的角色太宽泛，
全能主义，无所不做。这种全能主义社工在城市社会工作中更为明显，如广
州推进的家庭综合服务中心，虽然也通过政府购买服务形式由社工机构承接
运营，但该中心除了提供专业的社会工作服务外，还需要提供家政服务等一
般的社会服务项目，其对人员配备的要求是，工作人员总数的 2/3 以上为社
会服务领域相关专业人员、1/2 以上为社会工作专业人员。此外，中国的农
村社会工作在职能定位上，还有一种独特的倾向，即前文提到的服务领域越
来越接近民政工作的需求领域。

　　笔者认为，鉴于中国总体性体制下多主体的社区权力格局，照搬国外全
能型的社区服务模式并不现实，农村社会工作者只是参与农村发展的社会力
量之一，要意识到自己不是全能的，也不能替代现有村委会和其他政府部

门；但专业领域过窄也难以满足农民需求，需结合社会工作的管理特点，来明确农村社会工作服务的职责与事权。从管理特点看，社会工作属于民政部门管理，主要投入也来源于民政部门。公益组织、社会服务机构所从事的重点工作也主要是扶贫、济困、扶老、救孤、恤病、助残、救灾等民政领域。因此，笔者赞成，农村社会工作服务的职能定位以民政领域的需求为主，这样，农村社会工作相对来说能够获得较稳定的财政资金支持。同时，考虑到资源约束，从福利经济学的边际效益出发，有限的资源一方面应优先配置给最急需服务的人群和领域，如反贫困，留守儿童、留守老人、留守妇女关爱服务，困境人群社会工作等，尤其是反贫困，留守儿童、留守老人关爱服务领域，已成为社会关注的焦点，并进入国家决策层面的重大服务需求领域，国务院及各部委已先后出台文件支持社会工作介入这些领域；另一方面，如王思斌教授所言，除了直接服务于这些领域，以增强权能为目标的社区发展、社区建设或社区营造也应该是农村社会工作的重要领域①，从事直接服务的农村社工资源有限，而通过培育社区组织和社区自助团体，有助于发挥农村居民的主体作用，发掘社区内部资源，增强其自我发展能力，实现参与式、内源性发展。在城乡一体化的背景下，农村社区建设必将成为国家的重大服务需求。因此，农村社会工作者应把服务的职能重点定位在反贫困、留守儿童与留守老人关爱服务、困境人群照料服务和社区发展、社区建设领域。

（2）构建政社合理互动与分工的组织管理体系

组织管理体系的核心设计是要合理界定政府的责任界限，构建合理互动与分工的政社关系。从资源依附视角以及"强政府""弱社会"的现实看，农村社会工作的发展离不开政府资源的支持，但政府主导的社会工作实践模式又必然影响其专业自主性，导致如万载模式的"运动化""行政化"倾向。创新组织管理模式，关键是要建立一套既能有效吸纳政府资源，又能避免行政导向的行动体系，以保障社会工作的专业自主性和服务质量。

一个基本的原则是要实现组织独立，但行动纳入②，即组织在体系上可

---

① 王思斌：《我国农村社会工作的综合性及其发展——兼论大农村社会工作》，《中国农业大学学报》2017 年第 3 期。

② 关信平：《社会政策行动促进社会工作发展》，《中国社会导刊》2007 年第 11 期。

以独立于政府组织体系，或者至少独立于同级的基层政府体系，但在行动上纳入政府社会政策或在公共服务的框架内运行和发展，因为社会工作在很大程度上需要政府的财政支持。具体方式包括政府委托管理、垂直管理或购买服务，这些手段皆有助于形成社会工作者与基层政府在公共服务中的伙伴关系，从而有效利用和配置政府资源。

为此，一方面，要合理划分农村社工与政府在公共服务社会化、专业化中的角色，形成政府与社工组织的伙伴关系。社会工作者的角色是专业服务的提供者。作为服务提供者，社工对服务的质量负责，但前提是要保证社工在专业服务中的自主权。社会工作服务的价值在于其专业性和伦理性，社会工作者如果没有专业的自主性、独立性，服务的专业性和价值伦理则难以体现出来，也无法保障服务的质量。作为服务的委托方，政府的角色或责任是财政资源的供给者和服务的监管者或者"掌舵者"，保证服务的方向，评估和监管服务的质量。只有社工与政府各司其职，专业服务的自主性得到保障，政府的投资者的责任得到发挥，农村社会工作才能健康发展。

另一方面，政社伙伴关系形成的前提，是要完善农村社会工作的组织体系。目前，农村社会工作组织体系非常薄弱。为保障农村社会工作服务的落地，在基层要成立农村社会工作站或社会工作服务中心，直接提供服务或链接服务资源。在县一级，要鼓励有专业资质者成立社会工作机构，承接政府委托或招标购买的农村社会工作服务项目，使农村社会工作者及其服务有扎实的平台和基础。

4.3.3　建立健全专业人才开发的激励与提升机制

（1）建立健全专业人才开发的激励机制

从广东"双百计划"招聘的火爆场面看，只要有合适的激励机制，边远农村地区的社会工作专业人才就可以有效开发出来。原以为招不到人的"双百计划"报名人数超 1.4 万。即使在中西部地区，农村教师乃至大学生村官等职位也供不应求，这说明只要对赴农村工作的人才在待遇上适度倾斜，是可以吸引人才到农村工作的。

第一，加快农村社会工作岗位的开发。从万载实践中暴露出的问题看，在政府体制内的存量机构设置专职社会工作岗位，对直接从事社会工作的民政工作人员有一定意义，可促进该岗位的专业化建设，但对于村委会和基层党政机构的意义非常有限。前者因为学历程度偏低，对社会工作了解甚少，很难通过对专业理论与实务知识要求较高的职业水平考试而获得社工师资格；而基层党政机关的从工，虽然素质较高，但他们工作强度大，维稳压力大，将主要精力用在完成政府及其职能部门的工作目标任务上，没有更多的时间做社会工作，即使设置岗位，也流于形式。

鉴于此，专业社会工作岗位开发要控制在有效的范围内，避免泛而不实，杂而不专，要根据农村的实际情况有所为、有所不为，将重点放在以下三个领域：一是县乡基层民政部门、福利机构、救助机构等直接从事业务工作的单位，均应设置专业社会工作岗位，对于其他的行政性社会工作组织，如开展青少年教育、司法矫正、人民调解、婚姻家庭服务等部门，也要随着条件的成熟逐步设立专职社会工作岗位；二是参照广东"双百计划"经验，成立乡镇社会工作服务站或社会工作服务中心，根据各自的财力，设置两名以上专职社会工作岗位，可与民政部门、社区、志愿者、社会组织协同行动；三是鼓励专业人才成立本土农村社工机构，发展专职社会工作岗位。

第二，出台农村社会工作岗位支持计划。对于有志于赴农村基层民政部门、福利机构、社会工作服务站、民办社会工作机构等部门工作的社工专业大学毕业生和愿意返乡工作的助理社会工作师、社会工作师等专业社工人才，在待遇和保障、职业晋升和发展通道方面给予明确有效的激励政策，给予农村社工与"大学生村官"类似的待遇，在事业编制、考研、考公务员方面给予一定的政策倾斜，使农村社会工作岗位更有吸引力。

第三，完善行政性社会工作岗位的职业评价机制、倒逼机制和准入机制。对县乡基层民政部门、福利机构等直接从事业务工作的机构，要实行岗位、待遇与职业资格、专业技术资格评定挂钩，以形成约束和倒逼机制，加快体制内专业社会工作岗位开发。将助理社会工作师、社会工作师职业资格与初、中级专业技术资格评定及待遇挂钩，只有具备相应资格者，才能被评聘为相应专业技术人员并享受相应的薪酬待遇，从而倒逼体制内存量人员自觉参加专业知识学习、培训和职业水平考试，以获得相应专业技术资格。对新增岗位人员，明确设定从业资格和职业晋升的准入条件，涉及这些岗位的公务员招考、事业单位招聘须附加与社会工作专业相关的背景条件或资格条件。对于其他的行政性社会工作岗位，如青少年教育、司法矫正、人民调解、婚姻家庭服务等从属于共青团组织、司法机构、妇联、学校等部门的岗位，也要随着条件的成熟逐步建立岗位评价及约束机制。

（2）深化与高校、城市机构的合作，完善培训、督导等专业提升机制

江西万载确立了高校与地方合作、专业人才与本土人才互动的"万载模式"。在该模式下，高校社工除了直接帮助开展社会工作实务活动，而且通过高校专业社工的专业引领和传、帮、带，培训和建立了一支本土化的专业社会工作人才队伍，这是"万载模式"的基本经验。这一模式因为成本低、见效快的特点广为各地借鉴。当然，该模式也存在潜在的问题，即可能造成地方对高校社工的心理依赖，导致有的地方出现这样的情况：高校师生在，社工活动就开展，高校师生一离开，社工活动就停止。[①] 而在广东"双百计划"中，广东省民政厅委托中山大学社会学系对社工开展的督导服务，是一种比较合适的方式，为此，高校与地方要改进合作形式，深化合作内容。可参考以下做法。

第一，开展社会工作职业水平考试辅导。由高校或城市机构对有意报考社会工作职业水平考试的人员进行实务培训与理论辅导。在江西，这项业务以前多由省民政学校开展，但随着规模的扩大特别是中级水平报考人数的增多，省民政学校难以为继，因此必须扩大与本科高校、城市机构的合作。

第二，省、市、县民政厅（局）与高校合作，开展项目督导培训，加快建立各县的社会工作督导体系。各省、市、县民政厅（局）选择本省某一所水平较高的高校，一般应是具有 MSW（社会工作硕士专业学位）教育资格的高校承担项目督导、培训任务，或者也可由省民政厅抽调一些实务能力突出的优秀高校教师作为省一级的社工督导，对各县市选拔出来的督导候选人进行培训。培训考试合格后，再由这些督导回到各县市指导和培训本地的社工。

第三，在有条件的地方，可以就某些专业性较强的特定服务项目，与高校或城市社工机构建立集购买、服务和本土化人才培训、培养于一体的多元服务关系。江西省民政厅、江西省救助总站已经就此做了尝试。从 2016 年起连续两年向省内外优秀的专业社会工作机构招标购买未成年人社会保护服务（培训）试点项目，中标机构南昌 T 机构和长沙 L 机构向每个试点县派出两名社工开展未保服务和人员培训，取得了较好的效果，后文案例部分将对此进行具体分析。以长沙民政职业技术学院为支撑的 X 社会工作服务中

---

① 邹鹰：《推进农村社工人才队伍建设的几点思考》，《社会工作》2009 年第 7 期。

心中标的四川理县社会工作和心理援助服务，也有类似的特点，专业性较强，地方难以胜任，但在此过程中，重视本土化人才培养，项目结束后即移交当地管理。

4.3.4 改善资源配置机制，保障农村社会工作机构的运作资金

资金缺乏保障是导致基层社会工作服务站和本土农村社会工作服务机构等农村社工组织发展滞后和生存困难的重要因素之一。为此，政府层面需要改革农村公共服务的资源配置机制，拓宽经费来源，以建立政府与社工组织可持续合作的平台。

第一，逐步健全政府对农村社会工作的财政性资金投入机制。农村社会工作的发展离不开政府的资金支持。农村社会工作是农村公共服务体系的一部分，本应得到政府的财政性资金支持。要梯度实施、分步推进，逐步建立健全福利彩票公益基金按比例投入、财政预算固定投入和专项投入等政策机制。鉴于农村地区的财力状况，政府在农村社会工作发展方面的财政投入不可能像广东等发达地区得到充分的支持，必然有一个发展的阶段性问题。所以类似广东等地的政府购买社会服务制度很难一下子在农村推广，必须分步实施。

首先，试点地区应建立福利彩票公益基金按比例投入农村社会工作发展经费的制度。目前，江西万载等地的农村社会工作经费主要来源于福利彩票本级公益基金的30%，年投入经费已达到45万元，这为万载农村社会工作的试点提供了较为稳定的资金保障。

其次，建立健全财政预算的固定投入、专项投入等机制。逐步将农村社会工作的发展基金纳入公共财政预算，财政拨付方式要从"人头预算"方式向"项目预算"方式转变。在财政部门年财政支出的公共服务项目预算中，划拨一定比例的经费用于社会工作事业的固定投入。同时，设立专项资金，根据社会发展需求，参考GDP增长情况，按比例逐步提高社会工作经费的投入比例。

最后，要建立对农村社会工作人才队伍建设的中央财政转移支付制度。可借鉴普及和发展义务教育的经验，建立和完善中央对农村地区尤其是经济欠发达农村地区社会工作人才队伍建设的财政转移支付制度，保障这些地区社会工作者的待遇和运转经费。

第二，推动有条件的地区逐步建立政府向社会工作服务机构购买服务的制度。通过项目发包的方式，吸收有资质的社工机构承接政府委托的社会管理和公共服务，这种做法符合转变政府职能、简政放权和社会服务社会化的大趋势，也是现代福利国家、福利社会普遍采纳的方式。根据课题组对一些专家、学者和官员的访谈，多数人认为，目前我国的发达地区以及欠发达地区经济发展较快的县市已在财政能力上具备了政府购买社会工作服务的条件。即使是经济发展一般的县市，也可以量力而为，通过小范围项目试点的形式，探索建立政府购买社会工作服务制度，经济发展一般的万载在这方面进行了一些尝试。关键是要转变观念。

民政部从 2014 年开始申请到中央财政资金支持社会组织参与社会服务项目，资助了一批农村社会工作机构的项目，比如地处国家级贫困县的江西省遂川县 L 社工服务中心获得了一个留守儿童心理关爱项目，资助经费 50 万元。这是一个好的开始。政府有关部门要根据财力状况，设立农村社会工作机构的孵化和培育专项资金，逐步加大购买农村社会工作服务的公共财政投入力度，并综合运用岗位购买、项目购买、社会工作站服务购买、督导培训服务购买等多元手段向民办社会工作服务机构或基层社会工作服务站购买服务，以保障这些组织或机构必要的运作经费。

在此同时，还应尽量减少对社工服务的行政干预，确保社会工作服务机构在承接政府部门购买服务过程中的独立性与自主性，从而真正构建起一种"政府部门购买与委托服务，社会工作服务机构以竞争方式承接和独立开展服务，并接受政府和社会的规范与监督""政府主导和社会参与"能够有效结合①的政社伙伴关系机制。

第三，对接农村重大发展战略和公共服务项目，拓宽农村社会工作资源。农村社会工作的发展须主动对接政府大力推进的农村各项发展战略和公共服务工程。新农村建设、农村精准扶贫和适度普惠型的农村社会保障体系建设是当前我国政府正集中财力物力大力推动的几项宏大的农村发展战略。首先，争取在每年财政支出的新农村建设项目、农村精准扶贫和农村社会保障等公共服务项目的预算中，划拨一定比例的经费作为社会工作事业的固定

---

① 唐斌：《社会工作职业化的政府激励及其运作机制——基于上海、深圳和江西万载的比较研究》，中国财政经济出版社，2016，第 203 页。

投入。其次，要改善新农村建设、农村扶贫开发战略和农村公共服务项目的资源配置机制，推动这些领域建立政府购买社会组织服务制度，基层农村社会工作服务站或民办社会工作机构可参与竞标或委托代理社会服务项目，建立政府与社会工作组织可持续合作的平台。

第四，成立农村社会工作发展基金，吸纳社会捐赠资金。在财政投入不可能短期内大幅提高的情况下，吸引社会资金、社会捐赠进入社会工作服务领域是一个行之有效的途径。全国人大颁布的《慈善法》已于 2016 年 9 月 1 日正式实施，这在政策环境上有助于慈善资金加快投向扶贫、济困、扶老、救孤等农村社会工作领域。为此，应鼓励县级民政部门成立公益性质的农村社会工作发展基金，采用激发社会爱心与企业捐赠相结合的形式，鼓励个人和企业、单位向基金捐款或捐赠。对于捐赠人，可在企业应纳税额、个人所得税方面提高减免幅度，同时让捐赠人获得更高的社会美誉度，如通过报刊媒体予以宣布和表彰，或者授予"爱心大使"等荣誉称号，给予捐赠者一定的回报，使受益者和捐赠者形成双赢，以激励更多的企业和个人投入爱心捐赠。

4.3.5 合理设置社工服务站点，创新农村社会工作服务模式

前面已指出，农村社会工作基层服务站点的设置要综合考虑服务的可及性与服务成本的平衡。最合理的方式当然是，既提高服务的可及性、便利性，又降低服务成本，使有限的服务资源达到最大的服务效益，这需要服务站点的合理设置及服务模式的创新。

民政部出台的《社会工作专业人才队伍建设中长期规划（2011—2020年）》（以下简称《社工规划》）提出，"2015 年在国家扶贫开发工作重点县通过依托社区服务中心或新建等方式培育发展 200 个农村社会工作服务站，到 2020 年基本实现每个国家扶贫开发工作重点县有一家社会工作服务站"，即一县一社工服务站，但尚未明确农村社会工作服务站的性质及如何设置的问题，如农村社会工作服务站设在哪里，县城、乡镇还是农村社区？是属于正式登记注册的社工机构，还是独立机构或者仅是政府办事部门？

江西万载试点期间，在乡镇一级设立了社会工作服务中心，在村一级的项目点设立了社会工作服务站。从实际来看，乡镇社会工作服务中心属于虚置，与乡镇民政是两块牌子、一套人马，没有专门的人员。村一级项目点的

社工服务站也没有专门的工作人员，如万载县白水乡永新村的社会工作服务站由县社工协会秘书长 ZJP、社工 Z 以及该村妇女主任 WHL 兼任社工，其他村干部为从工，另有一些社区志愿者为义工，服务项目在社工协会的直接指导下开展。也就是说，万载的农村社区社会工作服务站，并没有驻站专职社工，而是由县社工协会的专职社工以项目制形式开展流动式服务。

广东"双百计划"在镇、街一级设立社会工作服务站，每个镇、街社会工作服务站有 2~8 名社工（原计划每站设 3~8 名社工，但个别站点只招聘到 2 名社工）。社会工作服务站的办公场所一般设在养老院、文化站等。"双百计划"明确要求社工驻村入户，不过，"双百计划"的"驻村"显然不同于云南平寨或广东从化项目的驻村服务，后者是真正驻扎在村庄，与村民生活在一起，并服务于村民①，而"双百计划"社工服务站一般设在镇上、镇郊或镇的中心村，但其服务对象是全镇的农村居民，因此这里的"驻村"的意思是要经常下村入户，探访村民，类似驻村扶贫干部的做法。但总的来看，通过流动式服务，"双百计划"也能保证相对较高的服务可及性。

从理想模式看，基层社会工作服务站设在农村社区，对村民来说，具有极大的便利性和服务可及性，这能够使潜在的服务对象知道社工的存在，并能慢慢了解社工可提供什么样的服务，如何获得这些服务。但从已有的实践看，基层社工服务站很难真正设在农村设区，主要的原因是出于服务成本的考虑。即使如广东"双百计划"，社会工作服务站也只能设在镇、街层次，而万载的基层社工服务站是虚设，真正发挥作用的是县社工协会的项目式、流动式服务。在此情况下，要保障农村社会工作服务的可及性、有效性，必须鼓励社工在服务模式上勇于创新。

一是依据财政能力合理设置社会工作服务站。目前来看，较为合理的设站方式是在乡、镇、街设立农村社会工作服务站，这样既能够保持相对较高的服务可及性，也有助于节约服务成本，平衡财政压力。这是随着地方财力的增长应该逐步推广的设站模式。对于现阶段财政确实有困难的贫困地区，应争取在每个县设立一个农村社会工作服务站。这符合《社工规划》的精

---

① 张和清、杨锡聪等：《社区为本的整合社会工作实践：理论、实务与绿耕经验》，社会科学文献出版社，2016，第 129 页。

神："2015 年在国家扶贫开发工作重点县通过依托社区服务中心或新建等方式培育发展 200 个农村社会工作服务站，到 2020 年基本实现每个国家扶贫开发工作重点县有一家社会工作服务站"。为此，应由中央财政专项资助，建立县级社会工作服务站，设立若干专职社工岗位，以项目式服务方式，开展以扶贫、留守儿童群体关爱为主的社会工作服务。不管是在乡、镇、街，还是在县一级，农村社会工作服务站应贯彻"组织独立、行动纳入""政社分开"的原则，以事业单位或机构式运作，由财政专项资助或通过政府购买服务方式资助，以避免出现行政化问题。

二是实行项目化运作。鉴于目前财力有限，且农村社区多分散、偏远，难以在农村社区实行职业化的政府购买社工岗位以实现驻村或驻乡工作，在服务方式上，应充分吸收江西万载永新村等地经验，以项目式服务为主，将基层社区社会工作服务纳入乡镇社会工作服务站或县一级的社工组织的服务网络，实现垂直型管理、项目式运作和参与式发展。在项目化服务中，社工既要重视直接服务，更要重视增权强能，以社区为本，培育社区自助团体，发展农民合作组织，促进社区团结，培育社区合作与自我发展、自我管理的能力。万载的经验表明，县城的社工通过项目式、流动式服务，可以同时负责很多个点的项目督导工作，这大大节约了运作经费，既适应农村地区的财政能力，又能发挥社会工作的实效。

三是注重跨部门、跨城乡协作行动。聚焦过窄、高度专业化的机构并不适合农村。农村人口分散，地处偏远，而各种类型的福利资源、公共服务资源普遍分布在城市地区。农民对这些资源知之甚少，因此也不会主动去申请这些资源。基层农村社会工作服务站为此要扮演机构的角色，链接其他部门、较远地方或城市的专业组织资源，形成行动者网络。这就要求以本地居民需求为中心，发展多功能的机构，提供跨部门、多人群的服务。同时，在管理机制上，要力求单一。很多农村居民能零星地收到各式各样的科技、文化、社会服务等信息，但一般都不知道这些服务信息的来源，有时甚至感到困惑，针对同一个类型或同一对象，却有不同的单位、部门、组织提供服务，比如留守儿童服务，民政、妇联、团委、社工组织都在开展类似服务，农民的感觉就是"来了一拨又一拨"，有时服务内容雷同，或者服务方式雷同，反而给农民带来困扰和烦恼，因此，不同部门的服务在内容上需要整合。再有时，农民会把社工当作全能的专家或者"活雷锋"，各种跨界、跨专业的问题或服务、资源需求，都找社工咨询，因为农村的公共服务极为缺乏，社工服务站的社工在他们眼里就是来自城里有知识的专家。为此，需要在地方层次协作行动，以便为农村居民输送服务包形式的有效服务[①]；需要建立多功能型的社工服务站，有条件的社工服务站还可组建多学科的团队，并采取跨部门、跨城乡协作的策略。唯有通过上述创新，探索项目化、参与式、在地化、多元协作的服务模式，才能在降低服务成本的同时，提升农村居民的参与度、对社工的信任感和服务的认可度，才能让有限的服务资源取得较大的服务效益。

四是坚持以社区为本，以培育社区自助组织为核心。农村社会工作者不但要开展直接服务，也要重视增强权能。农村社会工作者往往要孤独地工作，一个社工可能流动到多个村庄开展社工服务。为更大地发挥社会工作服务的效益，社工要特别重视对社区组织的培育与能力建设，使这一组织能够成为带动社区发展的主体，而社会工作者在其中起到一个引领和指导作用，社区组织的自助能力、自我管理能力发展起来了，真正实现"助人自助"、可持续发展。而不会出现之前众多项目点所出现的情况：社工师生在，社工活动就开展，社工师生一离开，社工活动就停止。比如万载县白水乡永新村的妇女互助储金会、老年协会均是这种具有生命力和带领能力的社区组织。

五是注重发展本土化社会工作者和志愿者队伍。作为农村社会工作发展时期的一种过渡，并不一定要拘泥于专业化，关键是要落实好本土化和利用好优势资产，比如万载县永新村妇女主任、妇女互助储金会主席 WHL，在县社工协会秘书长 ZJP 的帮助下，领悟了社会工作的理念和方法，并把它们运用到日常工作中，成长为一个本土化的社会工作者，她虽然不够专业，但由于这是她的熟人社会、生活圈子，开展的活动往往更能结合社区群众的实际需求，呼应群众的心声，唤醒更多的社区活跃分子，动员更广泛的社区参与，激发社区发展的内源动力。同时，包括"老教师""老干部"在内的农村"五老"热心村落社区公益事业，有奉献精神，有服务热情，也是社区社会工作可资利用的宝贵志愿者资源，如万载县永新村的许国兰、婺源县"少年之家"的创办人孙灶森老先生等。

---

① Brian Cheers. 1992. "Rural Social Work and Social Welfare in the Australia Context." *Australia Social Work* 45（2）：11-21.

六是以综合化功能发展取向为目标。这是为了适应城乡一体化的大势和满足基本公共服务均等化的需要。随着新农村建设和城镇建设的双轮驱动，城乡经济社会实现一体化是必然的趋势，城乡基本公共服务均等化也将从教育、医疗等领域扩展至社会服务领域，农村社区服务中心等规划中的公共服务项目将日益健全，农村社会工作的发展要适应这一大势，逐步提升服务能力，满足农村居民更多层面的服务需求。随着新农村建设更高水平的推进和农村社会工作人才队伍建设的发展，一方面，可根据条件适时推进综合化的社会工作服务项目建设，如英国的社区照顾体系，融老年人、儿童、妇女等社会服务对象于一体；另一方面，可逐步扩展和深化对特定领域社会服务的内容与水平。如可进一步推进诸如婺源"少年之家"等留守儿童社会工作机构的专业化甚至综合化，在服务内涵上实现社区照顾或托管、教育与心理辅导、素质拓展于一体，在社区建立一体化的社会工作综合服务中心，推进农村社会工作、社区教育与学校社会工作齐头并进。

4.3.6　探索本土化与专业化相结合的服务方法，提高服务效能

正如王思斌教授所指出的，农村社会工作的服务对象是农村居民，背景是相对落后的农村环境。照搬西方成熟的社会工作理论和方法对中国农村来说可能并不适宜，这就要求社会工作者将社会工作的专业方法与本土助人方法相结合，其核心是探索本土化的服务方法的创新。采用的工作方法要适合服务对象的生活、文化特征和可接受程度[①]，即如前面所言，要注重服务的针对性、适切性、效能感，否则农村居民可能对此不感兴趣，参与积极性不高，这影响农村居民对服务的接受度和认可度，这样的社会工作服务也就缺乏价值和意义。

第一，要善于体察农村居民的文化、生活结构，并以此为基础开展实务活动。文化架构的差异对于社会工作的意义是相当重要的。佩恩指出，我们假设共享的社会工作理论基础均来自西方国家的文化，但它们可能无法应用于非西方文化，在不同社会和历史背景脉络中，社会工作思想和实务理论在

---

① 王思斌：《我国农村社会工作的综合性——兼论"大农村社会工作"》，《中国农业大学学报》（社会科学版）2017 年第 3 期。

内容和应用上都有很大差别。① Flavio 等的研究也指出，社会工作者要注意文化识别（culture identity），识别不同种族、地区和社区之间的文化差异及其文化边界。②

之所以将文化、生活结构联系在一起，是因为农民不是学者，对农民来说，文化不是抽象的，不是体现在语言的描述中的，而是深深地嵌在日常生活结构中。农村的传统文化深藏在差序格局、熟人文化、家族文化、邻里文化之中。基于差序格局、熟人社会，农村居民尤其是观念传统的老年村民信任亲族、社区互助系统，对外来机构抱有戒心，在遇到困境时，一般首先向传统的家族网络求助。虽然随着大量的农民群体外出务工和城镇化进程的加快，农村越来越空心化，留守儿童、妇女、老人成为主要的居住群体，这一传统的互助系统的功能在逐渐弱化，越来越需要系统的、专业的支持、干预和保护，但文化、观念、生活结构是难以改变的，具有滞后性或者说惰性。因此，即使在村里设立社工站，农民也可能不习惯找上门来向社工求助，西方式的、高度专业化的临床、诊断模式在中国农村并不适用。更何况，绝大多数农民对社会工作及其服务内容一无所知，所谓求助更无从谈起。社工在农村服务时，不能坐等农民上门，而是要开展移动的、流动式的服务，多开展家庭探访，多加入与农村居民的茶余饭后的聊天，通过这些方式，建立与农村居民的联系、信任，了解各农户家庭状况、困难和处境，评估服务需求，也让他们知晓有关服务，并识别村民中潜在的关系结构、优势资源、资产。

在服务方式、实务活动方式上，不要拘泥于个案、小组、社区等教科书式的方法，要以情境为本，注重识别、重视和使用本土文化资源，采用当地民众喜闻乐见的本土化方法开展社会工作，比如建立关系，不一定要采用"破冰游戏"，秧歌队、腰鼓队等本土方式更能调动气氛，让村民参与进来。此外，要注意农村居民的生活、时间结构。城乡之间对时间的感觉也存在差异。对于来自城市的人来说，守时成为一个公认的生活标准，反观农民生活的节奏，主要是与日照及天气、节令及季节配合，"时"与"刻"这种时间

---

① 派恩：《现代社会工作理论》，中国人民大学出版社，2008，第 15 页。
② Flavio Francisco Marsiglia & Stephen Kulis. 2009. *Diversity, Oppression, and Change.* Chicago: Lyceum Books. Inc. 4.

量度单位太"小"了，并没有重视的必要。所以，对村民来说，会议、活动的时间就是"完成农活、吃饱晚饭后"，而不是"晚上八点半"那样具体。① 总之，要多关注农民的思考逻辑和价值观。

第二，要重视本土正式资源和非正式资源的链接与整合。农村社工往往势单力薄，也不如城市社工能常态性地获得实习生和志愿者的协助和支持，且自身掌握的资源也有限。因此，农村社会工作者要注重开发、挖掘和利用本土正式资源和非正式资源，建构本土化的行动者支持系统。

首先，要与基层政府、群团组织、村干部等体制内正式网络建立合作关系。一方面，可以增强行动的合法性，较快地建立起群众对社工的信任感；另一方面，有助于获得体制内的人力、物力和财力资源的支持，这也是万载的成功经验。由于得到了党政部门及村级行政组织的重视和支持，社工能够利用村委会的办公设施、村祠堂等场所，取得民政所干部、妇女主任等行政性社会工作者在动员村民、链接政策资源、协作开展服务方面的支持。

其次，要充分发挥社区居民和社区自助团体等内生力量的作用。要发挥农村社区精英尤其是"五老"的积极性和参与作用，农村"五老"以及享受了政策红利的"五保户"等是农村社区集体活动、公益活动的积极参与者，其中的一些人在留守儿童帮扶、留守老人互助关爱活动中发挥了重要作用。万载县永新村妇女互助储金会、老年协会的案例与婺源留守儿童"少年之家"孙灶森老先生的案例均表明，"五老"资源是农村社会工作发展中可资利用的一种优势资源，有助于拓展服务资源，节省服务成本，克服资源瓶颈，取得服务实效。此外，要充分发挥老年协会、新农村建设理事会、宗族理事会或自然村理事会等非正式资源的作用，激活传统组织和社区自助团体的互助功能和自我发展功能，增强社区行动能力。

第三，要善于吸收本土经验，将本土方法与专业社会工作方法相融合，形成有创造性的、整合的工作方法。如王思斌教授所言，要尊重本土经验和其他专业甚至非专业人员的经验。比如，基层民政所干部、妇女主任、村干部往往工作经验丰富，积累了一些本土化的群众工作方法，这些方法往往扎根于农村深厚的伦理文化、人情文化、面子文化以及朴实但入情、入理的言

---

① 古学斌、张和清、杨锡聪：《专业限制与文化识盲：农村社会工作实践中的文化问题》，《社会学研究》2007 年第 6 期。

语文化，甚至能做到情、理、法相结合，打动群众，调解关系，解决纷争，行之有效，有号召力，比大学生村官、年轻社工生搬硬套的教科书式方法有效得多。社会工作者要充分尊重这些本土、非专业的经验和方法，摒除粗暴、不合理的成分，发现本土方法中的优势，吸收其合理成分，将其整合、融入专业的社会工作方法中，使专业方法与本土方法相互补充，相互结合，优势互补[①]，形成有创造性的、有乡土味的服务策略和方法，逐步提升村民对农村社会工作服务的认可度和接受度，提升服务的效能。

---

① 王思斌：《我国农村社会工作的综合性——兼论"大农村社会工作"》，《中国农业大学学报》（社会科学版）2017 年第 3 期。

第5章 社会工作在农村反贫困中的介入：
以万载为例

5.1 问题的提出

农村贫困问题一直以来都是世界性的重大议题。改革开放三十多年来，随着中国经济的快速发展和大规模的扶贫开发工作的推进，中国的反贫困工作取得了举世瞩目的成就。

根据国家统计局提供的数据，1978 年，我国的农村贫困人口规模为 2.5 亿人（根据测算，当时的贫困标准为 100 元/年·人），贫困发生率，也即贫困人口占比，高达 30.7%。但改革开放后，贫困人口数量迅速下降，根据 1986 年国务院制定的 206 元的贫困标准，1985 年的贫困人口已降至 1.25 亿人。自 1986 年起，国家启动扶贫开发计划。至 1992 年，贫困人口已降至 8000 万人。1994 年，国务院又进一步制定和实施《国家八七扶贫攻坚计划》，力争用 7 年左右的时间，基本解决全国农村 8000 万贫困人口的温饱问题。该计划实施效果也较为显著，至 2000 年，根据 1986 年贫困标准的不变价，2000 年的现价标准为 625 元，当年的农村贫困人口为 3209 万人，贫困发生率降低至 3.4%，贫困人口比例大幅下降（如表 5-1 所示）。

表 5-1　1978~2016 年部分年份农村居民的贫困状况

年份	贫困线（元/年/人）	贫困发生率（%）	贫困规模（万人）
1978	100	30.7	25000
1980	100	26.8	22000

续表

年份	贫困线（元/年/人）	贫困发生率（%）	贫困规模（万人）
1984	200	15.1	12800
1985	206	14.8	12500
1986	213	15.5	13100
1987	227	14.3	12200
1988	236	11.1	9600
1989	259	11.6	10200
1990	300	9.6	8500
1992	317	8.8	8000
1994	440	7.7	7000
1995	530	7.1	6540
1997	640	5.4	4962
1998	635	4.6	4210
1999	625	3.7	3412
2000	625/865	3.4	3209/6213
2005	683/944	2.5/6.8	2365/6432
2007	785/1067	1.6/4.6	1379/4320
2008	1196	4.2	4007
2010	1274/2300	2.8/17.2	2688/16567
2011	2300	12.7	12238
2012	2500	10.2	9899
2013	2736	8.5	8249
2014	2800	7.2	7017
2015	2855	5.7	5575
2016	3146	4.5	4335

资料来源：①国家统计局：《1978-2000 年农村居民贫困状况》，来自国家统计局网站，http：//www.stats.gov.cn/ztjc/ztsj/ncjjzb/200210/t20021022_36893.html。

②国家统计局：《6-29 农村贫困状况》，载《中国统计年鉴》，2015，中国统计出版社。

2000 年之后，国家连续两次提高了贫困线标准。2010 年，贫困线标准进一步提高至人均年纯收入 2300 元，该标准接近或略高于世界银行 1.9 美元的贫困线标准。农村贫困标准的大幅提高，使贫困人口的规模急剧扩大，2010 年的农村贫困人口达到 1.6567 亿人，贫困发生率提高到 17.2%。近几年来，为加快推进全面建设小康社会，党中央进一步加大了扶贫攻坚的力度，并提出了精准扶贫、精准脱贫战略。至 2016 年底，根据国家统计局发布的数据，贫困人口已降至 4335 万人。但从总量上看，农村贫困人口的规模仍然很大，特别是在中西部的集中连片困难地区，还存在大面积的极端贫困人口。中国的减贫工作依然艰巨繁重。

不过，从以往的扶贫经验看，农村反贫困行动更多依赖的是政府主导下的经济政策行动，社会工作者等专业社会力量参与不足，且当前的扶贫暴露出越来越多的问题。追求规模化、区域化的产业扶贫的边际效应越来越弱①，绩效越来越差，并且暴露出诸多深刻的问题，如专业户、大户等精英俘获，资源投入有增长、无发展，呈现内卷化、不接地气、一刀切的缺点，贫困户实际受益率低，且越来越形式化、表面化②，越来越不适应新时期的精准扶贫、脱贫攻坚、深度扶贫的要求。

而从国际上看，反贫困或者说贫困救助一直以来是社会工作关注的重要主题和服务内容。③ 美国学者威廉·法利等人在《社会工作概论》一书中指出，广义社会工作的起源，可以追溯到 1572 年英国建立的旨在援助贫困者的"贫困观察员"制度以及随后颁布的《伊丽莎白济贫法》（1601），这是一项由政府主导的帮助穷人的系统计划。美国社会工作的发展也始于对穷人的帮助。1877 年，美国第一个慈善组织协会在纽约布法罗成立，能力卓著的社会工作者逐渐成为协会的骨干力量，开始为那些有志于通过个别化的服务来帮助穷人的私人机构提供援助和专业支持④，这可视为专业意义上的社会工作的开端。

---

① 高波、王善平：《财政扶贫资金综合绩效评价体系研究》，《云南社会科学》2014 年第 5 期；蔡昉、陈凡、张车伟：《政府开发式扶贫资金政策与投资效率》，《中国青年政治学院学报》2001 年第 2 期。
② 陈成文、吴军民：《从内卷化困境看精准扶贫资源配置的政策调整》，《甘肃社会科学》2017 年第 2 期。
③ Linda Cherrey Reeser, Irwin Epstein. 1987. "Social Workers' Attitudes toward Poverty and Social Action: 1968-1984." *The Social Service Review* Vol. 61: 610-622.
④ 威廉·法利、拉里·史密斯：《社会工作概论》（第 11 版），隋玉杰等译，中国人民大学出版社，2010。

近二十年来，以发展型社会政策和资产社会政策理念为代表的积极的扶贫政策理念正在推动全球反贫困领域的革新。在这种积极的反贫困理念中，倡导能力建设、资产建设和个别化服务的社会工作扮演了重要的角色。当前，我国亟待建立与不断提高的经济发展水平和综合国力相适应的社会福利体系，包括农村反贫困体系。对此，中央在顶层设计层面也做出了回应。2016 年 11 月，国务院出台的《"十三五"脱贫攻坚规划》明确提出，要进一步发挥社会工作专业人才和志愿者扶贫作用，制定支持专业社会工作和志愿服务力量参与脱贫攻坚的专项政策。而如何总结本土化的探索与实践经验，促进社会工作者服务于农村反贫困工作，探讨社会工作在反农村贫困中的应用，无疑正当其时。

5.2　贫困概念与反贫困政策的相关理论

5.2.1　贫困的概念

贫困是一个交织在经济学、社会学、人口学等各个不同学科领域的概念，各学科的研究也有不同的视角。但关于贫困的界定，从类型上大体可分为三种，一种是经济的贫困，一种是能力的贫困，还有一种是权利的贫困。经济贫困论又被称为"物质缺乏论"，这是早期的研究者给贫困下定义的主要方式，强调的是收入不足以维持基本生活的一种状态，比如，1901 年，朗特里在其所著的《贫穷：对城市生活的研究》一书中，将贫困定义为缺乏获得一定数量的、家庭和个人生存和福利所必需物品和服务的经济能力和经济资源的人和家庭的生活状况。而印度福利经济学家阿玛蒂亚·森在《贫困与饥荒》一书中则主要是从能力被剥夺的视角来界定贫困，他认为贫困是贫困人口创造收入的可行能力受到剥夺。[①] 世界银行 1990 年发布的报告也对此予以呼应，认为贫困是因为贫困的人们缺少达到最低生活水准的能力。关于权利的贫困论的观点，最早来自于英国学者汤森 1979 年提出的"相对剥夺"论，他强调贫困是一个被侵占、被剥夺的过程[②]，这一观点后来发展

---

①　阿玛蒂亚·森：《贫困与饥荒》，王文玉译，商务印书馆，2001。
②　Townsend, Peter. 1979. *Poverty in the United Kingdom*. University of California Press.

为"权力剥夺论"和"社会排斥论"。①

关于贫困的上述三种观点并不是截然划分的，它们只是韦伯意义上的理想类型②，更多的人认为，贫困同时具有上述两种甚至三种特点，比如，世界银行2000年发布的《与贫困作斗争》的报告指出，贫困不仅指物质的匮乏，而且还包括低水平的教育和健康，同时还包含面临风险时的脆弱性，以及不能表达自身需求和缺乏影响力。

近几年来，国外学者提出了"新贫困"或"丰裕中的贫困"（该提法最早出自凯恩斯的著作）的概念。国内一些学者借用它来解释中国经济社会快速增长中存在的大量贫困现象，如认为形成农村贫困问题的背景因素发生了重大的变化，传统的缺衣少食、基本生活无保障的生存型经济贫困，随着农村经济发展和基本生存条件的改善而基本得到解决，代之而起的是由信息匮乏、人力资源的流失、社会资源与支持网络不足、政策偏差、文化教育和权利保护缺位等因素而导致的新型贫困。③ 但从"新贫困"的定位来看，"新贫困"实际强调的是能力贫困和权力（包括信息、机会）贫困，它并没有超越贫困概念的上述三个大的范畴，不过，其中有一些新的诱发因素。

5.2.2 反贫困政策的理论基础

随着国内外对贫困问题研究的不断深入，反贫困逐渐成为学界所共同关注的议题，关于反贫困的理论也日渐丰富，学者们从各学科视角出发，提出了各种反贫困的理论模式，其中影响较大的有以下几种理论模式。

技术-现代化视角的平衡增长模式与非平衡增长模式。这两种理论模式皆由经济学家所提出，从大的方向上看，都属于一种"技术-现代化"模式，但两者的路径并不一样，前者强调国家的主导与干预，后者更重视市场规律的作用。④ 平衡增长模式来自于对贫困形成的"恶性循环"假设，其核心命题是：资本缺乏和资本形成不足，在供给和需求两端相互循环连接，形

---

① Touraine, A. Facing exclusion. Esprit. 1991. p. 149.

② 马克斯·韦伯：《经济与社会》（上），林荣远译，商务印书馆，1997，第242页。

③ 谭崇台：《论快速发展与丰裕中贫困》，《经济学动态》2002年第11期；钱宁：《农村发展中的新贫困与社区能力建设：社会工作的视角》，《思想战线》2007年第1期；彭华民：《需要为本的中国社会福利目标定位》，《南开学报》2010年第4期。

④ 朱晓阳、谭颖：《对中国"发展"和"发展干预"研究的反思》，《社会学研究》2010年第4期；沈红：《中国贫困研究的社会学评述》，《社会学研究》2000年第2期。

成了发展中国家和贫困地区在封闭条件下长期难以突破的贫困陷阱，为此必须大规模地增加储蓄、扩大投资并促进资本形成。英国伦敦大学教授罗森斯坦·罗丹（1943）在平衡增长模式的基础上进一步提出了"大推进理论"：发展中国家和贫困地区，只有全面、大规模地在各个工业部门，包括基础设施部门投入资本，才能获得外部效应，打开贫困恶性循环的缺口，创造互为需求的市场，冲破市场狭小的束缚，促进经济发展，改变贫困落后面貌。[①]

平衡增长模式提出后，对发展中国家的经济发展和扶贫开发战略产生了很大的影响。但平衡增长模式的局限性也非常明显：过分依赖计划和国家干预，忽视了政策失灵的可能性及其干预失败造成的严重损失，另一方面这种模式也限制了市场体系的发育和市场机制的运行，影响投资效率。而且，该模式还忽视了在发展中国家和贫困地区资本短缺的情况下如何启动大规模投资的问题，因为其前提是依赖一个强大的国家干预。鉴于平衡增长模式的局限性，美国经济学家赫希曼等人提出了非平衡增长模式，即在经济发展初期，某些部门和某些地区会得到优先发展，最终将通过技术的创新与扩散、资本的集中与输出等方式，带动落后地区、贫困地区的发展。[②] 非平衡增长模式的局限是，非均衡的发展战略虽然会形成一定的扩散效应，但同时也可能造成落后地区人才、资源、技术向优先发展地区的单向流动，即在产生扩散效应的同时，又会产生马太效应，扩大两类地区的贫富差距，甚至加速贫困地区的衰落。平衡增长模式与非平衡增长模式均存在局限这一事实，意味着在扶贫开发和反贫困工作中运用单一的经济政策手段是行不通的。

人力资本投资论。20 世纪 60 年代，美国经济学家西奥多·舒尔茨和贝克尔创立人力资本理论，该理论对发展中国家反贫困战略的实践产生了深远的影响。舒尔茨在其著作《改造传统农业》中提出，改善穷人福利的关键因素不是空间、能源和耕地，而是提高人口质量和知识水平，通过增加教育、培训、卫生保健等方面的投入实现经济繁荣和提高穷人福利，贫困者通过提高受教育水平和生产技能来拥有属于自己的资本，这是他们得以发展和摆脱贫困的根本要素。[③]

---

① 赵曦：《中国西部农村反贫困模式研究》，商务印书馆，2010，第 21 页。

② 艾伯特·赫希曼：《经济发展战略》，曹征海、潘照东译，经济科学出版社，1991。

③ 西奥多·舒尔茨：《改造传统农业》，梁小民译，商务印书馆，2006。

　　发展型社会政策理论。该理论与人力资本理论有相通之处，均主张以能力建设作为反贫困战略的核心。按照发展型社会政策的理念，诸如收入差距、贫困和失业等各种社会问题不是市场失灵所致，而是社会成员未能在劳动力市场发挥其正常角色的结果，因此社会政策应重点对参与这个制度的个体进行上游干预，促进个人能力的提升，这对预防贫困和提高国家竞争能力具有根本性的作用。在发展型社会，政策理论的核心是投资儿童及其家庭，保证儿童获得恰当的教育、健康的身体和良好的家庭环境，这被认为是切断贫困"代际转移"链条和提高劳动力素质的重要策略。此外，发展型社会政策受"第三条道路"所主张的"无责任，即无权利"理论影响，强调使受助者重新参与到经济活动中来，通过工作或市场来满足自己的需要。①

　　资产建设理论。美国圣路易斯·华盛顿大学教授迈克尔·谢若登（Michael Sherraden）在《资产与穷人：一项新的美国福利政策》一书中首次创造性地提出资产建设理论，认为仅给予穷人收入补助不能从根本上解决贫困，他建议在每个人刚出生时建立个人发展账户，来帮助贫困人口积累资产，从而摆脱贫困。② 蒂莫西·M. 马奥尼在《以资产为基础的扶贫策略》一文中进一步探讨了以资产建设为本的扶贫策略，认为以资产为基础的扶贫政策符合可持续生计的原则，能帮助穷人建立可持续的生计。③ 该理论对农村社会工作包括反贫困社会工作的影响极大，后文将进一步论述。

　　参与式发展理论。与其说"参与式发展"是一种理论，还不如说是一种方法，其理论基础来源于对英国学者汤森和印度学者阿玛蒂亚·森对贫困成因的解释，即贫困的形成根源于权力、机会的贫困或能力的贫困。参与式方法是一种试图将外部干预和内源发展结合的行动方式，其核心特征是强调对贫困弱势群体的赋权，增进他们在发展活动中的发言权和主动权，目的是有效发掘穷人作为发展主体的潜力。参与式方法有别于过去使用的扶贫方法。按传统做法，扶贫工作主要靠政府支持，而贫困农民被动地等待救济。

---

① 安东尼·哈尔、詹姆斯·梅志里：《发展型社会政策》，罗敏等译，社会科学文献出版社，2006。

② 迈克尔·谢若登：《资产与穷人：一项新的美国福利政策》，高鉴国译，商务印书馆，2005。

③ 蒂莫西·M. 马奥尼：《以资产为基础的扶贫策略》，载高鉴国、展敏主编《资产建设与社会发展》，社会科学文献出版社，2005。

从 20 世纪 90 年代中期开始，一些国际发展组织运用参与原则在中国的扶贫示范计划中取得了一定成效。参与式方法鼓励村民参加社区的全部决策过程。村民参与被视为摆脱贫困并获得长期发展的重要条件，贫困人口应该成为发展的真正主体，有权参与决定他们生活决策的制定。[①] 当代的一些乡村建设运动的开展者也是参与式发展的倡导者。

5.2.3　关于农村反贫困的政策实践及其效应评估

从 20 世纪 50 年代起到 80 年代中期，我国一直实行以社会救济或社会救助为主的农村扶贫方式，对农村"五保户"和"城镇困难户"进行救助。20 世纪 80 年代中期以来，我国改变过去农村扶贫中的单纯救济式方式，实行救济式扶贫与开发式扶贫相结合的方式，尤其是自"八七扶贫攻坚计划"（1994~2000）实施以来，中国在开发式扶贫领域投入了大量资金，农村反贫困取得重大进展。

有学者基于能力贫困理论视角对改革开放以来中国农村制度化扶贫战略的政策效应进行了评估[②]，认为中国农村制度化扶贫是一种开发式扶贫战略，其政策效应日益削弱并逐渐失效：农村绝对贫困人口更为分散；相当数量的真正贫困人口没有能力从扶贫项目中受益；现行的扶贫策略也难以有效应对疾病、教育等致贫风险。他们主张，现阶段中国扶贫政策在注重收入救助的同时，更应该注重提高贫困风险人群应对贫困风险的能力。古学斌、张和清等则从社会工作的视角对目前的农村扶贫开发政策进行了评价。[③] 他们以中国西南的一个村落为案例考察后分析，政府强调扶贫应以发动群众积极性为目标从而促成"造血"的效果，但在现实中这却是自上而下的动员与农村发展干预，基层干部依然用一种强制性手段去实现对农民干预的目标，地方群众没有机会表达他们的需要和对扶贫项目的意见。在自上而下的动员模式中，扶贫项目不能呼应农村社区的需求，不单引起地方政府与民众的冲突，甚至令贫困民众陷入困境，甚或造成返贫的现实。

---

① 沈红：《中国贫困研究的社会学评述》，《社会学研究》2000 年第 2 期。
② 方黎明、张秀兰：《中国农村扶贫的政策效应分析——基于能力贫困理论的考察》，《财经研究》2011 年第 12 期。
③ 古学斌、张和清、杨锡聪：《地方国家、经济干预和农村贫困：一个中国西南村落的个案分析》，《社会学研究》2004 年第 2 期。

但也有学者并不认同对国家的农村反贫困战略绩效的片面否定。朱晓阳等在《对中国"发展"和"发展干预"研究的反思》一文中认为，"不能无视中国的另类现代化（在国家表征之下）能够大举减少贫困这一不争事实"，并反对目前学界一些学者在扶贫观上表现出的一种根深蒂固的国家-社会二元对立观念，将国家主导的扶贫战略与民间 NGO 主导的参与式扶贫决然对立起来，非此即彼，并指出，国际 NGO 在国内的扶贫项目（包括组织、项目和操作过程）上并不是单纯地民间运作或参与式发展，实际上最后都会或多或少地与有国家背景的组织和项目相互勾连，从而保证项目能够实施和运作，在这种运作过程中发展项目的大量资金和人力培训计划则为今天中国的一些企业和非政府组织形成提供了财力和人力启动资源。①

还有学者对非政府组织的扶贫效应进行了分析，认为，NGO 的扶贫机制呈现出多元联动筹资、坚持需求导向、关注能力建设、实施差别化扶贫等特点，这对于优化我国当前的制度化扶贫政策体系具有十分有益的启示，并主张推进政府与 NGO 之间的扶贫合作，以实现优势互补，比如将一些 NGO 擅长的项目交由 NGO 来完成，如小额信贷、农村妇女培训、环境治理、医疗扶贫、教育扶贫、就业培训、灾后社会心理重建、社区建设等，以提高扶贫效益。②

5.3 精准扶贫的现状与问题：以江西为例

为深入了解当前农村贫困的现状及精准扶贫的成效，课题组对江西省的部分县市进行了问卷调查。问卷调查的目的是了解贫困群众的生计现状及贫困地区的自然资源状况与产业发展状况，分析贫困户的贫困原因、脱贫需求，评估现行扶贫政策与机制的绩效，剖析当前政府主导的精准扶贫工作存在的问题与不足。问卷调查选择了江西省的 5 个县市进行，分别在 J 县、S 县、Y 县、G 市、W 县的 20 个村进行，其中 J 县、Y 县、S 县、G 市为国家级贫困县，W 县为江西省的扶贫攻坚重点县。调查样本设计为 400 份。

---

① 朱晓阳、谭颖：《对中国"发展"和"发展干预"研究的反思》，《社会学研究》2010 年第 4 期。

② 黄春蕾、呼延钦：《非政府组织的扶贫机制及其政策启示》，《经济与管理研究》2009 年第 10 期。

考虑到对贫困户的入户调查需要当地干部协助和配合，并考虑到调查的便利性，因此调查乡镇、村落时并未采取随机抽样的方式，而是采用了典型调查的方法，由调研组同该县扶贫与移民办工作人员协商确定。在每个县选择一个经济发展处于全县中上水平的乡镇和一个经济发展处于全县较低水平的乡镇，在每个乡镇选择 2~3 个贫困村。对调查村的贫困户的选择，则采用随机抽取的方式，由村干部提供贫困户花名册，调查人员在每村抽取 20 名贫困户，在临时聘请的本地志愿者的协助下，进行入户调查。不过，在调查中发现，不少被抽到的贫困户家里没人，或者外出务工，所以，不得不临时调换被调查者名单。在调查的方式上，主要采用访问式问卷调查，即一问一答的方式。因为不少贫困户的户主或在家人员是老年人，难以独立完成问卷，需要调查人员协助。共发放问卷 400 份，回收有效问卷 317 份，问卷涉及贫困户基本信息、收入与支出状况、致贫原因、农业经营状况、扶贫政策的认知、六大扶贫工程的绩效评估六大方面的 135 个问题。此外，深入访谈 26 位乡村干部和 48 位贫困户；先后召开了 5 次座谈会，包括市扶贫和移民办公室、各县市的扶贫和移民办公室、民政部门、人力资源和社会保障部门、农业部门、财政部门、金融部门的负责人以及部分乡（镇）、村的领导先后参加了座谈。

5.3.1　贫困现状

本次问卷调查的对象，系从各县扶贫部门和村干部提供的贫困户花名册中随机选择确定的，这些贫困户均已被纳入各县贫困户信息系统。调查方式为由课题组成员带领江西财经大学社会学、社会工作专业的部分研究生入户发放问卷。问卷中关于贫困户年收入的测算，首先由访问员向贫困户确认上一年各家庭的各项收入来源及具体收入，再由访问员合并计算成年总收入。收入来源的指标体系和统计口径，除农业生产、畜牧养殖、个体经营、本地的工资性收入之外，还包括外地务工收入及政府低保等救济收入。

1. 家庭收入状况

（1）贫困户家庭人均年收入 3859.5 元。根据调查，贫困户家庭的样本中，以 4~6 口人的家庭最多，平均家庭人口为 4.8 人，人口最多的家庭有 15 人。在收入方面，调查样本的家庭人均年收入平均值为 3859.5 元。根据江西省统计局发布的数据，2014 年江西省农村居民人均年可支配收入为 10117 元，

而样本贫困户的人均年可支配收入约为全省农村居民人均年可支配收入的
1/3。

表 5-2 贫困户家庭人口、收入状况

单位：人，元

	极小值	极大值	平均值	标准差
家庭年总收入	0	150000	18338.9	23912.8
家庭人均年收入	0	27000	3859.5	4481.0
家庭人口数	1	15	4.8	2.6

（2）贫困户收入分化大。调查揭示，贫困户收入离散程度较大，家庭人
均年收入极大值为 27000 元，极小值为 0 元，家庭人均年收入的标准差达 4481
元，表明贫困户的收入分化较大（如表 5-2 所示）。从收入组看，家庭人均年
收入 2300 元及以下者占 51.5%。2300 元是 2011 年中国政府确定的一条贫困线
标准（2010 年不变价），这一标准接近世界银行的原国际贫困线标准（每天
1.25 美元，最近已上调至 1.9 美元）。从调查来看，将近一半（48.5%）的贫
困户家庭人均年收入超过了 2300 元。其中，2301～5000 元占 25.1%，5001～
10000 元占 14%，10001～15000 元占 6.4%，还有 3% 的家庭人均年收入在
15001 元以上（如表 5-3 所示）。

表 5-3 贫困户家庭人均年收入统计表（N=317）

单位：元，%

家庭人均年收入组		频数	百分比	有效百分比
有效	0～2300	154	48.6	51.5
	2301～5000	75	23.7	25.1
	5001～10000	42	13.2	14.0
	10001～15000	19	6.0	6.4
	15001～20000	8	2.5	2.7
	20000 以上	1	3.0	0.3
	合计	299	94.3	100.0
缺失		18	5.7	
总计		317	100.0	

我们了解到，2015 年江西省实际执行的贫困户识别标准是 2736 元，系根据 2300 元（2010 年不变价）的贫困线标准折算而来的，比 2300 元的贫困线提高了 436 元。为此，我们进一步进行了统计和测算，发现所调查的 317 户贫困户中，家庭人均年收入在 2736 元及以下者为 177 户，占 55.8%，超过 2736 元者占 44.2%。

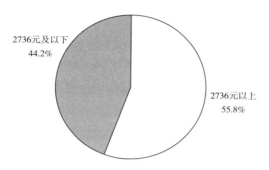

图 5-1　家庭年人均收入 2736 元以下者所占比例

在调研时，各县市都强调按现价脱贫标准（2736 元）作为识别贫困户的重要依据。调查表明，相当一部分贫困户的收入高于这一标准。课题组认为，可能存在几个方面的原因：其一，贫困户的认定有优化空间。根据村干部的介绍，目前，对贫困对象实际的识别办法是，先确定各县、各贫困村的贫困化率（即所谓的贫困户指标），再由村委会组织评议，按家庭困难状况确定。这种评议显然不是量化的标准，而是质性的比较。如果不辅以严格、透明的程序，将影响贫困户识别的精确性、公正性。其二，如乡村干部所言，随着经济的发展和多年的脱贫努力，农民的收入在逐步提高，但考虑到通胀因素，农民的日常生活支出和教育医疗支出也在扩大（后文关于贫困户的家庭支出状况进一步分析了这一点），因此现有的贫困线标准有待调整，以适应新形势、新变化，从而反映贫困户的实际生活水平。其三，在贫困户收入的统计口径上，本调查包含了低保收入。其四，部分贫困户经过帮扶和产业发展，收入得到了提升，这也说明了脱贫的潜能和空间，同时要加强动态管理。

2. 收入来源

外出务工为贫困户最主要的收入来源。关于贫困户的主要收入来源，问卷中设计了农业生产（这里主要指种植业）收入、畜牧养殖收入、外出务工收入、本地企业上班收入、个体经营收入、政府低保等救济收入等诸多选项（如图 5-2 所示）。在回答"您家庭收入的主要来源"这一问题时，46.7%的贫困户家庭选择了"外出务工"这一选项，比例最高。务工收入对于农村家庭，恰如"为有源头活水来"，调查样本中有家人外出务工的比例高达 67.5%（如图 5-3 所示）。这说明，务工经济、转移就业对脱贫至关重要。其次是"农业生产"收入，占 27.8%，作为一项基础性收入，如何加大农业生产扶持力度依然是扶贫的战略要素。

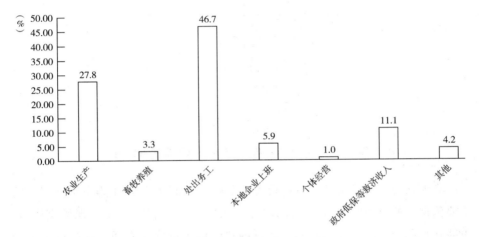

图 5-2　贫困户家庭收入的主要来源

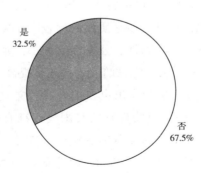

图 5-3　是否有家人在外务工

　　另有 11.1%的贫困户只能依赖"政府低保等救济收入"作为收入来源。这代表了贫困户当中最困难的群体，他们自身收入微薄，政府救济成为他们主要的生活来源。这也说明了低保救助等保障式扶贫对贫困户尤其是其中的特困户维持基本生活具有重要性。但就所调查的样本看，只有 49.7% 的贫困户能够同时享受低保救助政策。而课题组在 Y 县的入户访谈情况也表明，低保救助效果越好，贫困户心存感激程度越高，对政府合法性的支持度也越高。因此，对于最困难群体的识别和支持力度非常关键。

3. 家庭支出状况

贫困户家庭月支出为 1352.1 元。在问卷中，课题组设计了"上个月，您的家庭支出约多少元？"这一问题，以了解贫困户的家庭支出状况。数据分析结果显示，贫困户家庭月支出的平均值为 1352.1 元，众值和中位值均为 1000元（如表 5-4 所示）。这说明，多数贫困户的家庭月支出在 1000 元以上。

表 5-4　贫困户家庭月支出状况（N=297）

	众值	中位值	平均值	标准差
家庭月支出（元）	1000	1000	1352.1	1551.8

家庭支出的主要项目，除了日常开支，主要还有医疗支出、子女教育支出等，该三个项目位居前三。关于"您的家庭支出的主要项目有哪些？"的问题的回答，分别有 97.5%、69.4%、45.4% 的贫困户选择了日常开支（含食品、电费、煤气、电话费等）、医疗支出、子女教育支出这三个项目。另外，建房与装修支出的比例为 7.3%，子女婚姻支出的比例为 3.2%，人情与交际费用支出的比例为 1.5%，购买家电的比例为 1.3%（如图 5-4 所示）。贫困户家庭月支出在 1000 元以上，说明伴随物价的上涨，贫困户家庭的生活成本也越来越高；同时，医疗支出和子女教育支出高企，成为贫困户家庭的一项重要经济负担。

5.3.2　致贫原因分析

关于贫困的原因，学术界大体从两个维度进行了探讨。一是个体因素，即家庭这一微观组织及其成员的因素，包括家庭成员的健康因素、能力因素、抚养负担因素等。核心是诺贝尔经济学奖得主阿玛蒂亚·森的"可行能力"[①] 的

---

① 阿玛蒂亚·森：《以自由看待发展》，任赜、于真译，中国人民大学出版社，2002，第30 页。

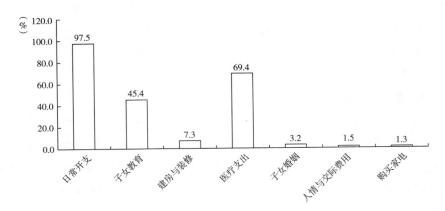

图 5-4　贫困户家庭主要支出项目

不足。二是区域环境因素，如地理环境、交通状况、资源禀赋等。本调查揭示了这些因素对贫困户的具体影响。

　　通过对贫困户的问卷调查，笔者发现，贫困户更多的是从自身、个体因素分析自己家庭贫困的原因，比如，"家庭成员患病或残疾""自身没本事，缺乏技能"及"抚养子女负担过重"等（如图 5-5 所示）。

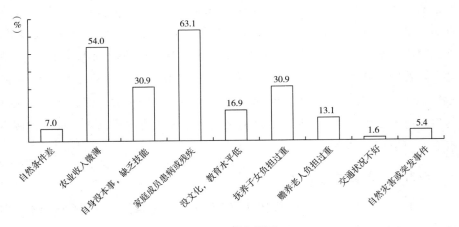

图 5-5　致贫原因

　　"家庭成员患病或残疾"是首要的致贫因素。问卷调查中，有一项是询问贫困户对于导致本人家庭贫困或不富裕的原因的看法。该题共列举了十多个选项，可多选。调查发现，对于贫困户来说，"家庭成员患病或残疾"是最普遍的原因，63.1%的贫困户选择了该因素。据调查，因病致贫的关联性因素包括：一是家庭成员患病或残疾可能使家庭失去重要的劳动力和收入来源，不仅是患病者或残疾者，而且护理、照料患病者或残疾者的家人的工作也受到影响。二是患病者或残疾者的治疗和康复，特别是大病的治疗，将给家庭带来沉重的经济负担。因此，政府和社会要加大对农村居民的健康保障和救助的力度。三是大病救助的动态性、及时性非常重要。课题组在 Y 县 S 乡的入户访谈调查表明，男主人因突发性脑溢血而失能，该户迅速陷入贫困。因此，在赣府厅发〔2014〕11 号文件的基础上，进一步建立县域大病救助应急管理体制有助于防止贫困家庭和人口的上升。

农业增收渠道单一，收入微薄，且无其他收入来源，是致贫的关键性因素。54%的贫困户选择了该因素。农业收入微薄也可以说是农村的共性因素，但对部分贫困户来说，他们因家庭因素和能力因素，没有能力去开展个体经营，甚至也无法外出务工，除微薄的农业收入外没有其他收入来源，因此，家庭经济生活极为贫困。

缺乏技能和文化教育也是导致贫困的很重要因素。如图 5-5 所示，有30.9%的贫困户在回答致贫的原因上选择了"自身没本事，缺乏技能"这一因素，另有 16.9%的农户选择了"没文化，教育水平低"这一因素。"自身没本事，缺乏技能""没文化、教育水平低"，既反映了贫困户能力和技能的缺乏，也反映了贫困户对自我发展能力的信心不足和对机会选择不平等的无奈，处于阿玛蒂亚·森的"可行能力"被剥夺的困境，为此，要加强对贫困户的能力建设，提升贫困户技能，培养贫困户自我发展的能力和信心。

家庭抚养负担过重也是导致贫困的重要原因之一。根据调查，有30.9%的贫困户选择了"抚养子女负担过重"这一因素，还有 13.1%的贫困户选择了"赡养老人负担过重"这一因素（如图 5-5 所示）。"抚养子女负担过重"，实际反映的是子女教育的投入对家庭造成的负担，即所谓的"因教致贫"，"赡养老人负担过重"反映的是子女的养老负担重，为此，要加大对贫困户的教育救助和养老保障力度。

5.3.3　存在的问题与不足

1. 贫困户识别欠精准

精准扶贫，贵在精准，首要是扶贫对象要精准，即要切实做好贫困户识别工作。但从实际的效果看，贫困户的识别工作精准度还有待提高。根据我们的调查发现，贫困户的收入分化程度较大，在已有的贫困户名单中，一些贫困户的实际收入较高，与贫困户的身份不符。2015 年国家实际执行的贫困户识别标准是 2736 元，系根据 2010 年确定的贫困线 2300 元不变价折算而来。但所调查的 317 户贫困户中，家庭人均年收入在 2736 元及以下者为 177 户，占 55.8%，超过 2736 元者占 44.2%（如图 5-1 所示）。这表明，各县市也并没有完全按照 2736 元的贫困户识别标准来确定贫困对象。并且，还有相当一部分贫困户的家庭人均年收入超出 5000 元以上标准，甚至超出农村居民的平均收入水平。如表 5-3 所示，5001~10000 元收入组占 14%，10001~15000 元收入组占 6.4%，还有 3% 的家庭人均年收入在 15001 元以上，家庭人均年收入最高者达 27000 元。而根据国家统计局 J 地级市调查队披露的数据，2014 年，J 地级市农村居民人均可支配收入为 9262 元。[①] 这说明，部分已确立为贫困户的家庭人均年收入水平并不符合贫困户的要求。准确地识别贫困户，不但关系到精准扶贫，而且事关基层社会稳定。未来几年，对贫困户的政策支持力度将进一步加大，而如果假冒的贫困户享受到了优惠政策，真正的贫困户被排除在外，将激发基层的矛盾和冲突。

2. 产业扶贫和小额贷款政策的惠农力度不够，贫困户难受益

产业扶贫是提高群众的自我发展能力，实现从"输血式扶贫"向"造血式扶贫"转变和有效增加贫困户收入的重要途径。但产业扶贫也是扶贫开发工作的一个难点。目前，产业扶贫虽取得了一定成绩，但整体来看，产业扶贫的针对性不强，精准性欠佳，产业扶贫不接地气，贫困户的参与水平较低，受益于产业扶贫项目的比例不高，产业扶贫的带动能力还较弱。

根据课题组对 5 县市的调查，只有较少部分的贫困户发展了果业、畜牧养殖业等主要的农业产业化项目。如图 5-6、图 5-7 所示，有禽牧养殖收入的贫困户仅占所调查的贫困户样本的 8.2%，有果园收入的贫困户的比例更小，仅占 2.2%。这说明，贫困户在农业产业化项目中的参与率较低，或者说，虽然可能当地发展了一些产业化项目，但并没有带动大多数的贫困户提高收入。

[①] http://jxja.jxnews.com.cn/system/2015/02/09/013616117.shtml.

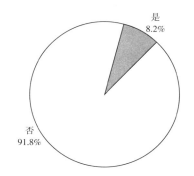

图 5-6　是否有经营禽畜养殖的收入

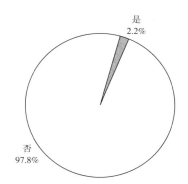

图 5-7　是否有经营果园的收入

　　导致这种状况的原因是多方面的。首先，主观方面，贫困户思想观念相对保守，自身文化素质不高，缺乏技能，信心不足，导致发展的愿望、动力和积极性不足。其次，用于支持产业扶贫的小额贴息贷款的发展还不尽如人意。从 J 地级市的情况看，只有个别县市开展了针对贫困户的贴息贷款，其他县市尚未开展该项业务或者只是针对个别示范点的个别农户象征性地发放了几笔贴息贷款。一些地方开展的农业小额贷款，并非专项扶贫贷款，而是人力资源和社会保障部为中小企业提供的低利率的小额贷款。即使开展了小额贴息贷款的县市，也存在申请贷款时需要多方担保、手续繁杂、门槛较高且贷款额度小（一般为 2 万元左右）等问题，影响农民贷款的积极性，农民办理小额贷款的比例极低。调查发现，只有 10.5% 的农户办理过小额贷款（如图 5-8

135

所示）。最后，农业龙头企业和农民专业合作社的发展质量不高，带动作用不强。通过安排产业扶贫专项资金，扶持龙头企业发展以带动贫困户致富是产业扶贫的惯常方式。但多数龙头企业，由于农产品加工水平和转化能力不够，产业经营、利益联结机制还存在差距，参与项目建设的农户与龙头企业关系松散，未形成规范、完善的"公司+基地+农户""贸工农一体化、产加销一条龙"的产业化经营体系，贫困户受益率低。而目前注册成立的专业合作社大多规模较小，运作不够规范，农户尤其是贫困户入户比例极低。根据调查，只有8.2%的贫困户参加了农民专业合作社（如图5-9所示）。合作社带动社员和贫困户的增收能力不强。据对某县的调研了解，农民专业合作社真正发挥作用的，有盈余返还、示范带动效果的不到30家，占合作社总数的12%；为合作社提供了部分信息服务、技术指导或收购销售服务的有80家，占合作社总数的33%；其余55%的农民专业合作社就是办个营业执照，根本没有运行。

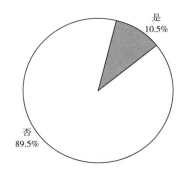

图5-8 是否办理过小额扶贫贷款

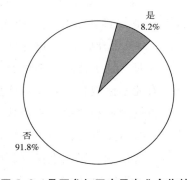

图5-9 是否参加了农民专业合作社

此外，目前的产业扶贫重生产环节帮扶，销售环节的帮扶工作还不到位，这也影响了贫困农民参与产业化项目的积极性。市场是产业发展的风向标。地方政府在推动产业化项目发展时，要防止主导过多，要看到市场的风险和尊重农户的意愿、诉求。贫困农户发展产业的过程中虽然面临资金、技术的难题，但最大的顾虑是销售、市场问题。市场千变万化，贫困农户难以把握，迫切需要得到扶持和帮助。

3. 在智力扶贫方面，政府主导过多，形式不够灵活，对农民缺乏吸引力

目前政府举办的针对农民的职业技能培训，有三种形式，一是扶贫办开展的"雨露计划"，二是农业部门的"阳光工程"培训，三是人力资源和社会保障部的新型技术培训（原"新蓝领"培训）。其中，"阳光工程"培训和新型技术培训的培训规模较大，经费也更充足。"雨露计划"目前在全省每年培训约 1 万人，只占总的培训人口的 1/5。培训形式包括学历教育（职业中专、大专学校）、实用技术培训、技能培训（即考证，如电工资格证、厨师资格证、驾驶证等）。从调查情况来看，目前贫困户参与职业技能培训的积极性总体不高。在所调查的 300 多位贫困户中，只有 13% 的贫困户参加过职业技能培训，87% 的贫困户未参加过任何形式的职业技能培训。在与贫困户的访谈中，有一些贫困户也反映，他们在种养业等产业发展中遇到的问题得不到及时解决，科技服务无法满足他们的需求。

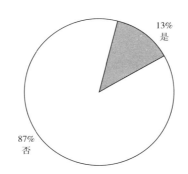

图 5-10　是否参加过职业技能培训

从人力资源和社会保障部、农业部门到扶贫办，有多渠道的职业技能培训项目，但贫困户的参与率却很低，值得深刻反思。现有的培训多由政府主导，培训形式较为单一，培训内容往往与农户的需求和市场的需要脱节，因此，对农民缺乏吸引力，容易沦为形式主义和走过场。

4. 保障式扶贫资源不足，基层的变通政策减弱其保障能力

目前对贫困户的扶贫实际存在两套体系，一是扶贫办主导的开发式扶贫，二是民政部门主导的保障式或救济式扶贫。开发式扶贫，根据扶贫部门有关干部的描述，主要针对有劳动能力者，但因学、因病、因灾致贫，因资金不足缺少致富机会，这些人自身有能力，可以扶其一把。保障式扶贫依托的主要政策是农村最低生活保障制度（即"低保"），主要针对因病残、年老体弱、丧失劳动能力以及生存条件恶劣等原因而生活常年困难的农村居民。农村"低保"制度已实施了十多年时间，目前该制度已形成一套较成熟、健全的操作流程，包括严格的民主评议和公开制度，程序总体较透明、公开。从我们的调研情况看，群众对"低保"制度的认知度和认可度较高。但从调查反映的情况看，农村"低保"制度仍然存在一些弊端或问题，有待进一步完善。一方面，"人情保""关系保"等老问题还一定程度地存在；另一方面的问题则常被忽略，即基层在执行政策时的各种变通政策，如，两户或多户合吃低保（导致有些低保户每月只拿到 50 元，而不是 240 元的国家标准），或"低保"享受以人为单位而不是以户为单位，设立单独账户，导致对家庭的保障能力大大减弱。比如，某一家庭中有父母和女儿三人，女儿因患精神疾病而获得"低保"资格，但该女孩却被单独建立了一个账户，家庭成员未能享受到"低保"待遇，导致其年老多病的父母在看病时未能享受到只有"低保户"才能享受的医疗救助待遇，"低保"对该家庭的保障意义大大降低。进一步的调研发现，基层干部的这种变通实属无奈，甚至看似有一定的合理性。某村干部告诉我们，上面只给该村 8 个"低保户"指标，但该村符合条件且情况差不多的家庭有近 20 户，如果只让其中 8 个家庭享受，反而有损公平，甚至制造矛盾，因此，"合吃低保"的操作是迫不得已。由是观之，基层的变通政策，根源还在于"低保"等保障式扶贫资源不足，僧多粥少，兜不住底，无法对困难群众做到应保尽保。

5.3.4 若干反思

精准扶贫是新时期我国扶贫战略的核心方略。我们看到，近几年来，全国上下对精准扶贫高度重视，扶贫工作也取得了显著的成就，贫困人口显著减少。以江西为例，经过几年的努力，到 2015 年末，江西农村贫困人口进一步减少到 200 万人，贫困发生率由 9.2% 降至 5.7% 左右，贫困村 2900 个。但要充分认识到我国扶贫攻坚面临着十分艰巨的任务。习近平总书记在 2017 年 2 月召开的中央政治局会议上指出，要充分认识打赢扶贫攻坚战的艰巨性。越往后脱贫难度越大，因为剩下的大都是条件较差、基础较弱、贫困程度较深的地区和群众，要把深度贫困地区作为区域攻坚重点。从我们对精准扶贫的调研情况来看，也存在诸多问题，如何做好脱贫工作仍任重而道远。现结合调研反映的精准扶贫的现状、问题，从社会工作的视角，提出以下反思和政策思考。

1. 关于精准识别

如何精准识别贫困户对扶贫至关重要，但从调查的情况来看，这一环节仍然是问题众多。在与政府官员座谈时，我们了解到，江西省各贫困县于 2014 年底已初步完成贫困户的建档立卡工作，根据课题组的调研，这一轮贫困户的识别和建档立卡工作中仍存在不少问题。前面的分析已揭示，贫困户内部收入差异较大，部分已确立为贫困户的家庭人均年收入并不符合贫困户的要求，调查中也发现，一些确实困难的家庭却并未入选贫困户。对此，官方（国家扶贫办）给出的办法是加大宣传、公示、公告力度和规范流程，要求把建档立卡工作的目的和要求、识别标准、识别程序等相关政策宣传到每个农户和每个行政村，确保群众的知情权和参与权，规范操作程序；识别工作要严格按照工作流程进行，贫困户识别要做到"两公示一公告"，贫困村识别要做到"一公示一公告"，要有相关记录和档案资料，全程公开，以杜绝暗箱操作；同时，强调要完善监督和检查制度，及时发现和整改问题。[①] 但这些措施并未根本解决贫困户识别的难题。因为，这些措施实施的前提依然是农户自愿申请和各村民主评议制度，并在此基础上形成初选名单。而评议终究是一种主观的方法，且难以避免熟人社会的关系、人情问题。纵观国际范围内，对贫困人口的评定标准主要是家庭收入状况。但家庭收入评估是一个很专业的领域，且目前农村人口流动性大，外出人员多，对教育程度不高的村干部来说，收入评估确实是一个难题。要根本地改进识别工作，有赖于专业社会工作队伍的建设和专业机构的介入。

---

① 国务院扶贫办印发的《扶贫开发建档立卡工作方案》，2014。

2. 关于政府主导的驻村扶贫和产业扶贫的局限

中国的农村反贫困行动包括当前正进行得如火如荼的农村精准扶贫，更多地依靠政府主导下的经济政策行动和干部包点、驻村扶贫机制，社会工作者等专业力量参与不足。尽管当前的农村扶贫开发取得了重大进展，然而，这种过于依赖行政力量和经济政策扶贫的机制已暴露出诸多问题和不足。一方面，驻村帮扶制度存在诸多实践困境，中国社会科学院王晓毅指出，大多数驻村干部和工作队仍游离于乡村社会之外，实际扶贫效果不佳，主要原因包括派出干部普遍年轻、缺乏扶贫工作经验和方法，也因此缺乏权威、认同和带动能力①，甚至受到乡村干部排斥②；驻村干部的双重身份，导致其时间、精力有限，难以做到扎根农村，而往往追求粗放的短平快方式，导致工作流于形式，效益低下③；同时，招商引资、维稳压力也消耗了基层扶贫干部的大量精力；等等。另一方面，政府主导的产业扶贫效果也不佳，投入的产业化扶贫资金扶贫绩效低下。这表现在，或是追求具有规模效应的区域性项目，忽略农民的差异性需求，农民积极性不高，真正成功的产业扶贫项目少，且导致精英俘获或扶贫资金配置内卷化，贫困户未真正受益④；或是扶贫资金配置"一刀切"，未根据致贫原因计算扶贫成本，做到资金配置差异化、因户施策⑤，从而也就无法真正落实精准扶贫。

3. 关于社会扶贫

目前，实际主导扶贫工作的部门有两个，一是扶贫和移民办，主导开发式扶贫，二是民政部门，主导保障式扶贫，其他部门虽也有参与，但参与不多。社会力量、专业社会组织如社工机构的参与严重不足，社会扶贫的作用未真正发挥。改进的方向有以下几个方面。

---

① 王晓毅：《精准扶贫与驻村帮扶》，《国家行政学院学报》2016年第3期。
② 许汉泽、李小云：《精准扶贫背景下驻村机制的实践困境及其后果》，《江西财经大学学报》2017年第3期。
③ 王文龙：《中国包村运动的异化与扶贫体制机制转型》，《江西财经大学学报》2015年第2期。
④ 陈成文、吴军民：《从内卷化困境看精准扶贫资源配置的政策调整》，《甘肃社会科学》2017年第2期。
⑤ 葛志军、邢成举：《精准扶贫：内涵、实践困境及其原因阐释——基于宁夏银川两个村庄的调查》，《贵州社会科学》2015年第5期。

一是扶贫办、民政部门、农业部门以及人力资源和社会保障部等部门在扶贫工作上有交叉，要加强统筹、协调与衔接。尤其是民政部门的社会救助工作或农村低保制度与扶贫办的扶贫开发工作需要衔接。从发展趋势看，未来随着贫困县的全部退出，社会救助工作与扶贫开发工作将会得到进一步整合。当前，在贫困户与低保对象的认定、扶贫资源的分配和信息的共享方面，两部门要加强协作，统一评价标准和框架，以协调流程，避免标准冲突和重复工作，促进公平，提高效率，方便群众。要强化行业扶贫的统筹协调和责任落实，由扶贫工作领导小组统筹安排各部门特惠政策和资源，分解任务，分工合作，倒排工期，定期报告，年终考核。

二是要重视发挥社工机构等专业化社会组织、志愿者、企业、媒体等社会力量在扶贫攻坚工作中的作用。未来，随着政府职能的转变，社会组织、企业将在贫困人群的社会救助和帮扶中扮演非常重要、无可替代的角色，这也是国际社会的大趋势。要发挥社会组织整合、链接社会资源的功能，促进对贫困人群的志愿者帮扶和社会捐赠。健全社会工作机构等专业社会服务组织介入扶贫的机制，发挥专业社会工作的作用，在贫困户生计调查，农民专业合作社的培育、能力建设项目，特殊困难户的个案帮扶，移民搬迁人群的社区重建、生计与就业援助、情绪辅导与心理调适等重点、难点领域提供专业化服务。

三是要完善扶贫捐赠减税免税等政策，激发企业社会责任意识，鼓励企业在贫困地区资助和参与各种公益项目，引导企业健全利益联结机制，完善公司"公司+基地+农户"模式，真正带动贫困户致富。

四是要与媒体合作，加强对贫困人群公益项目的策划与宣传，发挥移动社交媒体等新媒体的功能，制作微电影、微公益视频，加强社会公众对扶贫的关注和参与。

5.4 专业社会工作在农村反贫困中的介入视角与实践空间

目前，全国各地都在紧锣密鼓地开展精准扶贫和脱贫攻坚工作。社会工作实务界和学界也在关注和思考社会工作在农村反贫困中的作用及其介入视角。中山大学张和清教授的研究把能力建设、资产建设理论视为其在云南平寨和广东从化等地实践农村社会工作的理论视角。[①] 笔者认为，优势视角是任何社会工作实务赖以运用的一般理论视角，不反映某一领域的特定视角；而能力建设或资产建设，尚属于更具体层面的视角，概括性不够，且偏向理论层面，实务内涵不足。就反贫困社会工作而言，所谓介入视角，实是一种体现理论与实务双重内涵的范式，既应该体现理论的抽象性和概括性，还应该体现实务的方向和策略。

5.4.1 专业社会工作介入反贫困的三大视角

通过梳理国内外的研究，我们发现，从罗斯福新政时期开始，为应对经济萧条对农业和农村家庭造成的影响，农村社会工作者开展了大量针对儿童福利、社会救济服务和农业支持运动（Back-to-the-Farm），运用专业知识和方法帮助农村家庭改善生活状况，恢复农业发展[②]，体现了扶贫的专业化[③]，也启示了我们今天讨论社会工作介入扶贫开发问题时可参考的视角。而近几十年来，孟加拉国尤努斯的乡村银行（又称格莱珉银行）的成功尝试，以及美国资产为本的反贫困社会工作开展和我国台湾地区社会工作者倡导的小额信贷扶贫项目的实施也启示了社会工作介入扶贫开发的新视角。[④] 通过对文献的分析、综合与比较，我们认为，从更具概括性的角度，反贫困的社会工作可以概括为以下三大视角：一是社会救助角度的贫困救助社会工作；二是发展性社会工作；三是由资产建设理论延伸而来的金融社会工作。社会救助角度的贫困人群社会工作服务与发展性社会工作、金融社会工作的区别是，前者的目标主要是助贫，或者更确切地说，是帮助贫困家庭维持或改善生活处境，而后两者的目标则是脱贫，即要帮助贫困家庭脱贫致富或自立发展。而发展性社会工作与金融社会工作既有联系又有区别，金融社会工作系由发展社会工作延伸而来，但它在方法上更强调金融资产的积累。

---

① 张和清、杨锡聪：《社区为本的整合社会工作实践：理论、实务与绿耕经验》，社会科学文献出版社，2016。

② E. Martinez-Brawiley. 1980. *Pioneer Efforts in Rural Social Welfare: Firsthand Views since 1908.* The Pennsylvania State University Press.

③ Gary R. Lowe, P. Nelson Reid. 1999. *The Professionalization of Poverty: Social Work and the Poor in the Twentieth Century.* New York: Aldine De Gruyter.

④ 高鉴国、展敏：《资产建设与社会发展》，社会科学文献出版社，2005。

1. 贫困救助社会工作

贫困救助社会工作是基于社会救助角度的社会工作服务，也是对贫困人群的基本社会工作服务。贫困救助社会工作在社会工作的发展史上由来已久。1877 年成立的美国第一个慈善组织协会（Charity Organization Society，简称 COS），即是以穷人为主要服务对象的社会服务组织。相比同时期或稍后发展起来的其他社会服务，如睦邻运动（Settlement House Movement），COS 有更大的抱负。COS 的工作人员不但帮助贫穷者，他们还以同理心去理解贫穷者，并运用专业的方法对贫穷及其带来的家庭混乱或解体的状况进行经济、社会、心理层面的干预或治愈[1]，但社会工作开始大规模地介入到贫困人群的救助服务，还是在 20 世纪二三十年代的大萧条和罗斯福新政时期（Great Depression and New Deal）。面对庞大的失业人群和贫困者，1934 年，社会保障法颁布，大量的经济资助、公共健康、儿童福利计划由公共部门推出，社会福利系统于是迅速扩张，一大批社会工作者也开始受雇于大量出现的公立机构。[2] 彼时，针对贫困人群的救助服务，包括经济的救助、家庭功能的改善、心理调适和精神健康服务、儿童福利服务、就业辅导等，也代表了针对贫困人群的基本的社会工作服务。就国内针对农村贫困人群的社会工作实务而言，针对贫困"三留人员"的社会工作服务，贫困家庭的经济、教育、医疗救助服务、心理健康服务等都属于针对贫困人群的救助社会工作服务的范畴。

2. 发展性社会工作

关于发展性社会工作，其源自詹姆斯·梅志里（James Midgley）的发展型社会政策思想。[3] 詹姆斯·梅志里提到，发展性社会工作（development social work）受到社会发展领域的广泛跨学科领域的影响，发展性社会工作已被视为社会工作的社会发展路径，如同一般的社会工作，被用于临床社会工作、社区组织和政策立法等各方面。发展性社会工作的关键特质是：强调

---

① Gary R. Lowe, P. Nelson Reid. 1999. *The Professionalization of Poverty: Social Work and the Poor in the Twentieth Century.* New York: Aldine De Gruyter. 11.

② Gary R. Lowe, P. Nelson Reid. 1999. *The Professionalization of Poverty: Social Work and the Poor in the Twentieth Century.* New York: Aldine De Gruyter. 52.

③ 安东尼·哈尔、詹姆斯·梅志里：《发展型社会政策》，罗敏等译，社会科学文献出版社，2006。

社会投资的策略，该论点来自吉登斯的"第三条道路"理论；强调受助者的力量和赋权的重要性，就贫困而言，赋权极为重要，阿玛蒂亚·森说，贫困实是权力的贫困，是贫困人口创造收入的可行能力受到剥夺[1]；为此，要对其服务对象提供实质的社会投资，以提高受助对象的能力，即能力建设；应用方法职业训练、就业安置、儿童照顾、成人识字、微型企业等；注重以社区为本的实务干预；以自我发展能力和自我赋能为导向，寻求更广泛社会目标的达成[2]，以社区为本的赋能或增权，不仅是能力发展，更重要的是组织增权，以培育社区自助组织或合作组织为核心。国内学者张和清等人在云南平寨的实践以及他领导的广东绿耕社会工作服务中心在广东从化等地开展的以"城乡合作贸易"为特色的农村社会工作实践、陈涛教授等在四川绵竹开展的"生计社会工作"实务，以及江西省万载县社会工作协会社工在马步乡罗山新村开展的"致富驿站"项目大体可归入发展性社会工作的范畴。稍有不同的是，国外的发展性社会工作更多的是个案层面的介入，而国内的倡导者更倾向于社区层面的介入，致力于社区经济整体性的改变，促进社区营造和社区发展。

3. 金融社会工作

金融社会工作（financial social work），来自美国圣路易斯·华盛顿大学的迈克尔·谢若登（Michael Sherraden）的资产建设理论。在此之前，尤努斯建立乡村银行的努力，给了谢若登教授一些灵感。资产建设理论认为，以收入为基础的福利救助政策尽管体现了人性与公正，但并没有从根本上减少贫困（虽然可以缓解困难），没有缩小阶层或种族的差别，没有刺激经济的增长[3]，为此，应该更多地关注穷人（the poor）的储蓄、投资和未来资产的积累。因为，资产能够产生收入所不能提供的积极福利效应：促进家庭稳定；创造积极的未来取向；促进人力资本和其他资产的发展；提供承担风险的基础；增进后代的福利。进而，资产建设理论提出了以资产为基础的福利政策的应用方案：除了要提高对未成年儿童的家庭补助、食品券和教育、住

---

① 阿玛蒂亚·森：《贫困与饥荒》，王文玉译，商务印书馆，2001。
② Amy Conley：《从国际视野看社会工作与社会发展：发展性社会工作策略》，载黄琢嵩、郑丽珍主编《发展性社会工作：理论与实务的激荡》，松慧出版社，2016，第27~37页。
③ 迈克尔·谢若登：《资产与穷人：一项新的美国福利政策》，高鉴国译，商务印书馆，2005，第4页。

房等其他特定福利项目的资产限度，还应当建立一个支持资产积累的激励系统——个人发展账户①，使穷人开始真正积累一些财富，并激励未来发展。美国学者蒂莫西·M. 马奥尼也进一步探讨了以资产建设为本的扶贫策略。②

　　由资产建设理论延伸而来的金融社会工作的含义。根据首先提出这一概念的 Reeda Wolfsohn 的阐述，其希望通过持续并长期改变财务管理行为的做法，使贫穷问题逐渐减少。具体来说，美国人普遍视追求金融福祉、积累金融资产是个人的责任，但研究者发现许多美国人难以达到此种程度，由于社会工作者长期与低收入户和弱势族群相处，因此社会工作者可以透过教育和训练去协助民众调整他们的行为，或是充权案主的能力，让他们有长期性的金融行为改变，如此，社工能够有效帮助人们掌控他们的金钱和生活，而成为优秀的专业工作者。③ 在美国开展的金融社会工作实务较多。比如，在2008 年国际金融危机时期，美国的一些金融社会工作的学者和社工、银行合作对芝加哥的穷人开展储蓄和理财等方面的培训服务。中国的台湾地区也有一些实践。比如，台湾辅仁大学成立了一个金融社会工作教育中心，据中心负责人郭登聪（2015）教授的介绍，他们开展的具体实务活动包括：金融资产管理或理财方面的知识培训或咨询，协助家长建立家庭生活发展账户或制定家长生涯发展规划，提供短期免费创业课程或顾问咨询、创业小微贷款支持，协助提升产品或服务的品质、包装和营销等。④ 就大陆社工实务界和学术界而言，金融社会工作实务的探索几乎还是一个空白，虽然一些实务者的探索声称以资产建设为本，但并未真正涉及金融社会工作的核心内容，包括理财、信贷、个人发展账户等的尝试，是一个有待开拓的新领域。

5.4.2　专业社会工作在农村反贫困中的实践空间

　　明确了专业社会工作介入农村反贫困的视角，解决了农村反贫困中专业社会工作何以可为的问题，还要进一步思考实践层面何以作为以及如何作为

---

①　迈克尔·谢若登：《资产与穷人：一项新的美国福利政策》，高鉴国译，商务印书馆，2005，第 13 页。

②　高鉴国、展敏：《资产建设与社会发展》，社会科学文献出版社，2005。

③　Wolfsohn, R. Financial Social Work：Basics and Best Practice. http：//www. financialsocialwork. com/tools/financial-social-work-ebook#. UI66hELJDzI.

④　郭登聪：《金融社会工作运用在发展性社会工作的可行性探讨》，"发展社会工作在台湾：理论与实务推动的省思与展望研讨会"，台湾辅仁大学，2015。

问题，即介入的具体领域以及实务操作路径，也即专业社会工作在农村反贫困中的实践空间。基于当前我国农村贫困人口及精准扶贫的现状，从贫困救助社会工作的视角，一是要发挥资源整合者角色，为低保人群和支出型贫困家庭链接更多的经济救助资源；二是要满足农村"三留人员"等困境人群的关爱需求。基于发展性社会工作视角，一是运用社区组织方法，培育农民合作组织，以增能和赋权贫困群体；二是发挥优势视角，实施个别化、差异化、多元化的生计项目扶持；三是介入社区发展，引领移民重建生产生活空间。基于金融社会工作视角，可与金融部门合作提供小额信贷扶贫及相关理财服务，切实解决有发展能力的贫困户的资金需求问题。

1. 贫困人群的经济救助

笔者的团队从 2015 年起一直在对 J 省 5 个贫困县市的农村扶贫状况进行动态跟踪调查。我们通过对 J 省 5 个贫困县市的调查发现，大量的贫困户是因病因残、因子女教育致贫，还有一些是因为突发性灾难等因素致贫。对这些家庭来说，最迫切的是获得经济方面的救济或救助，以缓解在医疗、康复、教育方面的重大支出，并维持家庭基本生活的稳定。为此，政府要加大对社会保障、社会救助的投入，以改善广大贫困户的整体经济状况。在这个方面，社会工作者不能代替政府的作用，但在使政府投入的资源更好地、更精准地服务贫困人群方面，社会工作者可以发挥独特的作用。一方面，社会工作者可以利用专业优势尽可能地为他们的案主或服务对象整合更多的经济救助资源。比如，争取慈善基金会的支持，或利用互联网众筹形式向社会爱心人士募集捐款，以满足贫困家庭的小孩、妇女或其他家庭成员在重大疾病治疗方面的经济需求，或者为面临辍学的家庭提供重要的经济支撑，帮他们渡过难关，同时也阻断因教育缺失导致的贫困的代际传递。另一方面，社会工作注重以评估为基础开展服务。[1] 而无论是精准扶贫还是精准脱贫，都需要精准识别和动态管理贫困户或低保户，比如，农村最低生活保障制度通过发放低保金的形式对部分特殊困难家庭给予了货币形式的社会救助，但也存在一些人情保、关系保问题，为此需要进行社会工作式的生计调查评估，从而更精准地帮助和服务贫困人群。

---

① 王思斌：《农村反贫困的制度—能力整合模式刍议——兼论社会工作的参与作用》，《江苏社会科学》2016 年第 3 期。

2. 贫困人群的关爱服务

贫困人群除了经济救助的需求，还有精神与情感、教育与安全、照料服务等方面的关爱需求。贫困人群中的"三留人员"尤其需要关爱服务。家庭主要成员外出务工的目的是要获得更多的收入，改善家庭的贫困状况，但由此带来的留守儿童、留守老人、留守妇女问题成为整个社会的一块心病。其中，留守儿童的安全问题、心理健康问题、教育问题和留守老人的照料问题尤其受社会关切。其实，美国早期的慈善组织协会所开展的贫困人群的社会工作服务也大体针对的是此类人群。即使在当代的美国农村，对贫困老年人等弱势群体的关爱服务也是美国农村社会工作的主题。[①] 就我国农村而言，这些问题产生的根源是家庭主要成员外出导致的家庭功能缺失或残缺，从而使子女或老人得不到应有的关爱和照料，从而陷入困境。就贫困留守儿童而言，社工可通过社区、小组、个案等方式，开展类似美国的"开端计划"（head start），依托学校、幼儿园或民政部目前正在倡导建立的社区儿童之家或少年之家，开展安全教育、学业辅导、心理辅导、亲子沟通、素质拓展等方面的服务，帮助他们矫正偏差行为，端正学业态度，提升心理素质，增强抗逆力和安全意识；同时，加强对家长监护行为的指导和监督，增强家庭联系，加强对留守儿童的监护和保护。就贫困留守老人而言，目前我国大部分农村尚没有条件发展日间照顾或建设充足的养老设施机构，社工可以引导社区发展邻里互助组或结对式服务，发展社区志愿者队伍，或培育社区老年协会，促进对鳏寡孤独和留守空巢老人的生活状况的关注和关爱，丰富留守老年人的精神生活。

3. 农民合作组织的培育

农民合作组织的发展对农村扶贫开发至关重要。如马克思所言，农民像一袋袋的马铃薯[②]，较为分散，呈原子化状态。这种缺乏组织的状态，不利于外部的经济资源向农村的输入，因为缺乏对接平台。扶贫开发工作也是如此。比如，金融部门开展的小额贷款项目，有时在农村难以落地，因为贫困户本身缺乏抵押物等信用条件，银行难以直接向贫困户放款，因此需要依托

---

① R. Turner Goins & John A. Krout. 2006. *Service Delivery to Rural Older Adults*：*Research*，*Policy and Practice*. New York：Springer Publishing Company.

② 《马克思恩格斯文集》（第 2 卷），人民出版社，2009，第 566 页。

农民专业合作社等农民合作组织平台开展放贷。再如，产业扶贫项目要发展起来，也需要建立农民专业合作社，以保护农民在市场谈判中的能力，同时也便于开展实用技能培训等科技服务工作。而目前农民专业合作社大多规模较小，运作不够规范，农户尤其是贫困户入户比例极低，根据笔者研究团队对 J 省 5 个贫困县市的调查，只有 8.2% 的贫困户参加了农民专业合作社。同时，已建立的合作社很多时候仅是一个摆设，未真正运转起来。社会工作者可以在农民合作组织的建设和培育方面，发挥重要作用。组织增权或赋权，是发展性社会工作的一个重要视角和工作方法。社会工作者可以通过个案工作、小组工作、社区工作等多种方法动员贫困户加入农民专业合作社，并发挥一个指导者的角色，挖掘积极分子，培育组织领袖，帮助农民专业合作社实现自我管理、自我发展。比如，江西省万载县白水乡永新村的妇女互助储金会，于 1994 年由香港社工帮助设立，主业是百合种植。2007 年由本省高校社工师生激活和重建，目前其负责人已成为一个本土化社工，该合作社已自我管理、持续运行十多年。社工还可以根据农民的需求，进一步拓展农民合作组织的功能，以满足农民在经济、社会、精神文化等多层面的需求，比如，永新村在妇女互助储金会的基础上成立了腰鼓队、秧歌队等。

4. 生计项目扶持

生计项目扶持是基于发展性社会工作的视角。目前政府扶贫开发工作部门推动的产业扶贫绩效不佳，扶贫项目不接地气，贫困户的参与水平较低，受益于产业扶贫项目的贫困户比例不高，产业扶贫的带动能力较弱。根据我们对 5 个县市的调查，只有较少部分（10.4%）的贫困户发展了果业、畜牧养殖业等主要的农业产业化项目。导致这种状况出现的原因是多方面的，其中的一个主要原因是，政府普遍干预过多、不尊重农民的主体性和市场规律，产业项目的选择不接地气，风险高，且追求规模效应，不尊重个体对生计差异性的需求，因此农民积极性不高。笔者认为，与区域化、"一刀切"的产业扶贫项目相比，个别化、差异化、多元化的生计项目扶持更受贫困户欢迎。而相比政府的角色，注重个别化服务的社会工作者在生计项目扶贫中更能发挥作用。具体表现在以下几个方面。一是在生计项目的选择上，可发挥优势视角，发掘优势资产，因地、因人制宜，协助案主自我选择好发展项目。二是可跟进能力建设和人力资本提升以支撑案主生计项目的发展。社工本身不是专家，但可作为专家资源的整合者，加强与农业、科技部门的互动，建立专家志愿者信息库，加强个案的辅导和具体问题的跟进指导，为贫困户提供专业服务。三是可发挥链接与整合资源的优势，加强市场和网络服务，链接社会资本，促进城乡合作，着力发展协同共享经济。① 将协同共享经济运用于扶贫开发，将有利于促进扶贫产业效益的最大化。比如，中山大学张和清教授在农村社会工作点开展的"城乡合作贸易"，为农村社区的农产品销往城市家庭架起桥梁；还有些地方，帮助发展社区农业，建立农超对接。在移动互联网时代，社工还可以发展电商扶贫，帮助贫困户开设淘宝店、微店，在网上直销农产品。四是可以适当引导发展社会企业。社会企业是社会创新的一个新战略。② 在美国，著名的旧货超市 Good Will 很好地解决了二手货的市场开发与低收入人群的就业和商品需求问题。社工可向政府倡导建立有稳定服务需求的社会企业或半社会企业，如家政服务中心、社区服务中心、快递业、超市等，优先解决贫困户的非农就业问题。

5. 与金融部门合作开展小额信贷扶贫

当前的扶贫开发工作中，信贷扶贫也是一个重要内容。扶贫资金的来源包括政府的财政扶贫资金以及依靠该资金撬动的银行小额贷款。但目前针对贫困户的小额信贷开展得很少，效果很不理想。根据我们对 J 省 5 县市的调查，只有 10.5% 的贫困户办理过小额贷款。原因是多方面的，比如专项扶贫信贷资金不足、政府无贴息等，但更重要的原因是，银行与贫困户之间缺乏沟通、信任和衔接，导致银行放贷意愿不足。从信用条件来说，贫困户信用不足，即使有贴息，银行也会担心贫困户缺乏理财能力，从而导致资金滥用或管理不善，进而没有还款能力。因此，金融社会工作的介入很有必要。社会工作者在其中可发挥资源链接者和指导者的功能，扮演银行与贫困户之间的连接人的角色。其一，社工可以通过拓展更多的政府财政性资金和整合基金会等社会资金，撬动更多的银行贷款，以服务更多的贫困群体。其二，社工扎根社区，比较了解贫困户的需求及其能力、品质，从而能有针对性地为有需求、有能力的贫困户争取银行贷款。其三，社工能够借助金融社会工作的方法协助贷款贫困户管理好信贷资金，如指导贫困户建立个人发展账

---

① 杰里米·里夫金：《零边际成本社会：一个物联网、合作共赢的新经济时代》，中信出版社，2014，第 136 页。

② Steven G. Anderson. 2014. *New Strategies for Social Innovation：Market based Approaches for Assisting the Poor*. New York：Columbia University Press.

户，提供理财知识辅导，协助贫困户做好产业项目的选择及产品的包装和营销等。其四，社工还可以运用互联网时代的微金融方式来众筹社会资本，直接为农村扶贫对象筹集低利息的贷款。尤奴斯的"乡村银行"的运作经验值得借鉴，但在互联网时代应该更新运作方法和手段，比如P2P在线金融平台和网络众筹资本，这些方式直接对个人和项目放贷，不需要中间人，降低了借贷成本。在农村扶贫领域应用此方式，可帮助贫困户获得低成本的金融资金。

6. 贫困户移民搬迁社会工作

在扶贫开发工作中，对生存条件恶劣、不宜居住地区的贫困群众，政府鼓励采取就近搬迁安置、跨区域安置、县域内统一协调安置、依托工业园区安置和转移就业等模式，从根本上解决贫困群众的生存和发展问题。尤其是在地处偏远的山区，地质灾害较多，基础设施和居住条件较差，居住空间又较为分散，资源匮乏带来潜在的居住安全问题。对这些地区的贫困户来说，移民搬迁是个合理的选择。但移民搬迁是个艰难的过程。故土难移，搬迁过程中，随着生活环境的变化，社会关系的陌生化，再加上可能伴随的再就业问题，搬迁户必然产生诸多的不适应和不满情绪，尤其是对一些中老年农民来说，更是如此。而当众多的贫困户因搬迁而集合在同一个地方时，这种情绪的效应将进一步放大，甚至转化为对社会的压力。解决之道是加强新社区的建设或社区的重建，建设或营造一个对搬迁户来说有认同感、归属感的新社区。而社区工作或社区发展是发展性社会工作的重要内容。为此，开展移民搬迁社会工作很有必要。移民搬迁社会工作的主要内容有移民心理的疏导、社会适应与融合、干群关系的协调，社区重建包括社会资本重建、就业援助等，帮助贫困户尽快适应新生活、融入新社区。比如，江西省万载县社会工作协会的社工在白水乡老山村大皇山移民搬迁过程中的介入就是一个很好的案例。在该地，万载社工以助人者和资源整合者的角色介入此事，组织了移民自助组织——移民搬迁理事会，协调移民内部矛盾，形成统一意见，与政府沟通，向政府反映移民诉求，传达政策信息，配合政府顺利实现了移民搬迁，并引领移民重建生产生活秩序。这个案例充分体现了社会工作介入贫困户移民搬迁的意义。

5.5　万载县永新村妇女互助储金会案例分析

5.5.1　万载县减贫状况

万载县地处赣中西北边陲，与湖南省的浏阳市相邻。全县辖 16 个乡镇、1 个街道。近年来，万载县的减贫工作也取得了一定的成绩。根据江西省统计局发布的数据，2008 年，全县总人口 50 万人，农民纯收入 4098 元，有 5 个贫困乡镇，贫困人口为 14457 人，贫困化率为 2.9%。到 2010 年，万载县农村贫困人口降至 4663 人，总人口为 50.6 万人，贫困化率为 0.9%，下降了 2 个百分点。2011 年，随着国家扶贫标准的提高，万载县贫困人口增加到 51554 人[①]，全县总人口为 52.6 万人，贫困化率增加到 9.8%。

经过近几年的发展，2014 年，万载县贫困人口减少到 38486 人，全县总人口为 55.8 万人，贫困化率降至 6.9%，有 12 个省定贫困村和 3 个市定贫困村。从贫困化率的状况看，2014 年，江西省贫困人口为 276 万人，贫困化率为 6.1%，万载县的贫困化率为 6.9%，略高于江西省的平均水平。该年，万载县农村居民人均可支配收入为 8395 元，也低于全省平均水平的 10117 元。因此，从经济发展状况看，万载县处于全省中等偏下的位置。

5.5.2　白水乡永新村基本概况

白水乡地处万载县西北边陲，距县城 51 公里，东邻赤兴乡，西邻黄茅镇，南接潭埠镇，北与湖南省浏阳市小河乡、张坊镇接壤，全乡总面积 64 平方公里，辖 7 个行政村，1 个居委会，122 个村民小组，全乡总人口 10872 人。白水素有"百合之乡"的美称，是全国四大百合基地之一，民间已有 500 多年的种植历史，万载县种植的百合个大心实，色泽如玉，肉片似龙牙，故称之为"龙牙百合"。龙牙百合，既是万载白水的特产，亦是江西名贵特产，它既有丰富的营养价值，又有较高的药用价值，在明朝、清朝是万载进献给朝廷的贡品。

---

① 《江西统计年鉴》（2008、2010、2011），http：//www.jxstj.gov.cn/Column.shtml？p5 = 423。

2010 年，全乡总人口 10332 人，共 2845 户，其中农业人口 9212 人，非农业人口 1120 人，下设 7 个行政村，1 个居委会，共 122 个村民小组。全乡总面积为 59.28 平方公里，有耕地 10080 亩，其中水田 9030 亩，旱地 1050 亩，林地 60015 亩。2009 年，全乡完成财政收入 576.5 万元，比 2008 年增加了 62.5 万元，同比增长 12.2%；2010 年，全乡财政收入突破 800 万元大关，实现总收入 894.4 万元。2010 年全乡实现工业总产值 21930 万元，农业总产值 3455 万元。

永新村是白水乡较大的一个行政村，距离镇政府所在地 1 公里左右，全村 2404 人，人均收入不高，据村支书介绍，"人均 2000 元左右"，主要的收入来源是农民外出务工收入、花炮厂经营收入（万载是花炮之乡）以及百合种植收入。永新村与众多的中西部乡村一样，有大量的留守老人、儿童、妇女群体。其中 60 岁以上的老年人有 380 人，他们的子女大多在外打工，老人在家独自生活，即所谓的"空巢老人"。

2007 年，万载成为全国社会工作人才队伍建设首批试点单位，其中，万载县白水乡永新村成为农村社会工作的试点项目之一。该村的妇女互助储金会项目是万载县农村社会工作的示范项目。

5.5.3　妇女互助储金会与反贫困社会工作

1. 妇女互助储金会及百合种植项目的创立与发展

1994 年 5 月，香港中国社会服务及发展研究中心（CSD）与江西省妇女联合会合作推动成立了全国第一个妇女互助储金会——"路下湾里妇女互助储金会"。该妇女互助储金会以种植百合起家，以实现妇女自食其力、集体发展为目标。据妇女互助储金会第一任主席 XGL 介绍，1993 年，香港中国社会服务及发展研究中心与江西省妇联商谈合作项目，希望推行妇女文化教育、经济互助发展等计划，开展"绿色扶贫"工作，鼓励培养妇女经济独立能力，增加在社会发展的机会。当时具有初中文化、刚从乡企办退休的 XGL 得知这一消息，深感这是一次难得的机遇，于是她找来村里的姐妹们商量，然后分头找省、地、县妇联组织出面帮忙，牵线搭桥，请求将这个项目在她们村建立起来，以此带动全乡妇女闯出一条脱贫致富的新路子。经过多方面的努力，她们终于如愿以偿。香港方面通过组团对白水乡的地理环境、主要特产以及经济状况等进行深入细致的实地考察与讨论，最后同意选择永新村和路下湾里 2 个村民小组试点。

在香港中国社会服务及发展研究中心和万载县妇联的帮助下，全村妇女进行了不记名投票，选出委员会，设主席、副主席、会计、出纳、保管 5 个职务，"路下湾里妇女互助储金会"正式成立。妇女互助储金会成立后，订立了规章制度。根据会章，凡 16 岁以上的女性，认同妇女互助储金会的宗旨——集体参与、互助互爱、独立自主，均可入会，会费每人每年 2 元。1994 年，妇女互助储金会共吸收会员 70 名。

妇女互助储金会成立后，立足本地的优势，发展了第一个经济互助发展项目，即百合种植和加工项目，由妇女互助储金会组织会员种植百合，并进行加工包装，再通过香港方面帮助销售。第一年，妇女互助储金会加工的 4 吨新鲜百合运到香港销售，赚回了 4 万元；第二年则获得销售利润共 5 万元。1999 年，妇女互助储金会不再收购会员种植的百合，而是由妇女互助储金会自己租借 10 多亩地，建立起百合种植基地，并且采用绿色耕作，完全不用农药、化肥。此外，妇女互助储金会还尝试着发展其他产业，购置了碾米机、粉碎机和打浆机，办起了一个小型的加工厂，每年也可获利数万元。妇女互助储金会将赚来的钱分为四部分：30% 分红给会员，20% 用作妇女教育经费，40% 用来发展集体互助项目，10% 扶助贫困户。1999 年，妇女互助储金会用 5 年来赚得的集体基金 6 万多元建起了一座 3 层楼房，建筑面积达 400 多平方米。她们在这里开设了儿童学前班、妇女文化教育班，建立了妇女互助储金会会务室兼图书室，以及大会议室等。经过十多年的发展，以种植百合起家的储金会，不仅有了固定资产，还建起了百合基地，开办了碾米加工厂和幼儿园等，成为妇女自食其力、集体发展的典范。该会每年还受邀参加国内与农村、农业、妇女相关的各类交流会、研讨会、工作坊等，在国内享有很高的知名度，并与香港、台湾地区多个组织、研究中心、团体保持紧密联系，双方进行贸易往来，将农产品推向国际市场。

2. 储金会的发展性困境及社工的介入

储金会自从 1994 年成立以来，在港方的监督、建议及协助下开展了许多公益事业，诸如购买机器、设立加工厂、开办学前班和扫盲班、制订早餐营养计划、开展妇女身体检查、设立文化教育娱乐中心和图书室、资助女大学生、平整道路、发放三八妇女节纪念品，这些活动在会员乃至村民的印象中都是储金会积极办好事的生动例子，公益活动的开展使储金会充分展现其活力。但十五年过后，到现在仍在运作的只有机器加工厂、学前班，其他的都从 2004 年委员会主席职位空缺后甚至更早时停止或处于瘫痪状态，原因有资金缺乏、委员会意见不统一、责任领导人缺位、会员猜忌等。各会员对储金会现行状态最不满意的是自 2004 年之后没有公示账目，且停止分红，甚至连三八妇女节纪念品都停止发放，对储金会的财政收入支出，以及她们劳动产生的成果——百合粉的销售情况一无所知。并且，2004 年以来由于储金会没有一个明确的负责人，公示活动停止，且其公益项目也逐渐落下帷幕。储金会的利润主要来自百合生产和学前班教育，但由于百合成本的提高及学前班较低廉的收费，储金会的年利润也在逐年下降，但事实上储金会的百合产品供不应求，这样储金会接下来就需要思考如何扩大百合生产或开展其他营利性项目。由于决策问题、分红问题、公示问题、活动拓展问题及人际关系问题所引起的会员的不满情绪，也削弱了储金会对会员的吸引力，储金会进入困难与危机时期。

鉴于以上存在的问题，万载民政局社工协会 ZJP 女士及相关高校的社工师生进驻永新村后，确定了永新村妇女互助储金会的社会工作总体方向与思路。据当时参与推进这一项目的高校教师 D 的描述，这一思路的核心是储金会的组织建设与功能拓展。对于一个农村民间组织来说，群众基础至关重要。农村组织更多依靠的是天然的维系，组织成员对组织的信任与肯定也是组织发展的最大动力。一旦组织的某些行为违背成员对组织的信任原则时，组织便会面临各种危机，具体表现为会员流失，领导人缺位，委员与组织凝聚力、认同感下降，功能萎缩，经济与社会效益下降等，亟须加强组织建设。组织建设的目标是通过社会工作理论的指导，从社会工作角度协助处理储金会面对的紧迫问题及协调储金会整体上长期存在的发展性危机，使储金会恢复为一个健康、活跃的妇女组织，摸索组织文化建设，分析市场需求及储金会发展的可能性，寻找储金会可持续发展的方向。

具体来说，社工的工作包括三个阶段四个环节。三个阶段分别是调研阶段、建立专业关系阶段和组织重整阶段。其中在调研阶段主要是了解、整合信息。建立专业关系阶段，主要是因地制宜成立百合生产小组，在参与生产劳动中与会员建立专业关系，并且了解会员的需求。项目社工参与"采挖→剥片→清洗→打浆→摇粉→过滤→刮粉→晒干→包装"这一系列百合生产过程，与组员建立了亲切、融洽的关系。重整阶段的小组工作则围绕

"组织重建与功能拓展"这一主题进行，分为以下四个重要环节：澄清→重整→巩固→功能拓展。

澄清环节，据项目方案上的介绍，不同于小组社会工作沟通中的澄清概念，这里的澄清是消除会员对委员会及储金会的疑虑，澄清一些不明确、未公开的事实。在重整、巩固阶段，主要是为储金会组织建设提供指导与服务。通过六次小组聊天，厘清了会员对储金会的意见和建议，促进了会员对各项方案理解和支持，解决了储金会积压的诸多令会员不满的问题。在此基础上，举行了会员大会，选举成立了新领导班子，增强组织的凝聚力、向心力与归属感。

功能拓展环节的目标是实现组织的可持续发展。通过拓展发展项目，增加收入，在此基础上，尽可能多地开展公益项目，实现"集体参与、互助互爱、独立自主"的宗旨。为此，社工召开了有委员、组长、会员代表参加的小组座谈会，集中商讨了储金会的可发展项目、会员希望发展的项目，并对这些项目进行条件和限制因素分析。会议讨论和提出了一些新颖的发展项目，比如，联系旅行社进行"百合花季农家游"项目开发、百合花地婚纱摄影、有机蔬菜种植、有机猪养殖、循环农业生产、开办矿泉水厂、继续办好学前班、购买新机器以提高碾米厂产能，发展公益项目等。这些项目的设想都很好，但在落实过程中，发现有诸多困难，从我们最近的调查反馈的信息来看，由于资金困难等问题，大部分当时设想的发展项目不了了之，但一些传统的项目得到了保持与发展，如百合种植、碾米厂和学前班的开办等。[①]

从我们最近的回访和跟踪调查的情况看，白水乡永新村的农村社会工作项目是万载所有社会工作试点项目中最具有持续性的一个。从 2007 年社工开始介入至今，妇女互助储金会的基本项目，包括百合种植、碾米厂、学前班，一直在正常运转，而未因社工师生的撤出而有所中断，并且发展了新的项目——腰鼓队。妇女互助储金会的主要项目是百合种植，因为有港方支持，亏损由港方补贴，收益归自己，保赚不亏，最近几年每年可获利 3 万元以上，最多的一年获利 10 万元，40~50 名参加生产劳动的留守妇女还可获

---

① 相关资料来自笔者对当事人的调查、已存档的相关个案实务资料以及万载社会工作案例集的查阅（2011）。

得每天约 30 元的工钱，真正让村里的老百姓得到了实惠。近年来，储金会的人员规模有所扩大，由最初的 70 余人发展到现在的 120 多人，所有 16 岁以上的妇女均入会，并且储金会的制度也进一步健全。更可喜的是，储金会选出了新的委员会，年轻一代的 WHL 接替年长的 XGL 成为储金会的新主席，新老班子实现了顺利交接。储金会的功能也有所扩展，除了传统的经济合作功能外，精神文化功能也有所拓展。据介绍，现在每到晚饭后，村里的妇女们总爱聚集到储金会的大楼前一起跳舞唱歌，健身锻炼，就像城里的妇女一样，这在农村是非常难得的。随着储金会的发展，其与国内外的交流也越来越多，影响也日益扩大。储金会多位委员多次出国出境交流，如妇女主任 WHL 曾出访过我国的香港、台湾地区和印度、尼泊尔、菲律宾等国家，学习与考察农村、农业发展，以及妇女组织的运作情况。

3. 妇女互助储金会的延伸服务：腰鼓队

腰鼓队的组建是在万载县民政局社工 ZJP 以及原妇储会主席 XGL、妇女主任 WHL 的努力下组建起来的。ZJP 是教师出身，能歌善舞。而 XGL、WHL 等人也思想开放，善于吸收新鲜事物，对当今流行的广场舞特别感兴趣。在 ZJP 的倡议下，XGL、WHL 带动本村妇女尤其是老年女性开始在村里的祠堂前跳起了广场舞。与城里人一样，每到晚上 7 点以后，就有一批中老年妇女聚集在祠堂前跳起广场舞。随着会跳舞的妇女越来越多，周围村庄的村民对舞蹈的兴趣也越来越浓，腰鼓队也开始组建起来。一些家庭在办理喜事时，还邀请腰鼓队去助兴，并给予报酬或红包。腰鼓队越来越受欢迎，其在红白喜事时提供的有偿服务成为妇女互助储金会的一项创收来源。起初，腰鼓队按 20 元每人或 200 元每场次计价。这项服务为腰鼓队成员带来了一定的收入。据笔者 2016 年 5 月的回访，随着腰鼓队名气越来越大，方圆几十里范围内，有红白喜事者，一般都会请她们去表演。而且，随着物价的上涨，腰鼓队服务的价格也有所提高，由以前的每人 20 元提高到每人 50元。妇女主任情不自禁地表露，腰鼓队有偿服务收入是目前妇女互助储金会的一项重要收入来源，人均年收入达 2000 多元。这对农村贫困妇女及其家庭来说，是一项重要的收入补充。

4. 小结

无论是妇女互助储金会的百合种植项目还是腰鼓队的项目，社会工作者在其中的介入并不多。就妇女互助储金会而言，社工主要在组织面临危机时的重整（比如主持选举工作）、建设、规划以及对组织骨干的培训与指导方面做了一些工作。但这看似不多的工作或支持，却由于方法、策略得当，比如以组织培育为核心，注重社会工作的本土化、在地化，发掘优势资源，积极发挥社区精英和老干部作用，实现项目的自我管理、自我决策及可持续运转。这启示我们，在中国发展农村社会工作并不如想象中那么困难、复杂或高成本。中国的农村是个如费孝通先生所说的"熟人社会"[1]，社区成员相互联络多，非正式资源、民间组织资源丰富（比如宗族组织），社区精英（如"五老"干部、妇女主任等）的人脉广、号召力强。农村社会工作者如能争取到这些社区组织及精英的支持，在项目策划和实施方面加以一定的指导，就能使项目运转起来并持续开展。

妇女互助储金会的社会工作项目应该说取得了一定成效。而总结其经验，主要有两条。一是社会工作者特别注重对社区组织的培育与能力建设，使这一组织能够成为带动社区发展的主体，而社会工作者只是发挥了引领、指导和资源链接者的作用。县城的社工通过项目化运作，可以同时负责很多个点的项目督导工作，通过辅导社区精英，培育社区自助组织，社区的自助能力、自我管理能力发展起来了，在此基础上，给予适当的经费支持，也能实现项目的可持续运转。二是社会工作的本土化、在地化做得好。白水乡永新村的社会工作真正贯彻了优势视角，与本地的特色产业（百合种植）有机结合，与农民的生产生活相结合，农民有积极性，因此有较好的群众基础。此外，发展了本土化的社会工作队伍。万载社会工作协会的 ZJP 女士是当地成长起来的一位优秀的专业社会工作督导，能够独立地策划和开展社会工作项目，并经常下到各个点去指导工作。在她的指导下，储金会的领导者，比如，妇女主任 WHL，也领悟了社会工作的理念和方法，并把其运用到日常工作中，成长为一个本土的社会工作者，虽然不够专业，但由于这是熟人社会，开展的活动往往更能结合社区群众的实际需求，呼应群众的心声，唤醒更多的社区活跃分子，动员更广泛的社区参与，激发社区发展的内源动力，而这恰恰体现了社区建设以及社区社会工作的本质——建设真正的社区共同体，实现社区可持续发展。

---

[1]　费孝通：《江村经济：中国农民的生活》，商务印书馆，2001。

5.6 万载县罗山新村"致富驿站" 项目

5.6.1 马步乡及罗山新村基本概况

1. 马步乡简介

马步乡位于万载县东南部，东与鹅峰乡、上高县田心乡接壤，南与宜春市袁州区寨下、柏木、丰顶山毗邻，西与高城乡交界，北与康乐镇相连，处于万载县南郊，紧邻县城。总面积 63.19 平方公里。全乡现有 11 个行政村，2 个水库管理所，184 个村民小组，6124 户，25112 人，均为汉族江右民系。耕地 2.07 万亩，其中水田 1.6050 万亩，林地 3.91 万亩。境内属丘陵。东南及西部有少量山地，沿龙河上游的洞口、寨下、布城小河流域地形较平坦。建材、烟花爆竹、食品、化工、夏布是马步乡的支柱产业。

2. 罗山新村概况

罗山新村位于马步乡布城村，是万载县农村社会工作的试点村之一。该村由下山和罗陂两个自然村组成，98% 的村民都姓李，祖先由宜春迁来此地，村民擅长玩梭镖、摔跤等竞技活动，常被邀请外出表演，这些传统技艺在新中国成立前后便已失传；但罗山的养鱼技术保存至今，依然享誉十里八乡。罗山现有 69 户村民，239 人，有水田 63 亩、鱼塘 31 亩；社区村民的生计项目以养鱼业和运输业为主，其中养鱼专业户 13 户，运输专业户 12 户，村里大部分年轻劳动力外出务工或者从事运输，稻田主要由老人和妇女耕种，渔场大部分承包给村里的"农家乐"个体户。村里贫富差距大，大部分村民生活并不富裕，脱贫致富依然是一项重要工作。这些都是社会工作介入的基础和背景。

5.6.2 致富驿站之 YQG 个案

致富驿站，即罗山农家乐，是由该村村民 YQG 创办的，集休闲、娱乐、餐饮为一体的经济实体，拥有鱼塘 30 多亩，员工 22 人，开办一年来已成为当地创收的主要来源，YQG 扮演了带动当地村民致富的"带头人"角色。

1. 案主 YQG 基本资料

YQG，男，初中文化，现年 35 岁，罗山农家乐老板，因早年生活贫困，初中毕业便开始自立，经人介绍进了砖厂帮忙做一些苦力活，贴补家用。后因看准经济转型期的一个机会，便开始自己创业成了砖厂的老板。之后，新农村建设的热潮为他生意上的转型创造了良好的条件。自 2007 年开始，YQG 开始涉足餐饮业，开办了罗山农家乐。

罗山农家乐的发展对于带动罗山新村走向共同富裕起着较为关键的作用，而农家乐老板 YQG 在经营理念及生产方式的转型上显得有些乏力，应民政局的要求，自 2008 年 9 月起，万载县社会工作协会派出社会工作者对农家乐负责人 YQG 开展个案帮扶。

2. 问题界定

社工通过对 YQG 的访谈发现，罗山农家乐发展整体规划不足，缺乏良好的运营策划，在为消费者提供服务方面也存在服务水平不高等问题。另外，管理者学历偏低，管理素养的不足也一定程度上阻滞了农家乐的产业化升级。YQG 作为罗山新村致富先行者，未能很好地承担起"带头人"的责任，当地村民增收主要还是依靠传统的农业生产。

3. 理论视角及介入目标、模式及策略

社工通过对问题的预估发现，罗山农家乐发展的最大问题是 YQG 能力不足。为此，社工介入的重点领域是能力建设，依托的主要理论为增能理论。增能理论认为，个人的需要不足和问题的出现是由于环境对个人的排挤和压迫造成的，而人的无力感也是由于环境的排挤和压迫而产生的。社会中的弱势群体之所以会处于弱势地位，并非因为他们自身有缺陷，而是因为他们长期缺乏参与机会。社会环境中存在着直接和间接的障碍，使人无法发挥自己的能力，但是这种障碍是可以改变的。每个人都不缺少能力，个人的能力是可以通过社会互动不断增强的。服务对象是有能力的，有价值的。[①]

以增能（或增权）理论为视角，社工进一步确定了该个案的介入目标、模式与策略。具体可分为四个方面。

---

① 马尔科姆·派恩：《现代社会工作理论》（第 3 版），冯亚丽、叶鹏飞译，中国人民大学出版社，2008，第 327 页。

（1）管理者管理意识培养

干预的目标是通过相关管理知识的教授与指导，完善企业运营制度，管理者能做出更切合自身发展的决策。基本的介入模式是心理与社会干预模式。该干预模式认为，个体的发展受到生理、心理和社会三方面因素的影响，而且这三个方面的因素又相互作用、共同影响个体的成长过程。心理与社会治疗模式认为每个个体都是有价值的，他们都有发展自己的潜能，只是没有被开发而已。通过辅导，可以挖掘个体的潜能，使其健康成长。

具体的干预策略包括以下几个方面。

①为管理者播放企业管理类视频讲座，提供更直观、更新潮的管理理念。

②通过对管理者网络知识的培养，管理者可利用广泛的互联网信息为自身带来更多的商机。

③鼓励管理者外出"取经"，努力将其他地方的特色转化为自身特色。

④建议管理者聘请专业的企业管理人才完善企业的运营制度，以推进企业产业化经营进程。

（2）员工素质培训

干预的目标是通过专业化的培训，使员工的服务水平提升一定的层次，吸引更多的消费者。基本的介入模式是认知行为模式，理论基础是社会学习理论。强调人的行为、思想、情感反应方式和行为不仅受直接经验的影响，同时也受间接经验的影响；行为与环境具有交互作用；观察和模仿是学习的重要过程，在学习过程中，认知是非常重要的；人在学习过程中具有特别的自我调节能力。

具体的介入策略包括以下几个方面。

①邀请专业礼仪人员介绍相关酒店礼仪知识，并给予员工直接和间接的引导。

②借鉴一些层次较高的酒店的服务经验，与员工一同探讨酒店服务的发展方向。

③在员工的意识层面给予指引，利用专业的酒店管理制度对员工进行人力资源分配，设立适当的奖惩措施，调动员工工作的积极性。

（3）发展就业岗位

干预的目标是通过对罗山农家乐经营方式的进一步完善，为当地留守妇女和低保对象提供就业岗位，带动当地经济。干预模式是社区教育模式。其背景是，该时期罗山新村的增收模式主要还是传统的农业经营模式，罗山农家乐尚未能发挥致富带头的作用。在改变村民的生产生活方式上，农家乐的发展给当地留守妇女及低保家庭改善家庭状况、实现经济增长提供了良好的契机。

具体的介入策略如下。

①对当地留守妇女进行岗前培训，使她们认识到自身工作的重要性，更好地服务于消费者。

②引导她们转变观念，真正认识到罗山农家乐的发展是给自己最大的实惠。

③对低保家庭采取重视态度，使他们意识到农家乐的发展为他们这一群体提供了更多发展生产的机会。这一方式有利于低保对象社会功能的恢复。

（4）发展全村产业化经营

干预的目标是以农家乐为主体，带动整个罗山经济圈，实现多种经营模式共存的经济发展新局面。干预模式是社会参与模式，包括对社区的政治资本、经济资本和社会资本的全面调动。社会资本就是社区居民作为民主国家公民所拥有的一切权利和责任，是社区居民本身所具有的能力，一旦被激活，就会变成社区发展的无穷力量。

介入的策略包括以下几个方面。

①实行一家一品生产模式，将罗山新村建设成农家乐的原材料生产基地，形成罗山新村地域性的生产优势。

②建立附属性的经济联合体，以农家乐为中心，形成集休闲、养生、娱乐、住宿、餐饮一条龙的产业链，从全局上盘活罗山经济圈。

总体的预期目标是，在社会工作理念的指导下，罗山农家乐由致富先行者渐变为致富"带头人"，从根本上将罗山新村的经济状况提升一个台阶。

4. 介入过程[①]

第一次访谈

社工来到案主家中，案主正在看财富类节目。见社工到来，案主表现得非常热情。在社工表明来意后，案主立即表示愿意与社工探讨目前他企业发

[①]　相关案例资料来自笔者对当事人的调查、已存档的相关个案实务资料以及万载社会工作案例集的查阅（2011）。

展的状况及面临的问题。

访谈过程

时间：2008 年 9 月 21 日晚

地点：案主家中

目的：了解农家乐目前的发展状况及面临的问题，对获取的信息进行分析整合并提供建设性的意见

参与人员：社工：J、C，案主：YQG

社工（以下简称"工"）：非常感谢您能在百忙之中接受我们这次对您的访谈。

案主（以下简称"Y"）：哪里哪里，我现在非常希望你们这些有知识的大学生能对我做一些指导。

工：您过谦了，其实您作为罗山致富驿站的站长，给罗山村民带来了很多实实在在的利益，我们很钦佩。所以，听说您在农家乐的发展上面临一些困境，我们希望能尽自己一点绵薄之力给您也是给罗山村民提供一些帮助。

Y：其实，我这个农家乐目前来说在县里是比较受欢迎的，但是好了总是希望更好，但是，我的文化水平有限，所以在经营上很难上升到一个更高的层次。

工：据我们了解，您的农家乐现在的经营状况还不错，但是在外人看来，这里还不具特色，现代人的消费品位已经逐渐改变了，不仅要吃好的，还要吃得有特色才感觉物有所值。

Y：嗯，有道理。

工：您有没有尝试一下在企业经营的某些方面做一些创新呢？

Y：唉，像我们这样穷苦出身的人能做到今天这样的水平已经自我感觉良好了，脑袋不够用，所以，这方面考虑不到啊！

工：您平时可以多留心客人对饭馆的感觉，可以的话最好能多收集一些客人对饭馆的意见，往往客人的感觉才是最重要的啊。

Y：呵呵，以前一直觉得客人来这就是吃饭了事，也没有注意人家吃得到底舒不舒心。

工：是嘛，比如在菜品的特色上，您可以有很多创新的，像万载的

一个烧鹅店在这方面就做得非常好，他们的特色就是烧鹅，那个味道只有在他们那里才能吃到，物以稀为贵嘛，现在，周边省市的人都慕名过去，就是想尝尝那个味道。

Y：可是，说是容易，但是，哪里搞那么多特色出来哦。

工：您有没有想过到其他地方去取经呢？尝尝各个地方的味道，如果能把那些口味和万载的菜品进行很好的结合的话，也是一种很好的创新，不是吗？

Y：对哦，这倒是一个很好的办法。我也觉得我农家乐的菜都有点老套了，每次人家来吃都是这么几个菜，如果能经常搞一些特色出来，客人对我们这儿的感觉也会不一样的。

工：不光是在菜品上需要有创新，其实，在整个农家乐的服务方式上面，您也可以考虑是不是来个改变。

Y：服务方式？客人对我们农家乐的服务还算是满意的，难道，这还有什么影响？

工：餐饮行业特别是像您农家乐这种农庄性质的餐饮类实体，在服务上更应该展示出自己的特色的。

Y：怎么说呢？

工：既然是农家乐，客人过来消费图的就是一种吃在农家的感觉，要是所有的服务员给人的感觉都像在一般饭馆的话，人家也就没有必要大老远跑你这里来消费对不对？

Y：说的也是，很多时候光顾着瞎忙，很少有功夫去想这些事情。你能说得详细一点吗？我听听看。

工：道理很简单的，让一切都有回归农家的感觉。服务员的着装、说话方式和给人的感觉等等都应该重点体现出农家的特色，这样客人才真正享受到了农家的"乐"，您说是不是？

Y：对，很对。现在我农家乐那些服务员确实给人的感觉很普通，没有什么特点。这点近期我会认真考虑一下。

工：您能这么想真是很好，呵呵。这样吧，时间不早了，我们得先回去，改天有时间我们再来拜访您吧。

Y：这就走啊，今天真是太谢谢了，你们的一番话真是给我点了睛啊，非常感谢！

工：哪里，我们还得多向您学习才是真的，呵呵，好了，那下次见了。

Y：嗯，好的，慢走啊。

第二次访谈

通过与案主进行的两次直接接触和沟通，社工了解到案主对自身企业发展的需求度很高，学习兴趣很浓。于是，一番准备之后，社工再次来到案主的家中（可能社工访谈的时间过早，案主儿子告诉社工，案主还在农家乐忙生意，商讨一番之后，社工去了农家乐）。当社工见到案主的时候，他刚吃完晚饭。见我们到来，赶紧让工作人员安排了一个房间专门接受社工的访谈。

访谈过程

时间： 2008 年 9 月 24 日 晚

地点： 罗山农家乐

参与者： 社工：J、C 案主：YQG

目的： 进一步改善案主的经营理念，培养其管理意识

工作者（以下简称"工"）：真不好意思，在您忙的时候还打扰您。

案主（以下简称"Y"）：没事，这刚忙完，生意好的时候就这样，忙得晚了很正常的，这不，刚吃完饭。

工：我们刚刚进来的时候看到来您这里的客人都是开车过来的，忙的时候应该会有很多车吧？

Y：是啊，客人多的时候往往那条路都停满了，一直停到休闲广场。

工：您这里停车位面积好小啊，好多人都要在很远的地方停车然后走过来，很不方便

Y：对，很多客人经常会说这里车子不好停什么的。

工：那您就没有考虑要修一个停车场吗？

Y：一开始建设农家乐的时候根本没考虑到这个问题，现在地基都基本上没有什么空缺了，想建都不好建啊。

　　工：其实您完全可以跟村里的领导商量一下是不是争取一块比较方便一点的闲置地基，专门建设一个停车场，如果这个问题能解决的话，那对农家乐的生意来说，效果会更好哦。

　　Y：村里会同意吗？我没有考虑过跟村里说这个事，觉得不可能会批的。

　　工：这个就是您的失策了，其实，我来之前就征求过村里的意见，他们非常赞成您能自建一个停车场，一来，停车场建好了，生意好了，罗山的经济水平也上来了。二来，那些车子也不用堵在大家门前的路上，大家都方便。

　　Y：如果是这样的话，我回头就去跟村里协商一下这个事。

　　工：说实在的，您现在是为大家谋福利啊，如果有一个专门的停车场的话，还可以加上车辆清洁美容一条龙服务啊，到时候知名度打响了，还用愁客人不来您这里，还用愁农家乐发展水平不能提升？

　　Y：呵呵，还是你们年轻人看得比较远啊，我们在这里做这个餐饮行业，也就是扛上了吃饭的行当，还真没想过能把其他东西融入进来，听你们这么一说，还真有做头。

　　工：再有就是，您看您这里的定位是休闲、娱乐、餐饮的地方，但是，在休闲娱乐这一块，在我们看来，似乎显得有些单调了，客人来这里只有非常单一的休闲方式——钓鱼。这样一来，您是迎合了一类群体的休闲口味，但是，像年轻人群体，如果他们来这里休闲的话，估计就不怎么乐意了，您说是吧。

　　Y：这个其实怎么说呢，现在城里人愿意来农家乐很大一点就是想图个安静放松，所以，在开发这个农家乐的时候，我们就把钓鱼休闲作为我们的主体项目，包括周边几家农庄都是这么搞的。

　　工：以它为主体是没错，但是，像您说的，周边几家都是这样的一个休闲项目，如果客人要选的话，在休闲娱乐上面是没有什么可比之处的。现在年轻人也是高压力，高收入，高消费的"三高"群体啊，他们的消费水平可不能小视啊，如果能把这样一类群体的消费拉到我们这里来的话，何乐不为呢？

　　Y：说得有道理，但是现在的发展水平可能还做不了那么多消费性的活动哦。

工：当然，这是在您农家乐发展条件允许的条件下要做的。像您这里有那么多鱼塘，如果能做一些农家的特色东西，比如水车、水上娱乐之类的东西的话，城里人现在讲究的就是回归自然的快乐。你想要是我们这里能为他们创造这样的条件的话，他们不管多远都愿意跑来。

Y：听你这么一说，还真是心里痒痒的，条件成熟的话，我一定做。

工：呵呵，我真的很欣赏您，光您一个人就撑起那么大一份事业，这里我们也只是一些浅薄的意见，给您参考就是。

Y：你们确实帮了我很大的忙啊。

工：哪里哪里，那好吧，今天就不打扰您了，祝您生意兴隆。

Y：好的好的，慢走啊！

5. 对介入过程的观察和评估

由于跟进的需要，社工在两个星期之后对案主再一次进行了访谈。在访谈之前，社工先对农家乐的经营状况做了一次观察，发现生意比以前更好了，服务员的服务态度和方式不再显得那么生硬，对客人有了更多的尊重。社工在案主家中一直等到案主忙完归来。此后，社工继续关注农家乐的发展状况，不定期地与案主进行辅助性的沟通，对案主表达社工对案主自身的转变及其带领企业发展的认同。社工也受到了案主的尊重和肯定，案主在接受社工服务的过程中表现得兴趣盎然，并在之后的工作开展中，对社工的一些建议付诸了实际行动，取得了良好的成效。社工对案主及企业发展的关注也给予了案主更好的受众理念，介入过程较为顺利。

5.6.3 致富驿站之低保户 Z 脱贫个案

1. 案主基本资料与需求预估

Z，男，46 岁。家有四口人。妻子，42 岁，一个儿子，21 岁，一个女儿，1990 年 23 岁时因为受伤，手致残，被安排在工业园的一家福利性企业工作。除此之外，他在县残联还有一份工作，负责马步乡的残疾人工作。

社工通过访谈了解到，Z 目前作为低保户，觉得不能仅仅依靠低保过日子，应该勤奋一点，要靠自己的双手脱贫致富。经过了解，社工发现，Z 有养殖的技术，并且对市场有一定的分析，交际范围比较广，能及时把握市场行情，但他缺少投资养殖的前期资金，希望得到社工的帮助。

2. 制定目标与工作计划

社工了解基本信息和资料后，把具体情况上报至民政局，民政局及相关机构研究后提出愿意支持的构想，社工与机构据此制订了详细的工作目标和计划。

总体目标：克服服务对象的缺陷，挖掘他的真实需求，发挥他的潜能。

工作计划：协助他对养殖做整体规划；共同制定工作实施进展表；签订扶持低保发展资金使用合同。

3. 实施服务计划

（1）社工的角色

社工在其中扮演了规划者、资源整合者、观察督促者的角色，包括了解服务对象的需求，按照其需求合理安排各事项；规划场所；整合县民政局、乡、村的政策资源；争取各级领导干部的支持；发挥服务对象自身的能力，挖掘他的潜能；争取家庭系统的支持；在为服务对象争取到项目支持后，根据事前的安排，进行跟进和督促，适时了解服务对象的新需求和想法。

（2）介入过程

①社工与民政局、乡、村的领导探访服务对象，但没有接触服务对象 Z 本人，探访人员向服务对象的妻子解释说明政策上的优惠，表明政府的态度，将大力支持低保户创业。

②一周后，社工吴、仇两人再次探访服务对象。这次是与服务对象本人接触。对服务对象进行了深入的访谈，了解服务对象的真实想法与需求。访谈有助于增强服务对象的信心，发挥他的潜能，协助他做出决定。

③第三周，民政局低保局的张局长、社工股 ZJP 股长、寨下村的王书记以及社工吴、仇在村委会办公室与服务对象签订协议。低保局张局长向服务对象解释政策的相关细节，与服务对象一起探讨投资风险，并说明签约后双方的责任和义务。服务对象对投资风险不是很担心，他对自己的饲养技术及市场的把握比较有信心。他的担心就是首期投资资金到位比较困难。因为他的发展项目是养猪，规模是 10 头，需要投资 1 万~2 万元。民政局考虑他的实际情况后，给予他三年的低保金支持他发展这个项目。服务对象表示自己可以解决剩下的资金问题。在这样的情况下，双方顺利签订协议。随后，社工还跟进了项目的进展。Z 很快买进小猪进行饲养。社工在接下去的时间

里，关注服务对象的工作进展，及时了解服务对象的需求，反馈信息。

4. 评估与总结

该个案从总体目标上看，已经达到了预期效果。服务对象是个残疾人，不过他的经历很不平凡。他对生活还是充满热情的，社工挖掘他的潜能，把他对生活的热情引到实实在在的事情上来。让其自己创业，一方面，可以发挥他自己的优势——精通各种饲养技术；另一方面，可以克服身体的缺陷，创造一番小事业，让他感受自身存在的价值。自身价值的提高，可以使其更好地投入到残疾人的事业中。

5.6.4 罗山"致富驿站"项目的总体评估与启示

在万载县社会工作协会社工的介入和指导下，马步乡罗山新村的"致富驿站"项目取得了一定程度的成功。这表现在，整体规划能力有了显著提高，发展的活力获得提升，公益性就业岗位得到较好开发，其中罗山新村农家乐在提升经济效益的同时，也兼顾了社会效益，获得了村民的认可和肯定。

1. 通过社工有针对性的辅导，罗山农家乐管理者的管理潜能得到了充分挖掘，经营的视野有了进一步拓宽，领导村民发家致富的本领和能力得到了增强。

2. 通过专业化的培训，员工的服务质量和水平得到了提高，为致富驿站增强了发展的后劲。

3. 通过社工的引导，开发出来的就业岗位优先聘用当地留守老人、妇女和低保对象，改善了困难群体的生活状况。

4. 通过社工的介入，罗山农家乐由致富先行者的角色渐变为致富的"带头人"角色，农家乐兼顾了经济效益与社会效益。

罗山新村的"致富驿站"项目是专业社会工作在农村反贫困中的一个鲜活案例，其启示是，社会工作者在引领贫困村民脱贫致富的过程中能够有所作为。就农村反贫困来说，"致富驿站"项目能够带给我们以下三点思考。

一是要贯彻优势视角，立足实际，开展社会工作。关注贫困户的现实需求和潜能，发挥社区精英的带动作用，充分挖掘社区优势资产和优势资源，因地制宜地开展工作。随着改革的不断深化，农村社会结构已经发生了重大分化，富裕群体和弱势群体的出现，是农村社会政治、经济发展的必然结果。怎样引导先富带后富、实现共同富裕、有效推进新农村和谐建设，是社会工作要面对的一个新情况和新问题，需要社会工作者运用专业知识、技巧和方法，及时介入和主动参与。

二是开展反贫困社会工作时，要关注弱势群体。社会工作是一种职业助人活动，只有贴近基层，面对群众，积极为农村"三留人员"、"低保"对象、"五保"对象、残疾人等弱势群体提供社会工作专业服务，才能真正体现社会工作的宗旨和作用，才能获得群众的认可和社会的接纳。在本案例中，社会工作人员引导"致富驿站"聘请低保对象，有效地促进了弱势人群的就业，协助解决了基层群众最关心、最直接、最现实的问题。

三是开展反贫困社会工作时，社工要扮演一个多面手的角色，善用多种方式方法开展工作。在具体服务实践中，社工要充分挖掘社会和社区资源，采用个案工作、小组工作与社区工作相结合的方法，以一个资源协调者、心理辅导者、合作伙伴的角色与服务对象交流，而不是一个权威者。社工只有多运用人文关怀、心理疏导等方法，为服务对象提供自由表达的氛围，帮助其科学地分析选择，才能更好地发挥服务对象的能力，实现助人自助的服务效果。

5.7　万载社工参与贫困户大病救助案例

疾病是导致家庭贫困的重要因素。对于这些家庭来说，最迫切的需要是获得经济方面的救济或救助资源以减少在医疗、康复方面的重大支出，并维持家庭基本生活的稳定。目前，城乡居民医疗保险已基本全覆盖，但大病救助制度还不够健全。当家庭成员患大病之际，面对巨额的医疗费用，很多农民家庭往往手足无措，不知道如何去寻找资源，克服危机。一些家庭因此放弃治疗或延误治疗，一些家庭则因此倾家荡产，或背负巨额债务。

从西方社会工作和我国香港地区的社会工作实践看，医疗社会工作者或社区社会工作者作为资源的链接者、整合者，在对患者家庭的经济援助方面发挥着重要作用。社会工作者站在为病人谋福利的立场上，为病人争取医疗资源和社会资源，目是将患者家庭与提供资源、服务和机会的系统联系起来，这些系统包括民政局、社会保障局、社会公益机构、企业、新闻媒体及有爱心意识的民众。充分调动可利用的社会资源为经济困难的病人家庭服务，帮助病人更好更成功地完成治疗任务，克服困难与缓解遭遇的危机。

在万载县的调研中，我们了解到万载的社会工作者和志愿者等社会力量在帮助病患贫困家庭方面发挥了一定作用。他们积极推进社会力量参与，利用微博、微信等传播媒介，让人们了解亟须救助的居民的信息，为大病、残疾等家庭筹集善款，提供医疗等帮助。政府的救助金额有限，而且程序烦琐、时效性差，社会化力量参与社会救助可以弥补官方救助的不足。以下是笔者在万载县白水乡调研时接触到的一个很典型的案例。

在万载县白水乡某村进行精准扶贫的问卷调查时，我们接触到了一个特别困难的家庭。当时受访的是女主人 Z 女士，30 多岁。她很坚强地向我们讲述了她家的情况。该家庭共有 4 口人，包括夫妻两人和两个小孩。从前些年开始，Z 女士的丈夫不幸患上了帕金森综合征，治疗已有 5 年之久，但效果不佳，常年以药养身。可谁知屋漏偏逢连夜雨，2015 年 6 月，她家 12 岁的大女儿小雨患上了一种更奇怪也更严重的疾病，身体突然变得非常消瘦，且浑身乏力。后被确诊为肝豆状核变性，病因是体内重金属铜过量中毒。对于这样的家庭，女儿患病无疑是雪上加霜。医生说小雨病情已十分严重，而且治疗很不容易，除了需要花费高达几十万元的医疗费用，还需要寻找到特别好的医院和医生才能进行治疗。Z 女士谈到她那原本聪明可爱的女儿时，很是伤心，但还是忍住了没有落泪，她带着我们去见了她女儿一面。小女孩目前只能喝一些流食，身体极为消瘦，两腿骨瘦如柴，已无法走路，只能整日卧床。但她的眼睛仍然是明亮有光彩的，见到我们她有点激动。小女孩之前曾在万载县中医院、南昌的江西省儿童医院进行治疗，但治疗效果不佳，后转往湖南湘雅医院治疗。病情稳定后出院，目前在家养病。Z 女士透露，女儿出院后，医药费报销不足，跨省治疗最多只能报销 50%，自付比例很高，经济负担极重。张女士几年前还曾外出去湖南花炮厂上班，能够获得一定的工资性收入。但如今，她每天要照顾重病的女儿和丈夫，无法再去上班，家里因此没有任何收入来源。但丈夫与女儿每个月的医药费就高达近五千元。其亲属也无能为力，虽然亲戚朋友捐赠了一点钱，但支持极为有限。面对如此沉重的压力，女主人如何维持这个摇摇欲坠的家庭，令人担忧。

但在接受我们访谈时，年轻的张女士却表现得相当平静。没有急躁、没有不安，没有痛哭流涕。这么沉重的打击并没有摧垮她，相反，她仍然保留了对这个家庭难能可贵的信心。通过进一步询问，我们了解到了支撑其继续前行的背后的故事。

原来在社工的帮助下，民政部门对这个家庭给予了特别的支持，给了这个家庭两个低保的名额。江西的低保救助标准最高为 240 元/月。Z 女士因此每月能够从政府那里获得 400 多元的低保救助金。但显然，相对如此高昂的医疗费用，400 多元的低保救助金是杯水车薪。我们又进一步探询其背后的力量。

通过进一步了解我们发现，她获得的支撑性力量不仅来自政府的帮助，更重要的是得到了社会力量的支持。她获得的社会公益慈善捐款达 20 多万元。原来，在万载县民政局社会工作者的帮助下，Z 女士获得了万载公益机构和当地的公益网站"微万载"的支持，这个家庭的困难情况通过"微万载"网站及微信公众号等各种形式在社会发布，获得了社会各界的极大关注。当地的小学、中学等有关单位纷纷捐款，仅万载刑警大队一家单位，就捐赠了 12 万元的善款。这些善款缓解了这个家庭的燃眉之急，帮助其渡过了危机，也给了张女士温暖的力量和对社会、家庭的信心。

从这个案例可以看到社会工作者、社会公益组织及其联系的社会大众和撬动的社会资源的强大力量。在政府无法企及的地方，借助社会工作者的资源链接，社会力量可以发挥重要的经济援助和社会支持。而万载的 Z 女士之所以能迅速地获得社会的帮助，与万载的社会工作的发展是有关系的。万载的社工知名度高，影响力大，链接社会资源的能力强。自 2007 年万载县被列为国家民政部社会工作人才建设试点单位起，经过多年的拓展，万载社会工作已经遍及诸多行业和领域，甚至还在消防部门开展了"拥军社会工作"，虽然有遍地开花和形式主义之嫌，但至少提高了社会工作的认知度，社会工作"助人自助"的理念也开始深入人心。同时，社工与志愿者或义工的联动也较为紧密。所谓的"万载模式"，即"党委统一领导、政府主导推动、部门密切配合、整合现有资源、社工义工联动、公众广泛参与、广大群众受益"。借助这种模式，社工能有效地整合社会公益资源，在扶贫济困中发挥重要作用。Z 女士的案例启示我们，社会工作者和志愿者在对贫困家庭的大病救助等精准帮扶中能够发挥重要作用，且这是对政府救助的非常必要的补充，可以弥补政府力量的不足。社会工作者发挥其整合与链接资源的能力，通过紧密联系的志愿者网络和多元的参与渠道，帮助病患贫困家庭克服危机，渡过难关。

5.8　反思与建议

基于以上理论与实证的分析，我们发现，专业社会工作在农村反贫困中有很大的需求和实践空间，在这方面，江西万载的社会工作者已经在多个层面进行了探索，包括以妇女互助储金会为代表、以合作社为载体的合作经济扶贫、以"致富驿站"为代表的生计发展项目扶贫、以贫困户大病救助案例为代表的贫困人群经济救助、以白水乡老山村大皇山移民搬迁社会工作为代表的移民搬迁社会工作，等等，这说明，社会工作在扶贫的诸多领域可发挥重要作用。

专业社会工作介入农村反贫困，目前还处于探索阶段，有以下几个问题值得重视和反思。

5.8.1　社会工作在扶贫开发体系中的定位问题

在农村扶贫开发中，政府强势主导，社工的作用还极为有限，并且持续性不佳。即使是在社会工作发展相对受重视的万载，社会工作者虽然在一些试点村落（如白水乡的永新村、马步乡的罗山新村等）的示范项目上取得了一些成功，但总体而言，影响力还很有限。万载县的社会工作者，在很多领域开展了试点，但并没有在某一个领域扎根下来，使其成为一项持续性的发展战略，大多数的试点项目仅是蜻蜓点水，浅尝辄止，流于形式和作秀，在反贫困领域也是如此。比如，对于扶贫开发工作部门的产业扶贫项目、小额贷款项目、职业技能培训项目，社会工作者介入不多；对于低保对象，社工也只是在个别试点村进行了介入。相关试点项目仅是万载县社会工作协会出于迎接民政部社会工作人才队伍建设试点评估的需要而开展的，经费主要来自本级福彩公益金非常规性的资助，因此，工作难以持续。比如，马步乡罗山新村的"致富驿站"项目，在评估结束后，基本停滞下来，笔者的研究也主要依赖以前的资料积累。这说明，在反贫困工作领域，政府及有关部门在战略定位上，拘泥于"国家视角"模式，强力主导以及把控扶贫资源的分配和扶贫项目的实施，对社会工作者等社会力量的作用认识不足，对社会工作者等社会力量在治理现代化趋势下的重要地位缺乏认识。

5.8.2 生计发展项目的培育问题

好的生计发展项目是贫困户脱贫致富和可持续发展的孵化器。但从江西万载等地的实践情况看，无论是政府主导的农村扶贫开发还是农村反贫困社会工作，共同的难点在于如何为贫困户谋划好合适的生计发展项目。在当前农村，贫困户生计发展项目的选择面临这样几个难题。一是农业项目的比较效益问题。在农村扶贫，选择生计项目时首先会考虑到农业项目，比如种植业和养殖业，因为农业项目的培育成本相对较低，操作也简单。但农业项目的比较效益较低，对青壮年贫困户来说，他们更愿意选择外出务工，按目前的工薪标准，农民工月平均工资已近 3000 元，工资收入不低且稳定，农业项目对他们来说没有吸引力。而老年贫困户由于年老体弱，也不适合较耗体力的农业项目。二是生计发展项目的市场风险问题。一些农业特色种植项目易受气候影响，收成和市场有时均不稳定，一些加工业项目也是如此。如何防范市场风险是一个难题。三是项目的持续跟进问题。一个好的生计发展项目的培育，需要社工较长时间的持续跟进，有时甚至需要几年的时间，这对农村社工来说是一个挑战。农村社工流动性较大，特别是机构的专业社工或实习的学生，变动性较大，这将影响到项目的后续跟进。为了较好地解决生计发展项目问题，需要从产业链的延伸、基于协同共享的项目运行模式的创新、风险防范机制的建立、本土化社工的培养等方面做出努力。

5.8.3 相关建议

首先，要创新精准扶贫机制，使社会工作真正嵌入政府主导的扶贫体系。其核心是要改善资源配置机制，建立政府购买服务制度，保障农村反贫困社会工作获得必要的投入和资源。改革精准扶贫工作中的产业扶贫、智力扶贫、金融扶贫、保障式扶贫等的资金投入方式和服务方式，将部分需要专业化服务的项目，向有资质的社会工作服务机构招标或委托代理服务项目，由扶贫工作部门进行监管、评估和考核。

其次，要坚持多元生计原则，帮助贫困户遴选好生计发展项目。在涉及生计项目选择时，既要探索具有创新理念的农业发展项目，也要探索商业、服务业甚至加工业项目，适当延伸产业链条，以适合不同特点的贫困人群的需要，带动更多贫困户就业和发展。要有针对性地扶持一批社会企业项目，如家政服务中心、社区服务中心、电商、快递业、超市甚至一些文化娱乐项目等。好的社会企业项目能够持续地带动贫困弱势群体就业，如残疾人、老人、妇女，等等，这些人群的就业对当前贫困的农村家庭特别重要；甚至，还能为贫困人群提供价廉物美的商品，如美国的旧货超市 Goodwill，这样的社会企业可以从生产和消费两端为贫困户提供支持。

第6章 农村留守儿童社会
工作的案例分析

6.1 农村留守儿童问题与社会保护服务的发展

　　数量庞大的留守儿童的存在，是经济快速发展的当代中国的一块心病。随着我国经济社会发展和工业化、城镇化进程的推进，一些农村劳动力为改善家庭经济状况、寻求更好的发展，走出家乡务工、创业，但受工作不稳定和居住、教育、照料等客观条件限制，不少人选择将未成年子女留在家乡交由他人监护照料，导致大量农村留守儿童的出现。

　　当前农村留守儿童数量到底有多少？存在两大权威版本的数据。一是全国妇联根据全国第六次人口普查资料推算的数据。2013 年 5 月，全国妇联发布了《我国农村留守儿童、城乡流动儿童状况研究报告》。报告显示，根据 2010 年全国第六次人口普查资料推算，全国有农村留守儿童 6102.6 万人，占所有农村儿童的比例达 37.7%，占全国儿童的比例为 21.9%。[①] 不过，时隔三年后，2016 年 11 月 9 日，民政部公布的全国留守儿童摸底排查数据显示，目前我国总共有留守儿童 902 万人，对比全国妇联的数据，留守儿童数量锐减 5000 万人。其中由（外）祖父母监护的有 805 万人，占89.2%；由亲戚朋友监护的有 30 万人，占 3.3%；无人监护的 36 万人，占4%；一方外出务工另一方无监护能力的 31 万人，占 3.4%。另外，近 32 万由（外）祖父母或亲朋监护的农村留守儿童的监护情况较差。关于两个报

---

　　① 《我国农村留守儿童数量超 6000 万》，2013 年 5 月 11 日，http：//politics. people. com. cn/n/2013/0510/c70731-21442574. html。

告存在巨大差距的原因，诚然有政府工作改进和政策引导见效的因素，如民政部负责人针对新华社记者提问所做的解释，近年来，各地就农村留守儿童关爱保护工作采取了一系列措施，尤其是新型城镇化建设、扶贫攻坚、户籍制度改革、随迁子女就地入学、返乡创业等系列政策和工作的有效实施，为减少农村留守儿童数量创造了有利条件①，但更主要的因素是对农村留守儿童的定义有所区别。此前对于农村留守儿童的定义是"父母一方外出务工、不满十八周岁"。而民政部参考了《国务院关于加强农村留守儿童关爱保护工作的意见》中对农村留守儿童的定义，即"为父母双方外出务工或一方外出务工另一方无监护能力、不满十六周岁的未成年人"。据民政部负责人解释，这一定义主要是依据《预防未成年人犯罪法》第十九条"未成年人的父母或者其他监护人，不得让不满十六周岁的未成年人脱离监护单独居住"等有关规定。② 两种统计口径各有依据。全国妇联引用的第六次人口普查数据的统计方式更符合学术界、教育界对于留守儿童的常识看法。中国人民大学流动人口领域的著名学者段成荣的研究成果给出的留守儿童数据与全国妇联的报告吻合。③ 教育部《2014 年全国教育事业发展统计公报》显示，全国义务教育阶段在校生中，农村留守儿童共 2075.42 万人，在小学就读的学生 1409.53 万人，在初中就读的学生 665.89 万人，分别占在校生的14.9% 和 15.2%。该报告对农村留守儿童的界定，是外出务工连续三个月以上的农民托留在户籍所在地，由父、母单方或其他亲属监护、接受义务教育的适龄儿童少年。④ 不管何种统计方式，均反映了农村留守儿童群体的大量存在。

近几年来，社会各界对农村留守儿童格外关注，且关注的重点有所转向。以往对留守儿童的关注是问题化导向，即留守儿童表现出的学业、行为、心理、社会交往等问题。针对这些问题，则是对留守儿童个体进行教

---

① 《全国农村留守儿童为何"锐减"5000 多万？——三问全国农村留守儿童精准摸排情况》，2016-11-09，http：//news.xinhuanet.com/politics/2016-11/09/c_1119882442.htm。

② 《全国农村留守儿童为何"锐减"5000 多万？——三问全国农村留守儿童精准摸排情况》，2016-11-09，http：//news.xinhuanet.com/politics/2016-11/09/c_1119882442.htm。

③ 段成荣、吕利丹、郭静、王宗萍：《我国农村留守儿童生存和发展基本状况——基于第六次人口普查数据的分析》，《人口学刊》2013 年第 3 期。

④ 教育部网站，http：//www.moe.edu.cn/srcsite/A03/s180/moe_633/201508/t20150811_199589.html。

育、帮助、辅导、干预。最近则是对农村留守儿童安全问题的关注以及对家庭监护能力的监管与干预。关于转向的背景，据民政部社会事务司王金华司长的分析，是近年来媒体陆续报道的一些农村留守儿童极端事件，冲击着人们的道德底线。[①] 如，2012 年 5 月 6 日，江西省宜春市塘溪村 5 名留守儿童溺水死亡；2012 年 11 月 16 日贵州省毕节市 5 名留守儿童为取暖躲在垃圾箱被闷死……这些事件暴露出留守儿童突出的安全问题，而问题的根源是留守儿童家庭照料和监护的缺失，一些极端事件中留守家庭的经济状况其实不差，如贵州毕节 4 名喝农药自杀身亡的留守儿童，据新华网报道，他们的家庭经济状况不错，自杀的原因是情感脆弱的儿童因缺少家庭关爱且时常遭受家庭暴力、虐待而失去对生活的信心和希望。[②]

鉴于这种状况，民政部从 2013 年起开展未成年人保护试点工作，对问题家庭进行监护干预，提升其抚养和教育能力。民政部指出，一方面，要发挥社区的作用，在城乡基层建立社区儿童服务中心；另一方面，要在县一级建立未成年人社会保护机构，开展流浪乞讨、失学辍学、留守流动、监护缺失等困境儿童的排查摸底和定期走访工作，为有需求的未成年人及其家庭提供临时照料、教育辅导、心理疏导、监护指导、政策咨询、亲职能力培训、帮扶转介等服务，同时加强家庭监护服务和监督。2016 年 2 月，国务院发布《国务院关于加强农村留守儿童关爱保护工作的意见》（以下简称《意见》）。该文件明确提出，强化家庭监护主体责任，加大关爱保护力度，逐步减少儿童留守现象，确保农村留守儿童安全、健康、受教育等权益得到有效保障。

《意见》还特别提出，要加快孵化培育社会工作专业服务机构、公益慈善类社会组织、志愿服务组织，民政部等要通过政府购买服务等方式支持社会工作专业服务机构等公益组织深入城乡社区、学校和家庭，开展农村留守儿童的监护指导、心理疏导、行为矫治、社会融入和家庭关系调适等专业服务。《意见》还强调，要建立健全农村留守儿童救助保护机制，包括建立强制报告机制、评估帮扶机制和监护干预机制。在此背景下，全国各地的县级

---

① 王金华：《中国农村社会治理不能忽视留守儿童问题》，《华中师范大学学报》（人文社会科学版）2016 年第 3 期。

② http://news.xinhuanet.com/2015-06/11/c_127906281.htm.

救助管理站纷纷挂牌成立了未成年人社会保护中心，类似美国的 CPS（Child Protective Service）①，开展针对留守儿童的社会保护服务。为加强未成年人社会保护服务的专业化，在中央财政资金的支持下，各省、市救助管理部门向社会工作服务机构发布了一批未成年人（留守儿童）社会保护服务项目，开展农村留守儿童的监护指导、心理疏导、行为矫治、社会融入和家庭关系调适等专业服务和培训本土化的未保专干队伍。在此背景下，越来越多的社会工作服务机构和社会工作者介入农村留守儿童关爱保护服务项目中。

为深入分析农村留守儿童社会工作服务，本章对江西财经大学师生先后介入的两个留守儿童项目进行了案例分析。这两个案例分别是江西省婺源县浙源乡"少年之家"案例和江西乐平未成年人社会保护服务（培训）试点项目"阳光儿童之家"案例。两个案例都具有典型意义，前者是社区自助型留守儿童照料服务机构，后者是依托县未成年人社会保护中心开展的留守儿童社会保护服务。两个案例的分析和比较有助于我们思考如何整合制度化和非制度化的资源，更好地推进农村留守儿童社会工作服务的发展。

6.2　婺源县浙源乡"少年之家"案例分析

6.2.1　"少年之家"基本情况

1. 创办人孙灶森简介

孙灶森先生，退休前曾任浙源乡沱口小学校长。他在任小学校长期间，重视德育，苦心经营，使沱口小学先后荣获"全国德育先进学校""省文明小学"等荣誉称号，他本人也先后被评为全国优秀教师、江西省优秀党员、省关心下一代先进个人等 30 余项市级以上荣誉称号。1994 年，退休后的孙灶森先生创办了婺源县第一所农村民办幼儿园。2004 年，他自筹资金创办"少年之家"。当年，孙灶森在报纸上看到中共中央、国务院颁发的《关于进一步加强和改进未成年人思想道德建设的若干意见》，便让村里其他人接手幼儿园，在没有一分钱资助的情况下，用自己微薄的退休工资创办了免费

---

① 蒋国河、周考：《美国的儿童社会保护服务及其启示》，《社会福利》（理论版）2015 年第 4 期。

的"少年之家"。没有桌凳，把办幼儿园的课桌凳搬进了"少年之家"；没有书本、娱乐设施，拿出自己微薄的工资，添置了 1000 多册书本；自制跷跷板、尼龙绳秋千。

2007 年，孙灶森在 80 岁生日当天，写了一封"公开的遗嘱"，张贴在村前屋后，并请求党组织监督家人执行。遗嘱要求将他两万元的积蓄，存入浙源信用社，每年提取利息奖给沱口小学 1～6 年级品学兼优的学生，永远不动用本金。生命不息，育人不止，这是孙灶森先生的真实写照。因为在他的心中，只有孩子。正如孙灶森所说："我对孩子们有一种特殊的感情，看到他们就像看到自己的孙子一样。"2012 年 10 月，86 岁高龄的孙灶森先生因病去世。幸运的是，其事业后继有人，孙灶森先生的儿媳妇胡玲珍毅然接手了"少年之家"的管理工作。婺源在 2009 年入选为全国第二批社会工作人才队伍建设试点县。作为试点项目之一，婺源民政部门给予了项目点一定的工作经费支持，金额不多，每月两三百元，仅作为对管理者的一点补贴。

2. "少年之家"的基本概况

"少年之家"成立于 2004 年，是孙灶森老人自筹资金创办的"乡下少年宫"。"少年之家"位于婺源县浙源乡，这是一个侨乡，侨眷属众多。2004 年，下定决心的孙灶森老先生开始了他的行动。他先是借用村委会的一座老祠堂，掏出自己的 6000 余元退休金对老祠堂进行装饰，购买书籍、娱乐设施、体育器材，并从家里搬来不少家庭用品。一个像模像样的"少年之家"就这样建起来了：约 100 平方米的老房子内，分为三个区域：读书区、运动场、娱乐区。"少年之家"每个周四下午、周末开放，吸引了当地孩子。

2007 年 9 月，浙源中心小学搬迁新校区后，将一幢教学楼腾出给"少年之家"使用，"少年之家"的设施也逐步完善。2010 年，江西财经大学社会工作专业的实习生进驻后，"少年之家"还成立了社会工作服务室（见平面图 6-1）。

"少年之家"得到了社会各界越来越多的支持。在社工的联系下，香港斯图特基金会考察了"少年之家"项目，并捐赠了一套体育健身器材。如今，在"少年之家"不仅有读书区、运动区、娱乐区，还有放映区、电脑室，其中放映室每个周六下午开放，播放《小兵张嘎》《地道战》等具有教育意义的电影。电脑室有五台电脑，在乡里普及了科普知识。根据实习社工

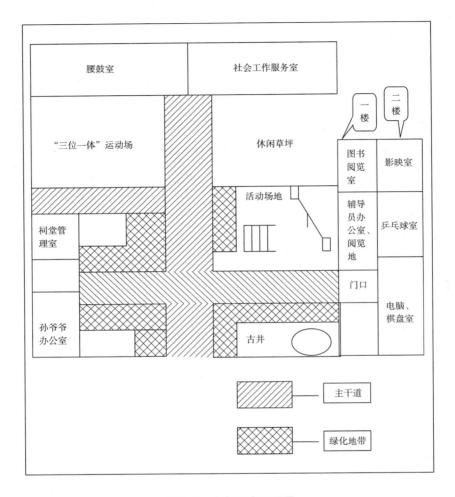

图 6-1 少年之家平面图

2012 年的统计，"少年之家"吸纳正式登记注册的少年儿童 453 名，其中留守儿童 308 名，占 68%（具体情况见图 6-2）。之所以需要登记注册，据创办者孙灶森老人介绍，目的是为了加强管理，对初次进来的少年儿童，孙灶森老人均要对之进行一番有关"少年之家"行为准则与规范的教育、辅导，让他们明白在"少年之家"不能为所欲为，而是要受到一定约束，以保证"少年之家"的干净整洁，相关设施和财产不受破坏，集体活动的纪律。新进来的小朋友必须承诺遵守这些行为准则，进来后如有违反这些规定的行为，孙灶森老人会耐心地对之进行教育。有了这样的管理制度，"少年之家"的气氛既热闹活泼又井然有序,得到了当地居民的好评,赢得了广泛的社会声誉。孙灶森老人还骄傲地为我们展示了两张"少年之家"近两年接待全国夏令营活动的照片,这意味着"少年之家"已为全国各地越来越多的人所知晓。

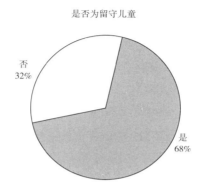

图 6-2　少年之家注册儿童中留守儿童的比例

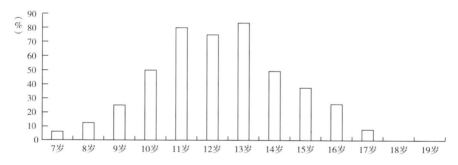

图 6-3　少年之家注册儿童年龄分布

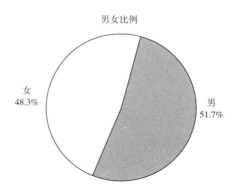

图 6-4　少年之家注册儿童性别分布

6.2.2 "少年之家"服务能力和服务需求的评估

2010 年以来，江西财经大学社会工作专业实习生每年暑期都会进驻婺源"少年之家"实习。这里主要介绍 2012 年暑期笔者指导的社工实习生进入"少年之家"开展服务的情况。社工实习生进驻后，首先从专业的角度对当时的"少年之家"的服务能力和服务需求进行了评估。通过评估发现，"少年之家"为当地留守儿童提供场地进行娱乐、学习及交流，在一定程度上满足了当地儿童尤其是留守儿童的课余休闲和照料服务需求，但也存在不足和问题，包括基础设施建设、环境卫生、资金、儿童社会工作服务理念等，具体如下。

1. 基础设施建设

（1）"少年之家"地处浙源中心小学旧址，因资金问题，楼房年久失修，经受不了恶劣天气。逢冰雹、暴风雨等恶劣天气，门窗就会被损毁。许多教室窗栏生锈、木头腐蚀严重。

（2）娱乐设施为创办者自制或小学原有单杠、爬杆等器械，设施老旧且单调，缺乏较标准的器材及场地，不利于培养儿童对于体育的兴趣。棋类设施也因使用过多而磨损严重，无法继续使用。

（3）图书大多来自社会捐赠和乡村图书工程，捐赠团体多未考虑儿童的真实需求，捐赠的图书中有工具书、养殖书等不适合儿童阅读的图书。而儿童常阅读的约占总图书的 20%。部分图书损毁，但因工作员日常事务繁忙，无法整理修补图书，儿童读物数量减少。

（4）活动室内置设施、场所不完善，如夏季无电扇，冬季无供暖设施，让儿童在较差的环境中活动，夏季过热容易导致中暑，或使儿童对"少年之家"的兴趣减退；冬季过冷使"少年之家"的正常运转得不到保障。儿童活动场地有限。学校旧址是由政府无偿给孙灶森先生使用的，但其只能用旧址的一部分，使得"少年之家"的各活动室略显拥挤，也因场地有限，出现了"三位一体"运动场，即篮球场、羽毛球场、排球场集中在一个场地。

2. 环境卫生

因工作员稀缺，"少年之家"有闲置教室，因不常使用而疏于打扫，教室地面生长青苔。"少年之家"院内杂草丛生，不仅不美观，还易产生不安全因素，如吸引蛇等野生动物，伤害儿童。

3. 资金、工作员问题

"少年之家"的运行依靠创办人孙灶森的退休金和社会捐助，资金不足问题突出。因为资金短缺，无法聘请专职工作人员，工作员较为匮乏。孙灶森先生当时已 86 岁高龄，无法再像以往一样工作，临时由孙先生的儿媳妇和村中一位热心的妇女照看，他们每月只有 100 元的工资，几乎是义务工作，"少年之家"可持续发展问题十分迫切。

4. 留守儿童问题

（1）心理问题。凤山村、查村、沱口等村落内大部分为留守儿童，父母外出打工，儿童由爷爷奶奶、叔叔等亲戚照顾。留守儿童由于缺乏家庭关爱，易出现心理问题，表现为孤僻、抑郁、有被遗弃感等。同时，部分儿童由于长时间与父母分离，缺乏与父母沟通的机会，感情较生疏，表达和沟通能力欠缺，如不会主动打电话问候，甚至不知道在通电话时该和父母交谈什么内容，等等。

（2）教育问题。社工了解到，部分留守儿童由于父母均外出务工，在学习方面得到的辅导、帮助和监督极少，孩子在学习方面长期处于无人过问的状况，这易导致这些小孩对学业产生无所谓的态度。对学业不重视，导致学业退步，进一步使这些儿童对学业失去信心和兴趣，出现逃学、厌学等情况，甚至开始出现行为偏差。从与当地小学教师的交流中，可以发现，留守儿童学业、行为问题较多，学校教师尤其是班主任在教育教学工作中，对这个群体也予以了重点关注。

（3）生活和健康问题。农村留守儿童的父母之所以抛下自己的孩子外出打工，首先是出于改善经济状况的考虑。多数农村留守儿童的家庭经济状况不佳，同时，由于父母不在身边，其营养和健康状况得不到应有的保障。如在饮食方面，得不到应有的营养保证；在个人卫生方面，没有养成个人良好的生活习惯；在生病时也往往得不到较好的救治，只能采取简单的方法治疗，或者置之不理。在体力劳动方面，个别孩子过早地分担家庭负担，这对他们的健康成长也极其不利。"少年之家"中的儿童身高明显达不到同一年龄儿童的标准身高，表现出营养不良。

（4）安全问题。留守儿童父母不在身边，暂时负责照看儿童的成人如爷爷奶奶，因行动缓慢又要兼顾农活，无法较好地照顾留守儿童，甚至一些留守儿童由比自己大几岁的哥哥姐姐来照顾。缺少足够的安全知识和安全意识，又缺乏有效的监管和照看，留守儿童的安全问题很多。就"少年之家"而言，它虽然为儿童提供了活动空间，但因管理员过少，在玩闹时易发生意外伤害。

5. 志愿者匮乏

"少年之家"缺乏专业的志愿者服务队，只有临时人员和乡政府的支援，所以只能在周四中午、周末全天和寒暑假开放，更为常规性的开放得不到保证。一些志愿者也比较业余，不能给"少年之家"提供切实的帮助。

6. 社会工作服务理念缺乏

"少年之家"没有专职的社工人员和社会工作制度及社会工作方案。工作员也没有接受过社会工作专业培训，没有掌握社会工作服务的理念精神和工作技巧，尚未将社会工作的"助人自助"和服务为人的理念融入工作当中，更没有定期开展专业活动为儿童提供服务。

6.2.3　社会工作者的介入策略和服务方案

根据"少年之家"的现状及介入需要，社会工作者确定了如下的介入策略。

1. 介入策略

针对上述介入需要，社工认为，有必要综合运用倡导性工作、发展性工作、治疗性工作，来促进"少年之家"从硬件的物理空间到精神空间的改善。

（1）充分发挥社会工作者的倡导者功能。具体而言，就是为了维护儿童青少年权益，帮助他们提高解决问题的能力，社会工作者不但要从事具体工作，还要充当儿童青少年与资源系统之间的媒介者，提高其引入资源和整合资源的能力，促使县乡政策支持环境的改变。为此，社会工作者要联系"少年之家"与慈善机构，扩大"少年之家"的社会影响力，为民政局、团委、妇联等资源系统提供信息和建议，从而达到改变政策之目的，为维护儿童青少年权益营造有利的社会环境。

（2）充分发挥社会工作者作为儿童发展的促进者功能。在儿童青少年社会工作的"八大辅导"内容中，选择部分内容，有重点地介入。这"八大辅导"是生理健康辅导、学业辅导、心理健康辅导、人际交往辅导、道德与价值观辅导、休闲娱乐辅导、性心理与性教育辅导、就业辅导。考虑到"少年之家"的实际情况，拟选择电脑知识辅导、体育运动与生理健康辅导、心理辅导、交往辅导等内容作为介入重点。

（3）充分发挥社会工作者在儿童全面发展中的治疗者功能。所谓治疗者功能，就是指社会工作者运用专业理论和技术为存在情绪、心理和行为偏差的儿童提供心理辅导、行为纠正、生活照顾等方面的服务。这些工作旨在消除不良心理、修正行为模式，使儿童能够更好地适应社会生活。考虑到"少年之家"附近乡村留守儿童所占比例高达68%，本方案拟以父母均外出的留守儿童为重点，从制度、心理等方面展开相关的治疗活动。

在以上介入体系中，儿童社会工作者的角色可以用图6-5表示。

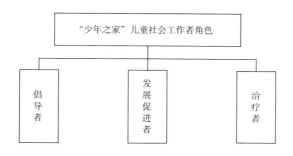

图 6-5　"少年之家"儿童社会工作者角色

2. 解决方案

A　基础设施建设问题解决方案

（1）对"少年之家"建设经常翻新、维修。社会工作服务队组织志愿者一起进行义务劳动，对生锈的窗栏重新刷漆。同时加强"少年之家"的日常管理，及时关好门窗、整理好器材，避免恶劣环境对设施的损坏。

（2）整合社会可利用资源，争取社会组织、企业、个人捐赠新的体育器材，满足孩子锻炼身体的需求。

（3）在拓展资源获得渠道的基础上，避免出现浪费资源现象。社会工作服务队收集磨损图书进行修补，并加强爱护图书的教育。同时，协助"少年之家"加强制度规范，培养社会参与意识与公共物品保护意识，每隔一段时间组织孩子与工作员一起修补损坏图书。

（4）做好"少年之家"的宣传工作，如撰写新闻稿等，提高"少年之家"的知名度，争取捐款，购置必要设施，营造更为舒适的环境。

（5）协调社会关系，从空间上优化环境，减少安全隐患，拟协助"少年之家"有效利用土地，使不同场所的体育器材集中在同一场所。

（6）对"少年之家"的电脑进行软件更新，为儿童提供更好的娱乐和学习条件。

B　环境卫生问题解决方案

（1）社会工作服务队拟开展两期"少年之家是我家，环保卫生靠大家"社区社会工作，组织孩子以及工作人员一起拔草，打扫闲置教室，冲洗地面，擦洗窗台等。同时，利用公益性劳动的机会，以社工的示范效应和说服方式，植入保护公共卫生观念。

（2）对"少年之家"的树木进行修剪及移除，方便儿童活动及使用娱乐器材，提高"少年之家"的人性化程度。

（3）协助"少年之家"制定爱护或者破坏环境卫生的奖惩管理条例，奖惩条例应以软约束为主。

C　资金短缺问题解决方案

（1）拓展关系网络，招募志愿者参与义务劳动，缓解"少年之家"的资金压力。

（2）社会工作服务队以及"少年之家"负责人、管理人在村里及附近开展一期"少年之家需要我帮忙"募捐活动，激发村民的慈善意识、感恩的心，同时呼吁村民尤其是村落中的精英关注"少年之家"的长期发展。

（3）社会工作者携手政府相关人员为"少年之家"搭建公益资源交流平台，帮助解决信息不对称造成的资助方与"少年之家"沟通不畅、公益资源不能有效利用的问题。同时，发挥社会工作的媒介倡导功能，扩大"少年之家"的社会影响力，使其走向全国甚至境外，以利于尽可能多地整合可利用资源。

D　工作员问题解决方案

一方面，由孙灶森自己物色可信任的人选担任"少年之家"负责人；另一方面，社工协助利用媒体在全国招募有能力、有意愿的长期志愿者，并由社会工作服务队对其进行专业知识培训，提升儿童社会工作者的专业化能力。

E　儿童问题解决方案

（1）在儿童社会工作服务室设立心理咨询室，跟踪留守儿童的心理动向，有效地回答、解决留守儿童的心理问题。开展"快乐少年，明媚成长"情绪管理小组，提升孩子控制情绪的能力，使其能正确表达负面情绪。成立朋辈沟通小组，培养孩子与同辈的沟通技巧。开展夏令营活动，培养儿童的实践能力，开阔其视野。开展趣味体育竞技活动，让儿童在趣味比赛中获得快乐，收获成长。开展"社工儿童一家亲"、团康晚会等社区活动，丰富儿童的文娱生活。

（2）社会工作服务队对学习困难的学生进行"一对一"辅导，加强其对学习的信心。必要时对当地小学教师进行走访，了解其教学方案与教育方法，对体罚学生的老师进行个案干预，要求老师改变错误的教育方法，以达到让孩子快乐学习的目的。

（3）加强对留守儿童卫生良好习惯的海报宣传工作，加强倡导，关注留守儿童的营养健康问题。留守儿童的家庭经济状况是由农村经济发展滞后产生的，短时期内无法改变，社会工作服务队将"助人自助"的理念宣传出去，协助村民挖掘当地可利用资源，进行政策倡导，呼吁当地政府关注儿童的营养健康；在"少年之家"利用海报、小组游戏等方式加强留守儿童的个人卫生良好习惯养成。

F　志愿者匮乏问题解决方案

由社会工作服务队进行志愿者的精神宣传与鼓励，在村里以及政府机关招募有爱心的能人志士加入"少年之家"的行列。向政府相关部门建议，对于"少年之家"志愿者由民政部门授予证书，或进行精神奖励，从而从根本上为扩大资金来源渠道建立荣誉激励体系。

G　社会工作服务问题解决方案

社会工作服务队利用闲置的教室，进行清扫打理，成立专门的"儿童社会工作服务室"，在服务室张贴社会工作相关制度，让更多参观的人了解社会工作专业知识，也为社会工作服务队开展小组工作提供了良好环境。制作展板，并在村里明显位置摆放，宣传儿童社会工作，并展示青少年普遍问题及解决问题的方法，使当地居民了解社会工作相关知识。

6.2.4　"少年之家"案例的总结与反思

婺源县浙源乡"少年之家"儿童社会工作项目与万载县白水乡永新村

的妇女互助储金会、老年协会一样，自 2004 年成立起，多年来一直持续发展、未有中断。时至今日，每到周末，"少年之家"里面依然少年成群，学电脑的、看书的、运动的、看电影的，各取所需，其乐融融，成为留守儿童真正的"精神家园"。而综观目前全国各地由地方政府或社区组织建立的一些所谓"留守儿童之家"，绝大部分是有名无实、流于形式，挂牌时热闹一下，第二天就关门上锁了，因为没有专门的场地，多是临时占用一下，或者没有专门的人员管理和一系列的管理制度，缺乏资源，小孩没有兴趣。而婺源县浙源乡"少年之家"的真实存在及其广受欢迎的发展态势，值得我们深思。

检视婺源县浙源乡"少年之家"的身份，可以发现其并不是一家公办的（即政府或官办教育机构、团体所办）校外教育或社区教育机构，也非有基金会支持的 NGO①，而是具有创办者自掏腰包的"自助"性质。

"少年之家"之所以能成功创办和发展，笔者认为有两条经验值得借鉴：一是有一位热心留守儿童教育与公益事业且懂教育管理的创办人，即孙灶森老先生。他曾是小学校长，且热心教育公益事业，其行为并非类似一些地方政府的作秀；二是在场地投入上得到了政府和社区的支持，比如，"少年之家"于 2004 年创办时得到了村委会的支持，将场地设在村里的老祠堂，2007 年又争取到了乡政府的支持，乡政府将浙源中心小学搬迁新校区后闲置的一幢教学楼腾出给"少年之家"使用。这说明在留守儿童的社区教育或校外教育（或从社会工作角度讲的社区照顾）的发展上，选择一个真正热心教育公益事业且懂教育的管理者并由政府在举办场所与设施上给予一定支持是至关重要的。有了这样的主客观条件，"少年之家"一类的机构，才不会流于形式和沦为作秀，真正发挥其对于留守儿童的关爱作用。

当然，作为一个社会工作者或社会工作的研究者，我们在分析婺源县浙源乡"少年之家"成功经验的同时，也要关注和反思其面临的局限性。社工实习生 M，曾在该"少年之家"志愿服务两个月，她曾多次不无忧虑地对笔者说，"孙老先生已经八十多岁了，年纪太大了，怎么管得过来呀？"

---

① 虽然该"少年之家"也曾获得个别基金会（比如在江西财经大学人文学院的联系下，香港斯图特基金曾为"少年之家"捐赠运动器材和一些图书），但总的来说，这些基金会的支持是微不足道的。

"孙老先生如果有一天走了，'少年之家'该怎么办呀？"这种担忧其实就是前面的分析中提到的"工作员缺乏"造成的"可持续发展问题"。目前婺源县民政局和浙源乡政府采取的解决办法是，聘请了两名临时人员作为志愿者轮流负责该机构开放时的日常管理，以分担孙灶森老先生的负担，但这尚没有解决该机构在"后孙老先生时代"的管理与归属问题。目前，该机构是由孙灶森老先生完全出于公益心所举办，以后怎么办？孙灶森老先生开创的事业该怎样继续下去？要可持续发展下去，还得有制度化的保障。

在与县民政局负责社会工作相关事务的官员 J 交流时，我们欣喜地发现，县民政局已经对该问题有所思考和研究。已获得中级社会工作师资格的 J 谈到，县民政局正在考虑将浙源乡"少年之家"作为全县第一家政府购买社会工作服务试点，打算在"少年之家"设立两个兼职岗位，选聘两位有初级社会工作师资格者，管理"少年之家"的日常事务。我们对此深表赞赏，并进一步向他们建议，作为农村社会工作发展时期的一种过渡，并不一定要拘泥于专业化，关键是要利用好本土化资源和优势资产，如果没有合适的专业社会工作者人选，购买的岗位可放宽至有儿童社会工作或儿童教育相关经历者（包括有相关经验的"老教师""老干部"在内的"五老"）①，但需热心儿童公益事业，有奉献精神，聘用后经过一定的社会工作培训，再上岗。当然，随着农村社会工作人才队伍建设的发展，未来可进一步推进留守儿童社会工作机构的专业化甚至综合化，逐步发展融日间照料、教育与心理辅导、素质拓展为一体的社区照顾服务，推进农村社会工作、社区教育与学校社会工作齐头并进。

6.3 乐平未保中心"阳光儿童之家"案例

6.3.1 项目背景

2016 年 2 月，国务院发布《国务院关于加强农村留守儿童关爱保护工作的意见》（以下简称《意见》）。该《意见》明确指出，要加快孵化培育

---

① 万载县永新村妇女互助储金会、老年协会的案例与"少年之家"孙灶森老先生的案例均表明，"五老"资源是农村社会工作发展中可资利用的一种优势资源。农村社会工作在发展过程中，优势视角是一个基本的思路，利用好本地优势资源、拓展社会工作资源，既能节省成本，克服资源瓶颈，又能取得实效，促进农村社会工作的可持续发展。

社会工作专业服务机构、公益慈善类社会组织、志愿服务组织，民政部等部门要通过政府购买服务等方式支持社会工作专业服务机构等公益组织深入城乡社区、学校和家庭，开展农村留守儿童的监护指导、心理疏导、行为矫治、社会融入和家庭关系调适等专业服务。《意见》出台后，在中央财政的支持下，江西省民政厅及其直属机构江西省救助管理总站决定通过政府招标购买 2016 年未成年人社会保护服务（培训）试点项目。这也是江西省正式实施的第一个政府招标购买社会工作服务项目。经过招投标，江西财经大学的实习合作单位 T 机构等两家单位分别中标 A、B 两个标段，各负责江西6 个县的未成年人社会保护服务（培训）试点工作，中标经费各为 50 万元。招标方在项目启动仪式上明确表明，本项目所界定的未成年人，不同于以往所界定的困境未成年人，本项目的实质就是留守儿童社会保护服务，这是配合国务院常务会议通过《意见》后民政工作的需要。承接主体必须为每个未成年人社会保护试点县市安排两名全职社工，提供以下两方面的服务。

（1）未成年人社会保护服务：包括两方面任务，一是全面参与未成年人社会保护工作，做好未成年人的摸底评估、监测预防工作（实质就是前文已提到的，配合基层政府做好留守儿童数量和状况的摸底排查工作）；二是对困境留守儿童进行风险等级评定，并提供困难帮扶、监护指导、医疗救治、教育矫治、心理疏导、法律援助等个性化、专业化的社工服务，做好跟踪回访、典型案例及工作经验总结宣传等工作。

（2）社会工作者培训服务：培训服务范围内未成年人保护机构的工作人员 4 次，孵化培育未成年人保护工作的本土社工队伍 1 支，对社区、乡镇（街道）、村等未保专干进行专业提升和业务培训 2 次。

江西省乐平市为此次未成年人社会保护服务（培训）试点项目的 12 个试点县（市）之一。两位分别具有中级社工师和助理社工师资格的社会工作专业研究生 L 同学和 G 同学从 2016 年 5 月入驻乐平市未成年人社会保护中心开展未保工作服务。2017 年 1 月，江西省未成年人社会保护服务（培训）试点项目顺利完成，但乐平项目点并未停止，鉴于该点的出色表现，联合国儿童基金会将乐平确立为儿童保护试点项目，因此乐平的儿童保护服务至今仍在持续。

6.3.2　乐平市留守儿童基本情况

乐平市为县级市，地处赣东北腹地，属于中部欠发达地区，是劳务输出大县（市）。市域面积 1980 平方公里，下辖 18 个乡镇和城区 2 条街道，行政村 300 多个。2015 年年末户籍人口 93.19 万人，总户数 27.47 万户，其中农业人口 61.84 万，占全市人口的 66.36%。每年外出务工 30 余万人，全市每 3 个人中有 1 人外出务工。18 岁以下人口 25.44 万人。2016 年 7 月留守儿童摸底排查数据显示，L 市有农村户籍的 16 周岁以下未成年人 191713 人，其中留守儿童 39977 人（前面已说明，仅指父母双方均外出的留守儿童），男女性别比为 2.3：1.7。留守儿童占 16 周岁以下未成年人总数的比例为 20.85%。留守儿童中，辍学的 480 人，残疾的 607 人，患病的 365 人。在父母均外出务工的情况下，89.7% 的留守儿童由祖父母或外祖父母监护。无人监护、父母无监护能力、监护情况差的留守儿童也占有一定比例。

乐平市是全国第二批未成年人社会保护试点单位，也是江西省救助站 2016 年度全省未成年人社会保护服务（培训）试点项目之一。乐平市委、市政府对试点工作很重视。乐平市民政局、乐平市救助管理站也比较积极地支持和配合社工的工作。

6.3.3　乐平未成年人社会保护中心的建设

1. 未成年人社会保护中心的设立

乐平市未成年人社会保护中心（以下简称"未保中心"），为 L 市民政局下属事业单位，成立于 2013 年末，2014 年初正式投入使用。未保中心和 L 市救助管理站（以下简称"救助站"）采取的是"两块牌子、一套人马"的运作方式，共用办公和服务场地。未保中心总面积为 1000 平方米，建有一栋融救助、办公、服务于一体的办公大楼。该楼设有办公室、洗浴室、未成年人和成年人隔开的宿舍以及各种功能室，另外还设有值班室、医务室和食堂。未保中心共有工作人员 9 人，1 人因家庭原因处于内退状态，1 人为专职保安兼保洁人员。因此，实际参与救助管理和未成年人社会保护工作的工作人员总数为 7 人。9 人中，除了 2 人为事业单位编制外，其余均为政府公益性购买岗位从业人员。未保中心的服务对象为 L 市 18 周岁以下的未成年人，实际工作中则以流浪未成年人、留守儿童和困境儿童为主。

2. 未保中心的组织架构

乐平市未保中心和救助站合署办公，未保中心的负责人为救助站站长，全权负责救助站和未保中心的各项事务。救助站的传统职能是救助流浪人员，未保工作是 2014 年以来新增的业务。救助站内设救助科、未保科、办公室、财务室、值班室（见图 6-6）。在江西省未保试点项目向 L 市未保中心派驻 2 名社工之前，未保中心没有具体负责未成年人社会保护的工作人员，未保科和救助站没有明确的人员分工，实际上这两个科的 2 名业务人员是重叠的。项目社工入驻后，未保中心才有了专门的业务人员。

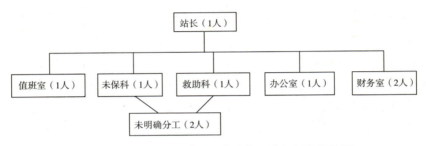

图 6-6　乐平市未保中心（救助管理站）组织架构图

未保中心的 7 名工作人员中，男性 6 名，女性 1 名，且该名女性为未保中心会计，所以开展未保业务工作的都是男性。在年龄结构方面，30 岁及以下的 3 人，30~50 岁的 2 人，50 岁及以上的 2 人。在受教育程度上，学历为大专的 2 人，其余均为高中文化水平。工作人员中没有教育、心理、社会工作等相关专业和教育背景者，可见专业化程度较低。

3. 未保中心的场地、设施及经费来源

未保中心建在乐平市近年新开发的区域，距离城市主干道 200 米左右，地理位置较为偏僻。根据 2008 年 12 月正式实施的《流浪未成年人救助保护中心建设标准》，未保中心的未成年人用房包括入站登记处、生活、教育、文体活动区和医务用房五大块。未保中心专门配有供未成年人生活、学习和娱乐的功能区，包括男童和女童宿舍，各有三个床位，并且和成年人宿舍分开；学习室配备课桌和学习用品；活动室配备各种游戏道具，小操场配备基本体育健身器材等。各种设施大多为中心成立时配备的，后期较少增添，所以比较陈旧，有些甚至不能使用。

未保中心的资金主要来源为中央财政拨款的专项资金和地方财政的配套资金。未保中心的财政资金支持依据来自民政部《中央财政流浪乞讨人员救助补助资金管理办法》第九条中"补助资金要专款专用，用于生活无着的流浪、乞讨人员主动救助、生活救助、医疗救治、教育矫治、返乡救助、临时安置以及未成年人社会保护等救助保护支出"。其中，未成年人社会保护支出是指为强化流浪未成年人源头预防和治理而开展救助保护线索收集、监护情况调查评估、跟踪回访、监护教育指导、监护支持、监护资格转移诉讼等工作的开支。未保中心在2014年正式运作以来，中央财政专项资金为50万元左右，地方配套资金为30万元。对于未成年人社会保护工作所花费的资金占专项资金的比例并没有明文规定，都是根据实际情况安排开支。项目社工入驻后，由于开展活动较多，未保工作的经费支出有所增加。

6.3.4　服务开展情况及成效

1. 与当地政府、未保工作相关部门对接

社工入驻未保中心以来，每一次的大型活动都是与乐平市民政局、未保中心充分讨论后开展的。"阳光儿童之家"示范点的确定，也是和民政局分管领导以及未保中心一起调查研究以后确定的。为了宣传和推进未保项目，社工多次走访众埠镇、双田镇、乐港镇、接渡镇等乡村社区。在学校方面，与双田中学、圩里小学、里汪小学建立了关系，并走访了乐平市法律援助中心、省荣军医院乐平分院等单位，以争取工作上的支持；同时，调查未成年人社会保护工作的开展情况，了解他们的实际需要。

2. 未成年人社会保护知识培训

为了推进乐平市未成年人社会保护工作，切实帮助未成年人，社工在乐平市民政局和未保中心的支持与帮助之下，共同筹办了针对全市三百多名未保专干的未成年人社会保护知识培训。来自江西财经大学人文学院的专家以国务院13号文件——《关于加强农村留守儿童关爱保护工作的意见》为基础，理论联系实际，生动形象地讲述了开展留守儿童社会保护工作的重要性和迫切性，并分析了留守儿童目前所存在的主要问题和成因，以及开展留守儿童社会保护的路径与方法。通过培训，各民政办主任和社区主任以及各村未保专干明确了自己的工作职责，增长未成年人社会保护的相关知识。这对于乐平市未成年人关爱与保护工作的推进有着重大的意义。

3. "阳光儿童之家"示范点打造初步完成

现阶段的留守儿童工作最基层的单位是村委会，但是在村委会，各项烦琐事务非常多，经过多次接触，社工发现，依托中心村小学打造留守儿童保护服务示范点是比较适合的。一是因为学校教师基本文化素质有一定的保证；二是在义务教育的政策下，基本所有的儿童都要进入学校学习；三是相较于村委工作人员，学校的工作人员更务实；四是学校有独立的场地，便于开展活动。基于以上几点，社工确定把学校作为开展未成年人保护工作的主要阵地，并把第一个"阳光儿童之家"放在里汪小学。"阳光儿童之家"于2016年9月13日开始启动。之后，社工依托"阳光儿童之家"开展了一系列社区、小组、个案工作。

4. 未成年人社会保护队伍建设初步落实

乐平市未成年人社会保护队伍建设的思路是充分利用城乡基层现有资源，通过整合公益组织、妇联、共青团、学校、社区、乡镇等资源，设置未成年人保护岗位，加强专业培训，加大投入力度，在社工的带领下，构建"政社校"合作的未成年人保护人才队伍，推动未成年人保护事业的可持续发展。

里汪村的"阳光儿童之家"整合了学校和村委会的资源，发动乐平市本地两家公益组织参与活动的筹备和实施。以举办大型社区活动为契机，社工培训义工，提高义工开展服务的能力；义工提供具体服务并提出改进服务的建议，弥补社工人手不足。通过这种社工加义工"双工联动"的模式，加强社会保护服务队伍建设，提升社会保护服务的专业化。

总体来说，在两位社工的努力和乐平市救助站的配合下，经过8个月的驻点服务，乐平市的未成年人社会保护服务（培训）试点项目取得了一定的成效，较好地完成了项目计划书拟订的各项服务指标（具体见表6-1），并获得了有关部门和领导的高度认可。2016年6月16日，民政部社会事务司王金华司长和杨剑副处长来到乐平市未保中心，考察指导农村留守儿童关爱保护工作项目。乐平未成年人社会保护项目点社工、江西财经大学社会工作专业研究生L同学和G同学向王司长汇报了未保中心的服务开展情况。王金华司长对乐平农村留守儿童关爱保护工作成效给予了充分肯定，并希望社工研究生能够发挥好专业引领作用，推动当地未成年人的保护工作。

表 6-1　乐平市未成年人社会保护服务（培训）试点项目量化指标跟踪表

服务类型	项目分类	评估指标	指标完成情况
探访	居家探访	探访户数	96
	电访	人次	110
个案	咨询个案	咨询人次	110
	专业个案	个案建档率	100
		接案个数	10
		完成个案服务	5
		完成个案总结报告	2
小组	支持性/互助性小组	小组个数	4
		小组节数	21
		小组服务人次	271
		完成小组总结报告	4
社区活动	开展活动	开展次数	1
		服务人次	215
	社区宣传	开展次数	3
		服务人次	112
	教育讲座	开展次数	2
		服务人次	202
培训	专业知识培训（针对未保机构工作人员）	培训次数	2
	业务能力培训（针对未保专干）	培训次数	2

6.3.5　"阳光儿童之家"示范点

1. 示范点的建立

留守儿童的健康成长关系到国家的未来。乐平市 2016 年留守儿童摸底排查数据显示，乐平市有留守儿童近 4 万人。南昌 T 机构为未保中心安排 2 名全职社工提供为期 8 个月的社会工作专业服务。在人力资源和时间有限的条件下，难以提供覆盖全市的专业社会工作服务。根据这一现实情况，社工在与乐平市民政局、未保中心经过会议讨论和实地调查以后，确定首先在乐港镇里汪村里汪小学打造一个"阳光儿童之家"示范点，形成一套可复制的留守儿童关爱服务模式，之后再逐步推广。乐港镇里汪村是一个大行政村，有几百名留守儿童，村委会、学校等很关注留守儿童的保护工作，所以把里汪村作为村一级留守儿童社会保护工作重点村有利于试点工作得到社区的支持。

2. 生态系统理论的视角

留守儿童社会保护工作是系统工程，仅仅依靠外来力量无法实现真正意义上的保护，留守儿童本身所处的生活环境才是解决保护问题的根本。因此我们非常重视家庭的作用，运用生态系统理论的视角，整合资源，充分打造未成年人的生态系统，从儿童自身及其与家庭、朋辈群体、社区、学校、服务机构等的互动关系中分析儿童问题，识别所需资源，提供专业服务，促进儿童发展。

3. 服务目标和服务内容

试点工作的根本目标是建立村一级留守儿童社会保护示范点。具体目标如下：①完善留守儿童社会保护的基础设施建设；②建立里汪村困境未成年人信息档案库，并进行专业帮扶；③建立留守儿童保护的发现-报告-响应机制；④加强对困境留守儿童的干预保护和服务，进行风险等级评定，并提供困难帮扶、监护指导、医疗救治、教育矫治、心理疏导、法律援助等个性化、专业化的社工服务；⑤提供支持性服务，通过兴趣发展、学业辅导、教育讲座等方式帮助留守儿童健康成长。

4. "社区-小组-个案"的服务推进模式

乐平市全市人口共93万，是一个人口较多的县级市，但该市社会工作的基础较为薄弱，助理社会工作师或中级社会工作师极为缺乏，从事社会工作的专业人员更加稀缺。无论是政府部门，还是企事业单位，知道社会工作的人极少，更不用说了解社工的工作内容和理念了；精英流失严重的城乡地区的居民群众更加不了解社会工作。

为在乐平打开未成年人专业社会工作服务的局面，社工首先采取社区工作的方法，以加深村民对试点项目有一个初步的认知，再通过小组工作、个案工作，逐步推进。社工通过在乐平市最大的乡镇——众埠镇开展未成年人社会保护宣传讲座，对全市各村三百多名未保专干进行社会工作基础知识和未成年社会保护项目解读的培训；通过在里汪小学开展大型中秋游园活动等社区工作，增加居民群众对社工和未成年人社会保护项目的认识，为后续服务做好铺垫。在社工和未保项目具有一定的知名度以后，再开展丰富多彩的兴趣小组、学习小组和成长小组。在小组中发掘需要进一步跟进的个案，做一到两个典型案例。当然，社区工作、小组工作和个案工作这三大方法并不是截然分开的，在实际的工作中有交叉。而且，除了这三大方法，社会调查、探访等也是重要的方法。

5. 项目成效及社会影响

"阳光儿童之家"从 2016 年 9 月 13 日启动以来，进展总体上较为顺利，取得了一定成效，具体表现在以下几个方面。一是里汪小学"阳光儿童之家"已经完成了硬件设施建设。二是开展大型社区活动一次。通过开展"阳光儿童之家"启动仪式暨里汪小学中秋游园活动，宣传了社会工作和未成年人社会保护项目，与学校、里汪村委会建立了关系，为开展进一步的服务奠定了基础。三是使内容丰富的兴趣小组和四点半课堂（课后托管）常规化等。四点半课堂为 20 余名学习困难的留守儿童提供课业辅导。乒乓球、书法兴趣小组深受学生欢迎。四是开展了专业的个案辅导、心理咨询和困境儿童家庭探访服务，社工每周四到学校为留守儿童提供咨询，跟进个案，进行探访等专业服务。五是开展了亲情一线牵服务，为长久不能和父母见面的留守儿童提供和父母视频联系的服务，通过这一服务，增进亲子关系。六是招募了以学校的热心老师和学生为骨干的志愿者队伍，依托四点半课堂对学生（特别是留守儿童和困境儿童）进行功课辅导，协助"阳光儿童之家"的日常管理和维护。总体来看，"阳光儿童之家"的一系列活动为留守儿童提供了健康的娱乐方式，发展了这些儿童的兴趣，培养了他们自我管理的能力，激发了他们的学习动力，引导了留守儿童的正能量发展。

"阳光儿童之家"的努力和成绩也获得了外界的认可。江西日报曾专版报道乐平"阳光儿童之家"驻点社工组织本土志愿者对困境儿童的探访活动。[①] 江西省救助站对"阳光儿童之家"考察后，对社工的工作非常赞赏，并邀请社工 L 在全省的留守儿童社会保护服务部门进行专门培训。

2016 年 12 月，经由民政部的引荐和省民政厅的推荐，联合国儿童基金会中国项目处处长陈雪梅女士亲临乐平市考察留守儿童社会保护服务状况，

---

① http://epaper.jxnews.com.cn/jxrb/html/2016-11/20/content_373214.htm.

并专门参观了里汪村"阳光儿童之家"。考察人员对社工 L 和 G 等人打造的"阳光儿童之家"示范点给予了高度肯定。联合国儿童基金会因此把乐平市未成年人社会保护中心确立为联合国儿童基金会儿童保护项目试点单位，首批资助期限为一年，资助金额为 3 万美金。2017 年 6 月 27 日，联合国儿童基金会官员再次莅临乐平考察，对试点项目较为满意，目前已初步达成了将项目延续三年的意向。

6.3.6 乐平未成年人社会保护服务（培训）试点项目的反思

乐平的未成年人社会保护服务（培训）试点项目及其打造的"阳光儿童之家"项目虽然取得了一定成功，获得了初步成效，但试点时间毕竟较短，借用某机构管理者的话，即"试点工作，第一年都是摸索，第二年不断完善，第三年才能真正出模式"。乐平的留守儿童社会保护工作还任重道远。从专业社会工作和儿童社会保护服务的角度审视和反思，可以发现，乐平未保项目的发展尚存在诸多不足之处和问题，有待进一步改进。

第一，未保中心的职能定位不清。未保中心依托当地的救助管理站开展实际工作，将救助管理站拓展为当地的未成年人保护管理机构。这种将救助管理机构提升为未成年人社会保护管理机构的做法，导致服务和管理职能不清。未保工作与合署办公的救助管理工作存在角色矛盾。在实际工作中，无论是服务经费、人员配备还是工作安排，救助管理站习惯性地以救助管理为优先选择，不利于未成年人社会保护工作的开展。此外，社会机构和群众也对救助管理站形成了固有认识。比如，曾有一个困境儿童需要长时间跟进，但当地民政办主任没有把他转介到未保中心，因为他认为未保中心和救助管理站一样是提供临时救助的机构。未保中心与救助管理站之间的交叉也影响服务对象对未保中心的接纳。

第二，服务留守儿童的未保工作人员队伍人数不足，且本土化、专业化水平低。从前文可知，乐平市有近 4 万名留守儿童，分散在 18 个乡镇、300 多个行政村。但未保中心在项目社工未进驻之前，只有 7 名工作人员，且其中从事业务工作的仅有 3 名（含站长），数量严重不足。另外，现有的人员队伍中，结构不够合理，专业化水平较低。县未保中心现有工作人员的性别比例严重失衡，年龄结构老化，受教育程度偏低，且没有社会工作、心理学、社会学等专业毕业的工作人员。未保中心成立初期，以救助管理工作为主，所以配备的工作人员主要为年轻的男性。随着经济的发展和全国救助管理系统的完善，"跑站"现象减少，需要临时经济救助的人也越来越少，救助管理工作的负荷在不断减轻。自从留守儿童关爱保护工作由民政部门牵头，未保中心负责具体落实以来，留守儿童社会保护工作越来越成为未保中心和救助管理站的主要工作，但是未保中心工作人员的数量并未相应增加，队伍建设没有得到相应的加强。从调查中得知，未保中心现有的工作人员参与的培训偏重救助管理，大部分的工作人员参与过有关救助管理的培训，但仍有 3 人没有参加过任何有关留守儿童社会保护工作的培训。

另外，基层的未保专干队伍发展艰难。未保中心也在尝试培养本土的人才，但是在中部欠发达地区，人们对于未成年人社会保护工作重要性的认识不足，培养愿意投身这项工作的本土人才也存在较大困难。社工也努力尝试发展一些基层未保专干，邀请他们一起参与具体服务，但他们认为自己基础差，很难达到社工的专业水平，加上还有其他繁忙的工作，投入热情不高，效果甚微。在此情况下，未保中心非常依赖外来的力量，尤其是驻点的项目社工。但是政府购买外来社会组织的服务有一定的周期，一旦外来社会组织撤离，现有的工作如何延续将是未保中心面临的迫切问题。

第三，留守儿童社会保护服务工作与社区联系不够紧密。社区和各类社会组织（包括民办非企业单位、社会团体和基金会）是留守儿童社会保护工作的重要力量。留守儿童社会保护工作需要整合社区内部资源。在国外和我国的香港、台湾地区，社区和社会组织都在儿童保护工作中发挥积极作用。根据对与留守儿童社会保护工作相关部门工作人员的调查，未保中心与社区的联系情况如表 6-2 所示。

表 6-2　未保中心与社区所在单位联系的紧密程度

单位：%

	频率	百分比
联系紧密	2	28.6
联系一般	1	14.3
联系较少	2	28.6
基本没有联系	2	28.6
合计	7	100.0

　　表6-2的调查对象包括乡镇的工作人员、当地公益组织负责人、志愿者、学校老师以及社区未保专干等。从表6-2中可以看出，未保工作人员与社区缺少必要的联系，缺少对社区资源的整合力度。社区是人们生活的地方，但未保中心的工作人员极少进入社区通过与未成年人、监护人、邻居、居委会或村委会工作人员的接触去了解未成年人的需要。笔者在工作中发现，农村社区的村委会都有人力和场地为未成年人服务。比如，乐平市农村所有的村委会都配有农家书屋，但是未保中心的工作人员大部分都不知道这一情况，更不要说整合这些资源为未成年人服务了。同时，社区中也蕴藏着丰富的志愿者资源。笔者了解到，L市的志愿者团体发展良好，先在民政局备案的志愿者组织就有近10个，但在省未保试点工作开展之前，未保中心从来没有和其中的任何一家志愿者组织合作开展服务。在社区备案的社会组织，如老年协会、各类趣缘团体，城乡社区服务类组织，如课后托管班、培训学校等都是参与留守儿童社会保护工作的积极力量，未保中心也没有和这些组织建立关系，更没有利用这些组织的力量来推动L市的留守儿童社会保护服务工作。未保中心的服务方式都是单向的给予，留守儿童是单向地接受，社区内的各种力量只是配合，而缺少参与，更不用说发挥主动性了。

　　第四，当前法律对留守儿童的家庭监护职责缺乏清晰规定。这不利于落实对监护行为的干预和监督。在具体的工作中，因为法律规定的政府对未成年人的监护职责内容比较笼统，对监护人或代理监护人的基础责任规定不清，无法为落实和监督监护权提供具体的指引。部分父母外出务工，把子女交由年迈的父母抚养，平时很少或者根本不与子女联系，也不提供生活费用。社工发现这样的情况后，对于能够取得联系的父母，通过电话沟通提出改变建议，但是收效甚微。此外，因为血缘亲情，大部分困境儿童的亲属都会提供力所能及的帮助，这些帮助都是出于亲属的自觉，对于有能力提供帮助却不提供的亲属，除了道德风俗的约束，并无责任要求，因而不利于落实家庭（亲属）的基础责任。

　　第五，"阳光儿童之家"的实务内容未凸显监护干预等权益保护主题。对留守儿童开展社会保护服务试点的目的是要加强对留守儿童家庭监护的干预，干预的对象应该是监护失责的成年人以及受到侵犯、伤害或遭受意外安全事故的留守儿童。目标是建立留守儿童保护的发现-报告-响应机制；同时，加强对困境留守儿童的干预保护和服务，进行风险等级评定，并提供困难帮扶、监护指导、医疗救治、教育矫治、心理疏导、法律援助等个性化、专业化的社工服务。但"阳光儿童之家"实际开展的实务活动对这一主题有所偏离，实务活动与传统的儿童社会工作服务内容没很大的区别。比如，"四点半课堂"、学生兴趣发展服务、大型团体康乐活动等，仍是针对留守儿童教育、社会交往等问题的社会工作介入。开展的安全教育讲座、法制教育讲座虽涉及留守儿童安全主题，但并未涉及对监护主体家长的培训。所开展的实务中，更未涉及对实际监护失责家庭的个案干预和处置。监护干预是留守儿童社会保护服务的核心问题，也是难点问题。

第六，"阳光儿童之家"项目打造过程中，与相关部门的合作、协调、联动机制和实操程序不健全。未成年人社会保护工作，单靠未保中心是做不好的。未成年人社会保护工作涉及20多个部门，其中民政、教育、司法、妇联等部门的作用尤为重要。目前，未保中心与其他部门携手合作开展业务的情况非常少，两名工作人员甚至不知道未保中心应该与其他部门合作。究其原因，一是政府层面，缺少对相关部门资源的整合机制。根据未保中心收集的团市委、市妇联、市教育局等部门关于留守儿童工作汇报的文件，团市委有一支280余人的骨干志愿者队伍，组织青年志愿者围绕学业辅导、亲情陪伴、感受城市、自护教育、捐款捐物几个主题帮助留守儿童；市妇联有"爱心妈妈"结对帮扶项目和"妇女儿童之家"项目；教育部门开展了"爱心代理妈妈"结对帮扶项目，在农村中小学开展"阳光守候、亲情连线"服务，建立农村学校少年宫等。乐平市与未保工作相关的各部门都是单打独斗，没有形成合力，未保中心也没有发挥协调的作用。目前制度层面尚未形成未保中心和教育、公安、司法、卫生等部门有效联动的未成年人社会保护服务的实操程序。这导致在实际操作中缺乏操作权限的具体区分、界定及协调、配合的细则，也缺乏具体的评估准则，比如对于何为虐待、何为缺乏监护能力没有严格的界定，干预行为因此难以落地。对此，美国的儿童保护服务对社工的介入从接案、初始评估与危机处置（与警察协作）、家庭监护能力评估、服务计划、结案有一套严格且专业的法定程序，可供我国未成年人的社会保护工作者参考。[1]

为此，必须在以下几个方面努力，加强留守儿童社会保护服务的专业化

---

① 蒋国河、周考：《美国的儿童保护服务及其启示》，《社会福利》（理论版）2015年第4期。

人才队伍建设，完善留守儿童社会保护服务的体制机制，以进一步推进留守儿童社会保护服务工作。

其一，要建立本土化、专业化的人才队伍。从目前的情况看，为加快专业人才队伍建设，需要双轮驱动，既培养本地人才，又引进专业社工。从事未成年人社会保护服务的专门人才队伍包括两种类型，一是未保中心工作人员，二是乡镇、村社区的未保专工。就未保中心而言，相对于培养本地的专业社工，引进社工是一个更高效的方式。未保中心可以在编制允许的情况下，设置专业社工岗位，通过事业单位考试招募社工专业人才；也可以通过岗位购买的方式引进专业社工，还可以通过政府购买服务项目的方式，引进社工机构内的专业社工。未成年人社会保护服务另一个重要的力量就是未保专干。目前，未保专干一般由在乡镇从事民政或妇女儿童工作的干部及农村社区的妇女主任、计生专干或会计兼任。鉴于儿童权益保护和发展的重要性，要逐步推动儿童福利主任或儿童福利督导员岗位的设立，通过加强培训和指导，使其专门从事儿童保护工作。

其二，倡导从法律上明确监护人的监护职责，落实家庭（亲属）的基础责任。建议分层次规定政府对未成年人的监护职责，包括明确临时监护和长久监护的对象；将虽然有监护人但是实际无法获得有效监护的未成年人纳入政府监护的范围；细化监护人的监护职责，明确父母违反监护职责应当承担的具体且能够有效执行的法律责任；明确规定在未成年人父母死亡或者丧失监护能力的情况下，由民政部门承担监护职责。由此，进一步明确权利、义务和各方职责，强化家庭监护主体责任，为农村留守儿童的保护工作提供有力的法律保障。

其三，留守儿童社会保护服务工作要扎根社区，加强与社区的联系。只有深入社区，才能了解未成年人的需要，发现社区内可以整合利用的资源，提高民众对未保工作的参与率。要加强社区平台建设，设立未成年人保护的服务场所，确定专职或兼职工作人员。在场地建设方面，可整合利用现有的场地资源，如村委会大楼、祠堂、戏台、老年活动中心、农家书屋，甚至孤寡老人闲置的房屋等。江西省遂川县黄坑乡周园村将村里老将军后代李某主动免费提供的住房作为"阳光家园"固定活动场所，并以每月发放600元"五保"供养费的形式聘请其为"阳光家园"的管理人员，这也是一种创新的做法。农村社区已有的一些基础设施，利用率并不高，可以把这些闲置场所打造成如"阳光儿童之家"等留守儿童的活动场所。

其四，要充分发挥学校的作用，使学校成为开展留守儿童社会保护工作的重要纽带。在农村精英严重流失的情况下，农村学校的教师是加强留守儿童社会保护服务的重要力量。社工可联合学校组织开展各类安全教育讲座，增强儿童的自我保护能力。招募学生志愿者协助社工管理"阳光儿童之家"等留守儿童社区服务平台，建立学生志愿者报告机制，发现同学中有监护缺失的情况等向社工和老师报告，等等。

其五，要形成以未保中心为核心的、各部门有效联动的未成年人社会保护服务实操程序。《关于加强农村留守儿童关爱保护工作的意见》明确要建立健全政府领导，民政部门牵头，教育、公安、司法行政、卫生计生等部门和妇联、共青团等群团组织参加的农村留守儿童关爱保护工作领导机制。目前，在一些试点地区，如江西乐平虽已形式上建立这一制度，但大体停留在联席会议层面，尚未有实操的细则和程序。可参考对未成年流浪人员的救助保护实操程序，制定以民政部门和未保中心为核心，教育、公安、司法等部门配合以及妇联、共青团等群团组织参加的未成年人社会保护服务实操程序，建立报告机制、应急处置、评估帮扶、监护干预等系列程序的实施细则，使部门联动的机制真正落地。要强化未保中心在未成年人社会保护服务中的核心作用。我国已加入了联合国《儿童权利公约》，儿童权益优先保护原则是该公约的首要原则，从暴露出的诸多留守儿童重大安全事件、伤害、虐待、侵犯事件看，我国的儿童权益保护任重道远。为有效发挥未保中心服务留守儿童等未成年人社会保护服务的作用，可考虑在民政部门的建制中，整合未成年流浪人员的救助保护功能，将未保中心与救助管理站剥离，单独设置。同时，加强未保中心的能力建设和专业化建设，提升服务水平。

其六，倡导社会工作专业服务机构、公益慈善类社会组织、志愿服务组织积极参与未成年人的社会保护工作。充分发挥社会组织的专业优势，使社会组织的工作人员深入城乡社区、学校和家庭，开展未成年人监护指导、心理疏导、行为矫治、社会融入和家庭关系调适等专业服务。引入市场机制，支持社会组织、爱心企业依托学校、社区建立儿童托管服务机构和教育辅导机构，财税部门要依法落实税费减免优惠政策。倡导企业履行社会责任，通过"一对一帮扶"、慈善捐赠、实施公益项目等多种方式，为困境留守儿童及其家庭提供更多的帮助。

第7章　农村社会工作机构资源
拓展的案例分析

——以四川理县 X 机构为例

7.1　四川理县 X 机构的成立与发展历程

7.1.1　四川理县 X 机构的成立背景

2008 年 5 月 12 日，四川汶川发生特大地震，地震不仅对当地群众的物质财产造成重大损失，而且对当地群众原有的社区关系、社会支持网络以及个人心理健康也造成严重影响。

在灾后重建工作中，湖南省成立了湖南援建队，对口支援理县灾后重建工作。湖南省政协委员、长沙民政职业技术学院社会工作学院院长史铁尔教授参与了援建规划的讨论。史铁尔教授在讨论时提议，灾区重建的重点和难点不仅在于物质层面的重建，而且应该重视社会、文化和人的层面的重建，重视心理健康的辅导。① 湖南援建队在前期调查实践中也有同样的认识。援建队达成共识，在灾后重建中，物质重建与精神重建应协调发展，不可偏废。

基于以上考虑，湖南援建队把"精神家园重建与物质家园重建并重"明确为湖南对口援建理县的基本原则，将"社会工作和心理援助项目"纳入三年援建规划，并作为第一批重点援建项目，获得了湖南省委省政府

---

① 资料来自课题组对史铁尔教授的访谈。

的批准。该项目的获批，在全国各省、区、市的援建中，是破天荒之举，体现了湖南人敢为天下先的创新意识。该项目也得到了四川理县县委、县政府的积极响应。按照项目规划，长沙民政职业技术学院史铁尔教授团队负责项目的筹建和援建期的运营工作，成立专门的社会工作服务机构，为四川理县提供灾后服务。方案同时明确，三年援建期完成后，项目移交给四川理县有关部门管理。在此之前，该机构将着力加强本土化社会工作人才和本土化管理团队的培养，以实现项目移交后机构的可持续发展。[①]

X 社会工作服务队在此背景下于 2009 年 3 月成立，后于 8 月在四川理县民政局登记注册为一家民办非企业单位，并改名为 X 社会工作服务中心，并于当年 10 月通过中国社会工作协会的实地考察评估，被纳入中国社会工作协会"社会工作服务组织示范试点工程"，得到项目经费。X 社会工作服务中心因此获得了比较充足的项目经费支持，其中来自湖南援建项目经费 300 万元，中国社会工作协会资助经费近百万元。在经费有保障的前提下，为便于开展驻地服务，X 社会工作服务中心在灾区盖了一幢三层楼的用房，供工作人员办公和居住使用。地址位于四川理县杂古脑河畔，工作场地面积共 1290 平方米。其中理县县城社会工作站场地面积约 870 平方米，X 社会工作服务中心面积约 260 平方米，长沙外联部工作场地面积约 160 平方米，人均 50 平方米以上。X 社会工作服务中心拥有相关专业设备，以满足服务对象的需要。同时，中心还配购汽车两台，主要用于队员们上山下乡，走村入户。

X 社会工作服务中心（下称"X 机构"）设有指导组、办公室、专业督导组、财务组、县城社会工作站、X 社会工作站、外联部，成立了理事会、监事会和站务会。成立初期，其专职工作人员以长沙民政职业技术学院师生为主，来自该学院的成员共有 15 人，另有 11 人来自湖南省的其他机构，包括湘理相亲社会公益组织、湖南芙蓉心理咨询中心、湖南娄底红十字残疾人爱心互助会（见图 7-1）。X 机构还建立了中共理县 X 社会工作服务队党支部，共有正式党员 7 人，预备党员 2 人。

X 机构 W 主任在访谈时指出："该组织架构是本土和外部、体制内和体制外结合的典型，在当前服务四川地震灾区的所有社会工作组织中尚属

---

①　资料来自课题组对史铁尔教授的访谈。

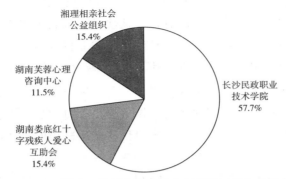

图7-1 X社会工作服务中心成立初专职工作人员构成

资料来源：长沙民政职业技术学院社会工作学院：《社会工作实务
报告集》，2012，第10页。

首创。X社会工作服务中心的成立，揭开了理县精神家园与物质家园同步
建设的序幕。"X机构秉承"敦爱笃行、助人自助"的理念在灾区开展相
关活动；综合运用社会工作相关的方法和视角，同时针对不同群体依据不
同情况采取不同的方法；发挥社会工作预防和解决社会问题的优势，保护
和传承藏羌优秀文化，维护了民族团结和社会稳定，推进了精神家园的
重建。

7.1.2 四川理县X机构的发展历程

通过梳理相关调查访谈资料和文献资料，笔者认为，四川理县X机构
的发展历程可分为以下三个重要阶段。

第一阶段：2008年7月到2008年12月，志愿服务阶段。

2008年5月12日，汶川地震发生后，灾区人民的生命安全遭到严峻的
考验。受灾群众的心理遭受了巨大打击。为了及时帮助村民走出危机，长沙
市相关部门牵头组织心理服务队前往灾区支援。长沙民政职业技术学院的学
生在S老师的号召下，踊跃报名并接受专业培训。这支队伍由19人组成，
包括教师、医生、民间慈善人士、公务员、青年企业家、学校行政管理人员
等多种职业背景人员。这些人拥有国家认证二级心理咨询师资格，同时有着
丰富的心理咨询实践经验。

在湖南对口支援四川理县灾后重建以后，长沙民政职业技术学院社会工
作学院师生共22名成员，在S老师的带领下，组成了"湖南援川社会工作

义务服务队",作为一支生力军于前期到达理县,投入到灾区建设工作中,将社会工作理念和方法融入灾后建设中,为灾民恢复正常的生活和生产做出了努力。

在这一阶段,专业社会工作服务的开展对当地的影响主要有:与服务对象建立关系,熟悉当地资源。

第二阶段:2009 年 3 月至 2010 年 11 月,X 机构正式进入援建服务阶段。

2009 年 3 月 16 日,X 机构前期工作小组一行 9 人到达理县,3 月 17 日组建 X 机构,以机构为平台,将社会工作专业服务与灾后理县的现实结合,将物质家园和精神家园重建一起进行,于 8 月 16 日注册为 X 机构。

此时,X 机构实行政府主导、专业引领、多专业、多团队合作方式,由长沙民政职业技术学院社会工作义务服务队、湖南娄底红十字残疾人爱心互助会、湖南芙蓉心理咨询中心、湘理相亲社会公益组织等组建成 X 机构。

X 机构采用政府购买服务、民间组织运作的机制。以当地的地震伤亡家庭、党政干部、青少年、残疾人四种群体为服务对象。

第三阶段:2010 年 11 月以后,转型发展阶段。

当湖南援建队撤走后,X 机构进入到自主服务阶段,但由于失去了稳定的政府财政资金支持,X 机构的发展面临挑战,为此,机构开始向项目制机构转型,以项目求生存,主要向国家有关部门、公益基金申请项目。为适应项目开展的需要,X 机构增设了基层工作站,如县城工作站①、什邡阳光社区中心②、绵竹马跪站点③、雅安始阳站点④。

7.1.3 X 机构农村社会工作服务开展状况

X 机构以"敦爱笃行、以人为本、助人自助"为社会工作理念,着力推动理县社会工作深入发展,探索在灾后重建过程中重建温馨家园、构建和谐理县的新模式,力争打造民族社会工作和灾害社会工作的新品牌。自成立以来,X 机构累计提供服务 6856 人,达到 23968 人次。

---

① 此工作站现在为 X 机构的办公驻地。
② 此工作站运行时间:2011 年 2 月~2012 年 8 月。
③ 此工作站运行时间:2011 年 2 月~2012 年 5 月。
④ 此工作站运行时间:2013 年 4 月 23 日正式介入,目前正在运行。

表 7-1 功能室仪器设备使用情况（截止到 2012 年 11 月）

功能室仪器	音乐治疗仪	心脑训练（SPCS）	沙盘治疗	宣泄室	康复训练	按摩放松治疗	盲人推拿训练	图书室
使用人次	148	361	52	255	151	603	28	2870

资料来源：长沙民政职业技术学院社会工作学院：《社会工作实务报告集》，2012，第 12 页。

表 7-2 实务工作开展一览（截止到 2012 年 11 月）

工作方法	类型	数量
个案工作	个案建档数	175 个
	开启个案数量	92 个
	结案数量	48 个
	典型个案形成数量	31 个
小组工作	小组开展数量	48 个
	小组开展次数	454 次
	小组参与人数	1282 个
	小组完成数量	48 个
社区工作	举办社区活动	108 次
	参加社区活动人数	6835 次
	举办大型活动	31 次
	参与人数	12943 人

资料来源：长沙民政职业技术学院社会工作学院：《社会工作实务报告集》，2012，第 12 页。

在资源链接方面，X 机构链接了社会捐赠资金 280 万元，对理县 14 所学校和部分农村社区捐赠 15 万册图书并建立图书室，链接爱心人士帮扶贫困学生 258 人，链接境外及香港康复会医疗资源为 11 名地震伤残人员提供康复训练与治疗。

农村社会工作机构的可持续发展有赖于本土化专业人才的培养。X 机构也较好地实现了本土化人才培养的目标。从图 7-2 可知，高校作为专业人才的培养场所在"湘理情"发展项目中发挥了重要作用，共有 68 名高校社会工作专业实习学生参加了该项目的实务工作。且据长沙民政职业技术学院史铁尔教授介绍，这 68 名学生中，有部分学生属于四川理县定向培养，毕业后继续扎根理县工作的学生。除了高校社工专业实习生外，X 机构还培养了一支本土化的社工师和心理咨询师队伍，共 78 人。此外，在志愿者队伍建设方面，项目方共接受外来志愿者 36 人，本土志愿者 85 人。无论本土的社会工作者还是志愿者，在项目的人员结构中均占多数，这说明 X 机构较好地落实了本土化的目标，为其项目结束后顺利移交当地管理打下了较好的基础。

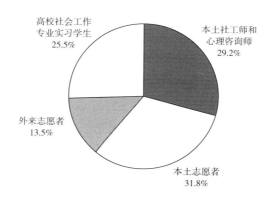

图 7-2　社会工作力量培养情况（截止到 2012 年 11 月）

资料来源：长沙民政职业技术学院社会工作学院：《社会工作实务报告集》，2012，第 12 页。

7.2　四川理县 X 机构的运作机制

目前，专门探讨农村社会工作机构运作机制的研究成果比较少，但一些研究探讨了农村社会工作机构的项目制①，项目制能让上级主管部门依靠集中的资金管理权、特殊的人事安排权以及高效的动员程序等调动下级部门的积极性，从而能快速见到成效，社工机构通过项目运作开展服务，有利于提高效率。

本书把社会工作机构的运作机制界定为机构生存和发展的内在机能及其运行方式，包含引导和制约机构服务决策以及与人、财、物相关的各项活动的基本准则和相应制度。这一运作机制具体包括：组织架构与管理机制、社会工作者与志愿者队伍发展机制、项目化的服务机制等。

---

①　陈家建：《项目制与基层政府动员——对社会管理项目化运作的社会学考察》，《中国社会科学》2013 年第 2 期。

7.2.1 组织架构与管理机制

1. 组织架构

X 机构通过成立理事会、监事会和站务会，形成政府主导、内外参与、专家指导、社会支持、专业服务的架构模式，下设办公室、专业督导组、联络组、财务组，以及县城社会工作服务站和 X 社会工作服务站两个工作站。该机构设立五个分项目组，即地震伤亡家庭服务组、党政干部服务组、残疾人服务组、青少年服务组、社区服务项目组，并在此基础上形成五个课题研究小组。该研究小组不断创新思想，深入理论探讨。该组织架构是本土和外部、体制内和体制外结合的典型，在四川灾区开展灾后重建的社会工作组织中尚属首创。

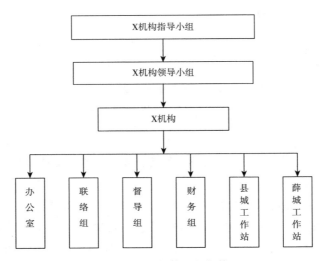

图 7-3 X 机构组织架构

同时，X 机构还成立了党支部，曾在 X 机构工作的 J 社工说："建立党支部，是一种人力资源整合的途径，有利于加强党员社工的自我约束和自我监督。"

2. 管理机制

X 机构遵循民办非企业单位运作的内在规律，着力抓好日常管理"六个一"，增强组织建设的有效性和活力①，即坚持每天一次点名签到，实行

---

① 引自长沙民政职业技术学院社会工作学院《社会工作实务报告集》2012 年 11 月，第 42 页。

工作评比，激发工作效能，通过平时工作和年终考核相结合的方式，更好地体现考评工作的公正性；每周召开一次例会，进行工作分享、沟通、协调，结合各项目开展情况进行工作点评和工作部署；每周总结一次，做好每周一次的材料上报工作，每周编制一份工作安排表，实行项目计划先审批后执行；每周召开一次分享会，反思工作的优缺点，交流工作心得体会，改进后续工作；坚持每个月对照一次工作方案，进一步明确工作方向和进度，做到工作讲方法、讲目标、讲程序、讲规范，努力推进工作更加科学化、制度化、规范化；坚持每周刊发一期《社会工作简报》、每月刊发一期《社会工作月刊》，掌握工作动态，以便对照计划，进行"回头看"。通过这六项措施进行管理，推动项目工作的落实。

同时，X 机构还致力于营造良好的机构文化氛围，以增强机构的凝聚力。机构会把以前开展活动的照片、领导接见的照片、荣誉证书等相片，用相框裱在墙上。这种做法可以让机构的工作人员更直观地了解机构的辉煌发展历程，激励机构社工。

虽然社工行业的激励更多地靠自我肯定，但来自机构的激励也不可或缺。为提高社工的积极性，X 机构也建立了一些激励机制，体现在以下具体措施上。

（1）带薪休假制度，X 机构除了春节、法定节假日外，每年还有 10 天的休假。另外生病、有事也可以请假。

（2）每一年度评选优秀社会工作者，根据实务操作的完成额度、个案完成数量、文本类材料多寡以及影响程度大小来评选优秀社会工作者，并进一步给予精神奖励和物质奖励。

（3）给予晋升的机会，主要是做得好的一线社工有机会晋升为项目组长、机构管理层等。

（4）给予参加培训的机会，X 机构会定期开展社会工作实务技巧、生命教育小组等能力建设讲座；对于表现优异的社工，中心将推荐其参加相关项目的培训，比如，台湾彩虹爱家和香港理工的联合培训、中华女子学院的培训等。

7.2.2　社会工作者与志愿者队伍发展机制

X 机构在社会工作者与志愿者队伍发展方面的经验可归纳为以下几点。

（1）高校订单式定向培养机制，促本土化专业人才培养。X 机构是长沙民政职业技术学院社会工作人才实践基地，是社会工作人才的培养基地。自 2008 年地震发生以后，长沙民政职业技术学院每年通过特招的形式招收理县本地的学生，进入长沙民政职业技术学院社会工作专业学习。相当一部分理县学生入校会选择社会工作专业，他们在寒暑假等学校规定的实习期都会选择到 X 机构实习。毕业以后，有一部分理县本地学生选择留在 X 机构，服务家乡。

（2）完善督导机制，提升本土社工的实务能力。X 机构借助长沙民政职业技术学院强大的师资团队，逐步建立健全了督导机制。每个机构社工都安排了督导，社工可就自身成长、活动开展、专业素养提升等方面和督导进行交流，从而提高自己。长沙民政职业技术学院还立足于当地居民的需求，针对心理重建的长期性特点举办专业心理咨询师培训班；针对灾后能力重建举办社会工作人才骨干培训班，让本土专业人才加快成长。

（3）以身份认同、价值的塑造、领袖能力的培养打造一支稳定的、多元化的志愿者队伍。X 机构的志愿者主要来源于学生、福利院老人和村民，为促进志愿者队伍的长期稳定，避免流动性的冲击，X 机构创新方式，加强了对志愿者的培训。一是促进志愿者的身份认同，让志愿者感受到自身价值。通过订立规章制度、制作工作牌等，明确请假、分工、合作制度，完善志愿者管理，让志愿者在 X 机构有归属感，强化其使命感。同时，在志愿者服务的过程中，及时关注志愿者群体的需求和发展，让服务对象和志愿者有满足感和幸福感。二是适当授权，培养志愿者队伍领袖。X 机构在招募志愿者的过程中，一直注重志愿者队伍领袖的发掘和培养。通过授权，让领袖感受到自我价值，发挥领袖的号召作用，促进志愿者活动的开展，使其更好地服务 X 机构。志愿者设队长、副队长，促进志愿者团体的自治。三是制定激励措施，开展评星活动。针对学校的志愿者，会每一个月评一个星，将星累积起来，进行精神奖励和物质奖励。对于福利院的老年志愿者，会定期评选星级优秀志愿者，让志愿者感受到存在的价值。对于村民志愿者，在项目实施时，会优先考虑将其纳入。

7.2.3 项目化的服务机制

在服务机制上，X 机构主要依托政府购买服务的项目经费开展项目化服务。借助于湖南援建队强大的资源和政策的倾斜，X机构迅速在灾区开展工作，实施"湘理情"发展项目，对灾区人民进行精神家园的建设。在开展援建服务期间，机构受政府领导，行政化色彩较浓，相关活动等事项需要层层向上报批、审批。在湖南援建队撤走以后，X机构的自主性增强，并开始申请基金会等外界的项目资助。汶川地震发生以后，很多基金会发布了招标公告，招募社会组织在地震灾区开展相关服务，并有一定资金的支持。

X机构在2012年成功申请中华少年儿童慈善救助基金会"童缘"项目，获得资助经费10万元，主要用于支援残障儿童康复，项目服务期为一年。现结合"童缘"项目案例对项目化服务进行具体分析。

（1）项目背景

理县是"5·12"特大地震重灾区之一。通过调查发现，灾后理县已办证的残疾儿童有71名。为了让残疾儿童更好地融入社会生活，"童缘"项目计划帮助一批残障儿童实现生活自理、改善居住环境、提升学习水平、提高生活质量。主要的做法如下。一是有效挖掘残疾儿童及家长的现有资源，加强他们的自身能力建设，使其学习更多的照顾残疾儿童的技巧，改善现有康复条件，为残疾儿童的社会融入提供保障；二是通过组建家庭学习小组的形式，促进居民间的交流，提高残疾儿童以及有残疾儿童家庭的凝聚力；三是通过开展社区活动，扩大残疾儿童的活动范围，为残疾儿童的社会融入提供条件和平台。

（2）项目服务过程

"童缘"项目的具体实施过程见表7-3。

表7-3　"童缘"项目的实施过程

阶段	服务内容
第一阶段 （项目地点：四川理县，项目时间：2012年8月~2013年1月）	残障儿童调查建档，引入康复资源给予肢体康复
	A 残障儿童调查建档。对已在理县残疾人联合会登记在册的45名残障人士进行走访，按照社会工作个案管理模式，采用个案制式表逐一建立个案档案 B 引入康复资源提供肢体康复指导。联系香港复康会、香港红十字会、德阳残联、汶川县人民医院康复中心等，邀请专业康复师进行残障儿童康复指导

阶段	服务内容
第二阶段 （项目地点：四川理县，项目时间：2012 年 10 月~2013 年 6 月）	残障儿童、家长支持性网络建构，建立支持性小组并进行生活技能的集中培训，促进其融入社区
	A 建立支持性小组。以镇为单位，选取三个残障儿童较集中、同质性较强的乡镇，建立残障儿童、残障儿童家长的支持性小组 B 对支持性小组进行三期的集中培训。依据支持性小组反馈出来的问题，对有针对性的主题进行集中培训 C 针对三个乡镇的支持性小组，确立不同的风采展示主体，如手工、歌舞等，在乡镇的某一社区或学校内进行展示，促进其融入社区或学校
第三阶段 （项目地点：四川理县，项目时间：2013 年 5 月~2013 年 8 月）	在残障儿童较集中的社区进行残疾人关爱宣传，鼓励同伴群体接纳残障儿童，推动社区居民关心关爱残障儿童
	A 鼓励同伴群体接纳残障儿童。在前面三个典型乡镇的基础上，再选取三个社区，培养关心关爱残障儿童的同辈群体 B 运用宣传栏、放电影等形式开展社区教育活动，推动社区居民关心关爱残障儿童

中华少年儿童慈善救助基金会的"童缘"项目开展得比较顺利，基本达成项目设定的相关目标，尤其通过链接康复资源，如前往汶川县人民医院链接资源以及邀请香港复康会康复师下乡指导，取得了很好的效果。

7.3 X 机构资源拓展策略：以"湘理情"发展项目为例

农村社会工作的发展面临诸多的资源约束，这一点即使在国外也不例外。Richard Pugh 的研究表明，农村社会工作发展的这个制约性特点，不仅在中国，在英、美等发达国家也不例外，无论是美国、英国还是澳大利亚，农村社会工作的开展均要面对交通、资源、人员和日间照顾中心等设施设置不足的问题。针对类似的问题，英国的农村社会工作服务机构主动与当地政府主导的农村发展战略和其他发展计划对接以拓展服务资源。① 城乡二元结

---

① Richard Pugh. 2000. *Rural Social Work*. Russell House Publishing Ltd，pp. 25-26.

构特点在中国表现得尤为突出，农村地区的配套财力与城市相比，有较大差距，农村社会工作要持续发展，还需要进一步站在更宽阔的视野，通过嵌入式发展①，广泛拓展资源。

对于如何拓展资源，罗繁明等提出机构的运作费用必须由"输血"向"造血"转变，走市场化路线求得生存。② 薛惠元等认为香港乐施会的经验值得借鉴，它通过严控机构运营成本、设立独立账户、严格项目管理来加强资金的管理；尤为重要的是，依托多渠道向民众公布捐款名目以加强透明度。③ 在云南平寨开展的实践中，社工还向跨国企业飞利浦公司联系资源，获得飞利浦公司的资助，成立"绿寨·教育基金管理委员会"对村里的贫困学生进行资助。④

在资源拓展方面，笔者认为，X 机构的经验值得总结，其中"湘理情"发展项目是一个生动的例子。

7.3.1　视野与空间：重大服务需求的捕捉

2008 年汶川地震发生以后，湖南省对口援建四川理县，理县是典型的少数民族地区，藏族和羌族占 80% 以上。在制定援建规划前，湖南省组织有关人员进行了周密的实地调研。长沙民政职业技术学院社会工作专业教师也迅速赶赴灾区了解灾情，并尝试开展灾后援助服务。有关人员在实地调研的基础上了解到藏羌同胞损失惨重，尤其在灾后半年时间内，灾区有 10 多名干部群众以自杀的方式结束了自己宝贵的生命，这些令人痛心的事件的发生让湖南援建队意识到：心理援助刻不容缓。

湖南援建队和长沙民政职业技术学院均意识到灾区精神援建的重要性，捕捉到灾区群众震后心理康复的强大需求，为此，双方携手合作，力

①　王思斌、阮曾媛琪：《和谐社会建设背景下中国社会工作的发展》，《中国社会科学》2009 年第 5 期，第 134~135 页。

②　罗繁明、符永寿：《社会工作组织模式创新的若干思考》，《广东社会科学》2010 年第 6 期。

③　薛惠元、曾小亮：《香港乐施会营运经验及对内地慈善组织的借鉴》，《长沙民政职业技术学院学报》2010 年第 4 期。

④　张和清、杨锡聪、古学斌：《优势视角下的农村社会工作——以能力建设和资产建立为核心的农村社会工作实践模式》，《社会学研究》2008 年第 6 期。

求通过社会工作服务帮助灾区群众进行心理康复。因此，湖南援建队委托长沙民政职业技术学院史铁尔教授团队成立理县湘川情社会工作服务队，以政府购买社工服务方式，实施"社会工作服务与心理援助"（即"湘理情"发展项目）。

X 机构捕捉到了灾区人民的需求，并回应这一需求，尽快制订了"湘理情"发展项目总体实施方案。针对灾区敏感的社会现象和问题，方案确定了以民族地区和少数民族群体中的几类特殊人群为主要服务对象，全面深入开展社会工作和灾害心理援助服务，通过自强人生观念的传播，实现积极信心的传递，强化灾区民众的自强自立、艰苦奋斗和自力更生的精神，引导灾区广大民众尽快由灾民转变为居民，从而开始新的正常生活。

X 机构紧贴灾区需求，设定了服务内容及目标：以理县县城社会工作站、X 社会工作服务站为平台，为理县 13 个乡（镇）地震灾区开展社会工作实务服务。就地震导致的哀伤、厌世、家庭功能破坏、家庭生活陷入困境、社区关系破坏、社区服务损毁、儿童青少年学习成绩下降等问题，深入调查研究，提供社会工作专业服务，通过两年的努力，在一定程度上帮助理县 13 乡（镇）完成生活重建、家庭重建、社区重建、学习重建，促进灾后和谐生活建设、和谐家庭建设、和谐社区建设、和谐学习建设，最终实现"人人为我，我为人人"的和谐新理县。

"湘理情"发展项目组在制订方案的过程中充分听取了当地政府的意见，制定的和谐新理县建设表目标清晰，措施具体，紧贴灾民需求，也符合当地政府需要，因此获得了理县县委、县政府的较高认可和支持。为此，理县县委、县政府专门召开工作会议，对"湘理情"发展项目进行部署、宣传发动，并组织相关单位如民政、劳动社保、组织、人事、共青团、妇联、工会、教育、卫生、农业、林业等部门，各乡（镇）民政助理员和西部计划志愿者每个季度学习一次社会工作相关知识。"湘理情"发展项目开展时间为 2009 年 3 月到 2011 年 3 月，服务周期为两年，服务包括宣传动员、实施、评估三个阶段（具体见表 7-4）。行政力量的介入迅速推动了项目的开展，各方面的资源得到较好的整合，项目在全县范围内获得了较充分的实施空间。

表 7-4　和谐理县建设

总目标	子目标	对象	问题	方法	内容
和谐新理县	和谐社区	社区居民	社区公共服务损毁	社区服务	社区活动中心
			社区互助网络被破坏	社区组织	灾后重建互助小组
			社区灾后重建信息渠道狭窄	社区服务	灾后重建信息栏
			社区生活重建	社区发展	新型农村经济合作社
			社区卫生差	社区卫生	义诊、卫生宣传
	和谐家庭	社区中家庭成员伤亡的家庭或家庭成员	伤亡家庭	治疗性面谈、团体辅导	哀伤辅导、支持网络建设
			家庭困难	个案管理	重建家庭支持网络
			家庭功能失调	危机干预	恢复破坏的家庭功能
	和谐学习	社区青少年	学习成绩下降、自信心不足、沟通能力差、独立能力弱	发展性小组模式	成长小组
			厌学、逃学、表达能力差、偷盗、欺负小同学	治疗性小组模式、个案工作	游戏治疗、主题工作坊
	和谐生活	弱势群体（妇女、儿童、老人）有需要的案主	老人：孤独、无人照顾、儿女不孝顺	老年人社会工作	互助小组、主题工作坊、康乐小组
			妇女：家庭暴力、地位低下、亲子教育	妇女社会工作	互助小组、能力培训工作坊
			儿童：家庭暴力、遗弃、营养不良	儿童青少年社会工作	家庭援助小组、社会救济服务等

资料来源：《灾后重建"湘理情"发展项目总体实施方案》，http：//blog. sina. com. cn/s/blog_ 5dbec9130100ep5b. html。

表 7-5　项目开展时间

阶段	时间	任务
宣传动员	2009 年 3 月底至 4 月初	由理县县委、县政府组织召开全县领导干部和谐新理县建设工作会议，将和谐新理县建设作为落实党中央科学发展观、和谐社会主义新农村的重要任务。对此次服务进行动员部署，并组织中心组学习社会工作基本知识，一季度一次，组织政府部门相关单位、各乡（镇）民政助理员和西部计划志愿者一季度学习一次社会工作相关知识 学习形式主要包括以会代训、专题学习、参与讨论等，相关责任单位落实动员、宣传工作

阶段	时间	任务
实施	2009 年 4 月 1 日至 2011 年 3 月下旬	全县相关责任单位与 X 机构通力合作，积极协商，组建工作小组，制订出详尽的工作计划，抓紧落实，并编辑工作简报
总结评估	2011 年 4 月	各服务单位和工作小组对工作情况全面总结评估，写出书面材料。通过专家座谈、专项研究等形式总结经验模式，向其他地震灾区推广

X 机构自成立以来，以湖南省政府资助的灾后重建"湘理情"发展项目为主体，在开展"湘理情"发展项目的同时，也注重不断地吸收、整合本地资源和外部资源，先后获得民政部中央财政生计项目、中国社会工作协会、中华少年儿童慈善救助基金会、四川省民政厅开展"三区计划"的资金支持，成为民政部社会工作人才队伍建设示范点、中国社会工作协会示范性社会工作服务点，挂牌为青少年活动中心、儿童青少年素质拓展中心、智障儿童康复训练中心，并建设了四个基地：X 城乡公平贸易基地、蒲溪乡城乡公平贸易基地、中国社会工作教育协会农村社会工作培训基地、长沙民政职业技术学院社会工作服务实践基地，即"两个示范点""三个中心""四个基地"。据 2011 年一项研究提供的数据，从 2008 年到 2011 年，X 机构获得的经费支持高达 800 万元。① 应该说，该机构充分地链接、整合政府财政资金、社会捐赠资源，有效地拓展了社会工作服务的资源。

7.3.2 "强政府"下的资源依附与嵌入：与多重权力主体的互动

目前我国仍然处于强政府、弱社会的基本格局，这一格局导致政府在社会领域大包大揽，社会对政府过度依赖。机构要取得长足发展，必须正确处理好与政府的关系。

根据 Emerson 的资源依附理论，任何组织为了可持续发展都会与其环境进行交换，对资源的需求构成了组织对外部环境的依赖。资源的重要程度和稀缺程度决定了组织依赖性的本质和范围，进而使权力成为可能。② 他提出

---

① 边慧敏、林胜冰、邓湘树：《灾害社会工作：现状、问题与对策——基于汶川地震灾区社会工作服务开展情况的调查》，《中国行政管理》2011 年第 12 期。

② Emerson，Richard. 1962. "Power-dependence Relations." *American Sociological Review* 27.

了资源依附理论的基本命题：A 对 B 的权力是 B 为了资源而对 A 依赖的正函数。[①] 该理论深刻揭示了资源依附的必然性，强调组织与组织之间存在"相互依赖"的关系。

显而易见，社会组织在运作的专业性、志愿者的发动、亲和力、社会企业和民众的募捐等方面占据优势，政府则在政策、资金、行政动员能力等方面具有优势。社会组织与政府之间存在明显的资源依附关系，因此有必要建立互信、合作关系。X 机构作为 B，在发展过程中对作为 A 的政府拥有的资源非常依赖。[②] 正是 X 机构对政府资源的依赖，导致政府对 X 机构拥有相对的权力，影响 X 机构专业化的发展。

农村社会工作机构的生存和发展，极大地依附于政府拥有的资源。在地震发生以后，政府强势介入灾区，大量的资源倾斜于灾区，X 机构作为湖南援建队的"社会工作与心理援建项目"的实施载体，得到了湖南援建队的强大资金和人力支持；同时也得到了理县县委、县政府的接纳，如政策的下达、居民相关信息的获取、社区基层政府的支持等。X 机构依附体制内的强大资源，不可避免地与湖南省、理县县委县政府、湖南援建队这几大权力主体互动，以求生存和发展。

从机构的发展历程可以看出，X 机构在资源嵌入方面与多重权力主体进行互动。首先，对于湖南援建队的心理援建和康复工程，X 机构需要依靠湖南援建队拨付的运作资金，与湖南援建队进行互动。在与湖南援建队的互动过程中，湖南省政府为了提高援建统筹的效率，安排湖南省发展和改革委员会的 Z 副主任担任队长，X 机构不可避免地需要与湖南省的相关政府部门进行互动。

其次，X 机构介入理县开展服务，需要办公场地、市场准入的支持，主要依赖理县民政局，需要与理县民政局互动。同时，在深入当地过程中，X 机构还需要与理县当地的基层政府进行互动。

从分析可知，X 机构开展工作时，因为对资源的依赖，至少需要与 4 个权力主体进行互动以获取资源，在地震灾区开展专业的社会工作服务。其中，与政府的互动尤为重要。笔者通过在 X 机构的访谈、查阅资料等方式

---

① 即 P（AB）= D（BA）。
② 即 P（AB）= D（BA）。

了解到，在 X 机构的运作过程中，政府扮演了以下的角色：①业务主管者，主要负责管理审核机构；②资源供给者，主要提供活动经费、办公场所等；③活动组织者，主要指导项目的开展和业务的相关培训；④规范制定者，主要规范机构运作、管理、年审等；⑤社会动员者和多方协调，尤其在运作初期，可以提高社工机构的社会认可度和信任度。王思斌指出中国的专业社工要嵌入政府部门主导的社会服务和管理中，以谋求自身的成长。[①] X 机构的发展正体现了这种嵌入性。

在调研过程中，课题组成员查阅了 X 机构的相关资料，发现 X 机构在湖南援建队的指导时期，行政化倾向比较严重，比如机构社工要开展青少年项目组暑假系列服务，需要填写《X 机构文件呈批件》，由承办部门写申请，并请队领导批准。尤其在一些重大事项上，还要层层审批，湖南援建队队长审批后方可执行。从这个过程中可以看出，政府部门的层层审批制度在 X 机构得到延伸。灾后重建结束后，湖南援建队撤出理县。X 机构成为独立运作的社会组织，坚守在理县开展社会工作服务。但此时，X 机构却面临资源匮乏和人员紧缺的困境。

7.3.3　贫困社区的资源整合：优势视角与城乡合作贸易

优势视角理论着眼于服务对象身上的优势和资源，不把他们标签化，肯定他们解决问题的力量与资源。优势视角强调每个个体、团体、家庭和社区都有优势；强调创伤和虐待、疾病和抗争具有伤害性，但它们也可能是挑战和机遇；所有的环境都充满资源。社会工作者运用优势视角来协助服务对象解决相关的困境与不足，在整个过程中社工充当了协助者、使能者、中介者的角色。[②]

城乡合作贸易最早见于云南平寨生态村的建设，张和清等人于 2001 年在平寨开展农村社会工作实践，在 7 年的实践中，扎根平寨的社会工作者坚信文化认同与村民能力提升密切相关，只有着力建立村民的自信心，才能激发村民应对市场和生计压力的能力。农村社会工作的实践者通过农村社区将

---

① 王思斌：《中国社会工作的嵌入性发展》，《社会科学战线》2011 年第 2 期。

② Dennis Saleebey 编著《优势视角——社会工作实践的新模式》，李亚文、杜立婕译，华东理工大学出版社，2004，第 19~25 页。

村民组织到一起，构建城市网络支持，通过城乡互惠、公平贸易，最终实现村民生活的可持续发展。

社会工作者的实践主要是平寨的村民与城市居民的参与式质量认证、共同议价、面对面公平贸易，城市居民赴村寨考察生态老品种种植，参加平寨生态老品种谷子品尝会和平寨老品种谷子城乡居民议价会。平寨生态老品种谷子从种到收，都有居民的监督和参与，最终大家买到了放心安全的食品，而只有城乡互惠才能达到如此效果。

在 X 机构开展社会工作服务时，面对众多的盲人群体，社会工作者并没有采用传统的问题视角，而是看到盲人身上的优势。为了实现盲人生活的自立与经济上的独立，X 机构联系湖南特教学校，请专业老师 Z 女士对当地的低视力、全盲等视力障碍的残疾人进行推拿技艺的培训。通过教授盲人推拿技艺，实现其就业，为其走入社会、自力更生提供了很大的帮助。

为了帮助当地村民解决生存问题，X 机构也借鉴了城乡合作贸易这一模式，依托机构这一平台，链接培训资源，使当地妇女掌握相关技术，帮助她们通过自己掌握的技术自食其力，坚强地面对困难，改变自己的命运。特别是面对泽仁娜姆这样的残疾人士，开办"云彩女孩"藏羌绣培训班，X 机构为她们这样的残疾群体建立互助小组，创办"藏羌刺绣"爱心工厂，呼吁更多的人来关注残障人士。此外，X 机构还为那些想创业的残疾人整合社会资源，联系李连杰壹基金为她们链接资源，联系到订单。同时，为了扩大生产规模，提高影响力，X 机构呼吁湖南媒体关注残疾人创业、就业，联系城里的爱心人士购买，通过城乡合作，实现共赢。

7.4　X 机构及四川理县农村社会工作发展的若干问题反思

7.4.1　本土化问题

灾后精神家园重建是一个长期的过程，只有建立长效保障机制才能真正做好此项工作。所以，X 机构一直以来始终致力于本土力量的培养，以求实现由"援"到"种"的转变。

课题组对 X 机构的 W 主任进行访谈时了解到，X 机构从长远考虑，意识到社工人才本土化的重要性，尤其是在理县这种偏远少数民族山区，外来社会工作者一般不会在当地工作很长时间，因此，必须努力促进社会工作人才的本土化。凭借地方政府对援建项目的支持，X机构在理县农村社会工作的本土化方面做出了一些努力，也取得了一定成效，主要体现在以下几个方面。

一是定向特招培养本地社会工作专业人才。从2009年开始，长沙民政职业技术学院为了帮助当地培养更多的高素质人才，在当地招收高三学生，进入长沙民政职业技术学院学习。2009年招收了4人进入长沙民政职业技术学院学习，2010年招收了33人，2011年招收了8人。长沙民政职业技术学院尤其注重专业实习，在寒暑假实习、阶段性实习和毕业实习中，都安排有意向的学生来X机构实习。2012年第一批毕业生有3人留在X机构。2013年，第二批毕业生中有3人留在了X机构工作。X机构一直立足于本地人才的培养，以降低员工的流动性。

二是建设青少年志愿者团队，探索并建立社工、义工联动机制。X机构青少年服务组通过宣传招募志愿者，对他们进行能力建设，每周开展主题分享和定期培训。志愿者在社区走访与服务、图书室值班、教辅小组中发挥了重要作用，在提供社会服务的同时也丰富了他们的业余生活。

三是成立本土的心理咨询师协会，探索并建立长效心理援助机制。X机构在2009年5月成功举办首届心理咨询师培训班，有29名当地学员参加。培训班邀请国内知名的心理学专家来到理县授课，帮助学员们更好地掌握知识。通过培训班的学习，这批学员掌握了一定的理论知识和较强的实务操作技能。特别是服务队在给学员们提供便利条件方面，该机构于2009年11月21日组织了23名学员远赴湖南长沙参加全国心理咨询师资格考试，有12人取得国家资格证书。为了使参加心理咨询师培训的学员能有一个自己的组织，有一个相互学习、共同提高的平台，X机构还协助他们成立了"理县心理咨询师协会"。心理咨询师协会自成立以来，举办了现场咨询活动、"美好生活从心开始"的广场宣传日活动、理县中学"心理咨询爱好者协会"培训课及圣诞节感恩活动等系列，并在营盘街小学和理县医院成立了心理咨询室和活动室。

四是引入高校、科研院所专家资源，加强对本土化行政性社会工作者进行专业培训。X机构邀请香港理工大学、四川社会科学院、北京师范大学专家对理县近40名乡镇民政助理员和村支两委进行社会工作培训。通过培训，这批学员不仅掌握了社会工作理念和专业手法，还将其运用到实际工作当中化解社区居民矛盾、调解纠纷。根据笔者查阅的 X 机构资料，学员克增村团委书记 Y，在接受中央电视台采访时说："在 X 机构接受了为期一周的社会工作培训，我掌握了基本社工知识和专业方法，对自己调解村民纠纷发挥了重要作用，很好地处理了三起由修路征地引起的村民冲突。"

X 机构在本土化人才培养方面取得了一定成效，并保证了援建项目结束后 X 机构顺利将其移交给本土的专业社工进行管理。但随着形势的发展，机构的本土化人才队伍建设遭遇了困难和挑战。

在湖南援建队未撤走的时候，X 机构因为嵌入现行政治体制，能够利用模糊的身份带来的社会资本和资源，促进理县灾后重建和社区经济的发展。随着灾后重建结束，湖南援建队撤离当地，X 机构则失去了体制内的各种优越条件，只能通过项目制向政府、基金会等申请项目，以获得活动资金，这个时候 X 机构面临的发展阻力比较大，比湖南援建时期艰难得多。[1]

目前，X 机构与四川理县农村社会工作的本土化发展面临的首要问题是社会工作人才的流动性大，社工严重缺失。

虽然 X 机构一直致力于社会工作人才的本土化，通过特招理县学生去长沙民政职业技术学院就读，然后回乡工作，但是也出现每一届毕业生回来在机构工作一年左右就离职的现象。在笔者访谈 2013 届毕业生时，他们都表示想离开 X 机构，去深圳、广州、成都等地发展，究其原因主要是工作环境、待遇等问题。

虽然 X 机构注重培养本地的学生回来从事社会工作，但是这些学生还是想走出农村。而究其原因，工作缺乏稳定性是一个重要因素，L 社工不无担忧地指出："我们的工作一点也不稳定，因为机构要生存下来，有赖于项目的支持，但是谁又能保证以后一直有项目来支撑 X 机构的运作呢？"[2]。

社工的"五险一金"等社保待遇也未得到有效保障。在访谈中笔者了解到，理县社保局未给 X 机构社工办"五险一金"，导致社工对前景担忧，加剧了离职倾向。L 社工就向笔者坦言：只要 X 机构能够买社会保险，她还

---

[1]　郭伟和：《体制内演进与体制外发育的冲突——中国农村社会工作的制度性条件反思》，《北京科技大学学报》（社会科学版）2007 年第 4 期。

[2]　摘自《X 机构实习日志存档集》。

是很愿意继续留在机构工作的。笔者在实习过程中发现，X 机构的办公设备老化，虽然办公室有好几台电脑，但是基本都不能用，机构也没有足够的资金去更换。

目前，地方行政部门不重视，尤其是基层官员对社会工作不了解，考核体系也并未将社会工作的发展纳入其中，社区与社会组织争资源，以及社工在实际开展工作过程中被同化，没有话语权，导致社会工作的本土化困难重重。

7.4.2　项目制与服务连贯性问题

身处农村偏远地区开展服务的 X 机构，在湖南援建队撤走以后，稳定的政府投入出现断裂，只能通过申请国家民政部、基金会和社会组织的项目支持来延续社会工作服务，依靠项目生存，和众多的社会管理项目一样，具有典型的项目制运作特征。[①] 项目申请成功后，X 机构获得启动资金，根据项目的具体要求开展相关社会工作服务。由于项目具有时效性，X 机构申请到的资金主要用于项目的开展。项目评估验收，意味着项目周期的结束，资金的缺乏，意味着依托项目开展的服务也将停止，缺乏一个连贯有序的过程。

以 X 机构承接的中央财政生计项目"玛瑙村的养兔生计小组"为例。项目开展之初，由于有项目资金的支持，养兔小组的农户能获得兔笼、种兔，在项目进行过程中，还可以得到机构用项目资金请来的专家所给予的技术支持。但是项目结束以后，资金缺乏，导致种兔、技术缺失，农户们面临着养兔生计中断的困境。为避免项目资金的不稳定性造成的服务中断问题，应该建立健全经常性的经费投入体制，即要把项目经费纳入年度财政预算，并相应地建立政府购买社会工作服务制度，以改变项目经费的不确定性、临时性、领导偏好性等问题，形成稳定、可持续的项目经费来源。当然，由于财力有限，欠发达地区目前可能尚无能力独立承担这一财政预算，需要中央财政通过转移支付予以支持。目前，民政部在中央财政的支持下正在农村边远、贫困地区大力推动"三区计划"，为使这一计划取得更好的实效，可考

---

① 陈家建：《项目制与基层政府动员——对社会管理项目化运作的社会学考察》，《中国社会科学》2013 年第 2 期。

虑将该计划的中央财政转移资金转化为稳定的财政预算投入形式，持续地支持有资质的农村社工机构的发展。

另外，人员流动过于频繁也对 X 机构的服务连贯性产生影响。根据笔者实习了解到的情况，X 机构的人员流动性非常大。机构在半年之内就有两名社工相继离职①，目前机构仅有 4 人，其中一个是机构 W 副主任，X 机构成立之初她就在此工作。另外 2 人于 2013 年 7 月从长沙民政职业技术学院毕业以后应聘至机构工作。另外一名是从长沙民政职业技术学院招募的实习生。根据课题组成员的侧面了解，X 机构的社工大部分来自长沙民政职业技术学院社会工作专业的毕业生，这些毕业生刚来时怀着满腔热血，但是工作一年左右就因为各种原因离开。由此可见，在农村运作的 X 机构的人员流动非常频繁。

要解决人员流动频繁这一问题，首先是要继续加强本土社工人才队伍建设。本地人才熟悉的这片土地，人脉资源也都在当地。在中国这样一个讲情感的社会，乡土情结是留住社工人才至关重要的因素。基于此种考虑，笔者建议相关高校今后在招收社工专业学生时可以多向本地生源倾斜；其次，社工的福利待遇要相应跟上，在这一点上，相关政府部门应该加大支持力度，使社会工作服务机构有能力提高社工待遇，保证社工薪酬，从而保证人员的稳定性。

7.4.3　行政化的困扰

X 机构在理县民政局注册运作，民政局对机构行使管理、审核的职权。民政局在行使职权的同时，不可避免地对 X 机构产生行政化的干扰，这无疑极大地阻碍了 X 机构的发展。

笔者在对理县民政局社会工作股的负责人访谈时了解到，民政局要求 X 机构一个月向民政局汇报一次。在 X 机构开展活动时，理县民政局实行统一管理，对于他们的活动的不足之处进行指导，促进他们改进，这些指导具有正面意义，但恰如一枚硬币的两面，这也会对 X 机构专业服务的开展产生不利影响，导致行政化的倾向。

当笔者问到理县政府和 X 机构的关系时，理县民政局社会工作股的 W

---

① 分别是 2013 年 9 月和 2014 年 1 月。

女士认为，政府和 X 机构是管理与被管理的关系，是上下级关系。民政局负责监督 X 机构是否违反国家法律法规。同时，她也指出 X 机构对政府与二者之间的关系认同存在差异，她认为 X 机构非常想独立，但是独立的话，得不到政府的管理、指导，将失去很多机会。它们必须要得到政府的支持，比如村里生计项目的开展，如果民政局不支持，村里就不会支持，不会免费提供办公场所等资源。从 W 女士的话语中不难看出，政府已经将行政的思维用于对 X 机构的管理和指导上。也正是基于这种思维的管理和指导，导致政府对 X 机构的服务开展产生严重的行政化干扰。

中国作为一个农业大国，没有农村社会工作的发展，中国社会工作是不完整的。诚然，相比城市各方面的优越条件，农村社会工作发展面临诸多约束。推进农村社会工作的可持续发展，需要着力构建农村社会工作机构的组织架构与管理机制、项目服务机制、激励机制、社会工作者与志愿者队伍发展机制。通过这四个机制全方位地保障农村社会工作的不断发展。

从制度层面考虑，随着国家与社会关系格局的变化，"政经社"体制改革和政府职能转移，全能国家、政府办单位的模式向国家、市场、社会分工负责的模式转变，需要对社会管理体制进行重构，国家（政府）将社会服务委托给社会组织，社会组织承接社会服务，社会组织向社会弱势人群提供社会服务。而目前的现实是政府对社会组织不信任，导致过多的行政性干扰，影响社会工作的可持续性。尤其在农村地区，更需要政府放权，将一部分社会工作服务委托给社会组织，让社会组织去提供相关的社会服务，促进共赢和发展。

7.5 小结

本章主要以四川 X 机构为例，探讨了农村社会工作机构的基本运作机制及其资源拓展策略，分析了 X 机构及四川理县农村社会工作发展面临的本土化、项目制与服务连贯性、行政化等问题的困扰。

显然，就目前 X 机构的状况看，农村社会工作机构的运作机制中尚待理顺之处颇多。但这种机制的理顺，亟待宏观政策支持。在政策方面，从农村面临的资源瓶颈看，从资源依附视角以及"强政府""弱社会"的现实看，政府须改变目前重城市、轻农村的格局以及重政府主导、轻机构建设的不良倾向，做到资源配置和政府购买服务适当向农村倾斜、向农村社工机构倾斜。可喜的是，近两年来，政府有关部门正在回应社会的期待，民政部从2013 年开始大力推进"三区计划"，资助农村等贫困地区社会工作的启蒙与发展，可以说是迈出了重要的一步。但就目前的情况看，"三区计划"的行政化、形式化色彩相当浓厚，未来应该通过在农村地区建立和城市一样的政府购买服务制度，通过项目招标，鼓励城市社工机构下乡或者吸引高校的社工专业人才在农村地区建立孵化机构，培育本土化社工人才和社工机构。同时，在政策层面还必须深化资源配置机制改革，鼓励农村社会工作机构从理念、组织、制度、项目、服务等多层面嵌入政府大力推进的农村各项发展战略，包括灾后重建、新农村建设和精准扶贫战略等，搭建项目对接平台，进一步拓宽农村社会工作资源。只有这样做，农村社会工作才能可持续发展。

第8章 结语

8.1 研究总结

中国特色农村社会工作实践模式的探索，既是对近年来丰富而多样的农村社会工作实践模式的抽象与提升，也是对社会急剧变迁背景下问题丛生的农村社区诸多服务需求的现实回应。

本书结合对民国乡村建设运动以来我国农村社会工作发展历程的梳理和对江西万载和婺源、云南平寨、湖南湘西、广东等地农村社会工作实践项目的调查分析，归纳和比较了三种具有典型经验的本土化农村社会工作实践模式，分别是政府主导的万载模式，以云南和湖南湘西为代表的高校、民间团体主导模式以及以广东"双百计划"为代表的政府购买农村社会工作服务模式，并分析了各模式的特点、优势和不足，剖析和反思了当前农村社会工作实践中存在的问题和面临的挑战，尤其是其中的一些共性问题、难点问题，在此基础上，本书深入思考了更符合中国情境、具有本土化特色的实践模式的构建，以有效应对在农村地区发展社会工作面临的各种局限、制约与挑战，促进农村社会工作的深入、可持续发展。

除了对实践模式的框架分析，本书还深入剖析了江西万载的反贫困社会工作、江西婺源"少年之家"和乐平留守儿童社会保护服务（培训）试点项目、四川理县 X 社会工作服务中心等几个案例，回应社会工作如何介入精准扶贫、留守儿童关爱保护等社会关切的重大议题，探索资源约束条件下农村社会工作机构在资源拓展方面的本土化经验和策略。

研究发现，民国时期河北定县的乡村建设实验和燕京大学师生开展的

"清河实验"为我们今天开展农村社会工作提供了重要的启示。河北定县实验强调实证为本，注重本土优势资产的挖掘，运用"表证农家"的本土方式创造性地开展生计教育，重视农民合作组织建设。而"清河实验"注重专业化与本土化的结合，提供适合本土需要的农村社会工作服务；建立了教师督导制，开创了高校社会工作专业师生以实习形式介入农村社会服务和乡村建设的先河。

　　当代农村社会工作的发展呈现出一些新的规律和特点：民间组织和知识分子继续发挥引领作用，同时，政府在农村社会工作发展中的作用逐渐加强，这在万载模式和广东"双百计划"中均有鲜明的反映，且农村社会工作的服务对象和服务内容越来越趋向民政领域的需求。同时，农村社会工作者的工作方法和手段更趋时代感和网络化，"互联网＋"时代的社会工作需要探索新的、更具时代感的社会工作方法和手段。

　　农村社会工作在发展过程中形成了三种比较典型的本土化实践模式，分别是以江西万载为代表的政府主导型，以云南和湘西为代表的高校或民间团体主导型，以广东从化项目、四川理县、"双百计划"项目为代表的政府购买农村社会工作服务型。

　　这三种模式各有利弊。从政府介入的适度性、专业化与职业化、本土化、普遍性意义四个事关社会工作可持续发展的维度进行比较，可以发现，以广东"双百计划"为代表的政府购买社工服务模式是一种理想模式，但就目前大多数农村地区的财力而言，大规模开展政府购买社会服务的条件尚不够成熟；作为欠发达县市，万载多样态的农村社会工作本土化实践具有极强的示范意义，但行政化、形式化倾向明显的万载模式尚不是一种理想的模式，只有厘清政社关系、提升专业化水平，该模式才具有普遍推广的价值（具体比较参见表 8-1）。

表 8-1　三种模式的整体比较

类型	维度		
	政府主导的万载模式	高校或民间团体的主导模式	政府购买社工服务模式
政府介入的适度性	政府作用发挥充分；政社角色失衡，政府过度介入	政府作用发挥不足，介入不够	政府是资金保障的主体；政社关系相对较为平衡

类型	维度		
	政府主导的万载模式	高校或民间团体的主导模式	政府购买社工服务模式
专业化与职业化	专业化程度不高，初步探索了专职岗位设置及激励制度建设	专业化程度较高，但职业化严重不足，仅由实习学生提供周期性的暑期服务	专业化、职业化程度较高
本土化	本土化探索深入、多样，重视本土化人才培养和激活民间公益团体，服务内容契合情境	关注农民的生计发展需求、探索城乡合作贸易；注重挖掘社区优势资产和资源	注重服务队伍的本土化，优先招聘本地社工，服务内容侧重于民政领域
普遍性意义	作为欠发达地区代表，具有极强的示范意义，本土化及低成本的项目运作经验值得推广，但行政化、形式化弊端使其仅具部分推广意义	因实习式服务的周期性、短期性和资源有限性，服务常态性不足，覆盖面较窄，不具有全局推广的意义，但高校的督导作用不可或缺	因城乡发展、区域发展严重失衡，大规模、全域性的政府购买社会服务的条件尚不够成熟，但区域性意义突出，是未来的理想模式

总体上，当代中国农村社会工作的发展尚处于试点探索和起步阶段。农村社会工作的实践还存在不少问题，面临诸多挑战，尤其是其中的一些共性问题、难点问题，制约了农村社会工作可持续发展的空间。这些问题和挑战包括：农村社会工作服务的职能定位不清；服务资源可及性、便利性不足；农村文化传统及服务的关联度与农民对服务的认可度和接受度存在问题；农村社会工作人才队伍开发难；本土农村社会工作机构发展滞后；农村社会工作服务成本高，资源投入和供给面临较大挑战。

从上述问题和挑战出发，农村社会工作实践模式应着力在以下五个层面加强体制机制和方法的创新，从而回应、突破现实挑战和困难，形成更符合中国本土情境的实践模式。一是要通过清晰划分农村社会工作服务的职能定位和政府的职责作用，形成政社合理互动与分工的组织管理体系；二是要建立健全激励机制，深化与高校和城市社工组织的督导合作机制，加强农村社会工作专业人才开发、培养与专业能力提升；三是要改革和完善农村公共服务的资源配置机制，加快培育基层社会工作服务站和农村社会工作服务机构并保障其资源输入；四是要探索项目化、参与式、在地化、多元协作的服务模式，提高服务的可及性和可得性；五是要探索本土化与专业化相结合的服务方法，工作方法要适合农村居民的生活、文化特征和可接受程度，注重服务的针对性、适切性、效能感。简而言之，要通过农村社会工作服务的职能定位与组织管理体系、人才开发激励与提升机制、资源配置机制、服务模式、服务方法等层面的体制机制创新，形成政社合理分工，人才激励与专业提升有力，社会工作组织体系健全，资源配置有保障，服务可及性、可得性、效能感较高的中国特色农村社会工作实践模式。当然，上述分析仅是一个围绕共性问题、难点问题、方向与原则问题的框架分析，不是去建构一个具体、划一的模式，各地千差万别，也无法建构统一的模式。

农村社会工作组织管理体系的核心设计是要合理界定政府的责任，构建合理互动与分工的政社关系。从资源依附视角以及"强政府""弱社会"的现实看，农村社会工作发展离不开政府资源的支持，但政府主导的社会工作实践模式又必然影响专业自主性，导致如万载式的"运动化""行政化"倾向。创新组织管理模式，关键是要建立一套既能有效吸纳政府资源，又能避免行政导向的行动体系，以保障社会工作的专业自主性和服务质量。为此，要合理划分农村社工与政府在公共服务社会化、专业化中的角色，明确社会工作者的角色是专业服务的提供者，而政府的角色或责任是财政资源的供给者和服务的监管者或者"掌舵者"，要保证服务的方向，评估和监管服务的质量。

应综合考量农村社会工作的管理特点、资源约束以及急迫的需求，以此明确农村社会工作服务的职能定位，包括其职责与事权。从管理特点看，社会工作归属于民政部门管理，主要投入也来源于民政部门，慈善法引导公益组织、社会服务机构所从事的重点服务领域也主要是扶贫、济困、扶老、救孤、恤病、助残、救灾等民政领域。因此，农村社会工作者服务的职能应重点定位在反贫困、留守儿童和留守老人关爱服务、困境人群照料服务及社区发展、社区建设领域。其中，农村反贫困和留守儿童关爱服务是当前有紧迫需求和国务院相关文件明确予以政策扶持的两大领域。

在农村反贫困领域，社会工作者可重点围绕贫困人群救助社会工作、发展性社会工作及金融社会工作等视角进行介入，具体可在贫困人群经济救助、贫困人群关爱服务、农民合作组织的培育、生计项目的扶持、小额信贷扶贫、贫困户移民搬迁等领域发挥重要作用。从江西万载的案例看，专业社会工作在农村反贫困中有很大的需求和实践空间。但要强调的是，社会工作者在农村反贫困中的角色，可以是支持者、指导者、资源整合者，但不能是主导者，要坚持案主自决的原则，避免代替农民做决策，同时也要尊重市场规律，发挥优势视角和本地特色，因地制宜地开展工作。此外，当前的农村扶贫开发中，政府强势主导，社工的作用还极为有限，未来应该在战略定位上给予反贫困社会工作应有的重视。从扶贫的绩效看，区域化、规模导向的产业扶贫的边际效应越来越弱，绩效越来越低①，不适应精准扶贫的要求，而专业社会工作者基于日常视角、差别化视角、优势视角的生计项目扶贫更能体现其优势和生命力。基于此，作为一种政策倡导，在扶贫政策的顶层设计上，政府应创新扶贫机制，鼓励由产业扶贫向生计扶贫转向，更好地发挥专业社会工作在扶贫济困中的作用。

在留守儿童关爱服务领域，社会工作者既可以开展针对留守儿童的日间照料服务，江西婺源"少年之家"是典型案例；也可以开展针对留守儿童的监护干预等权益保护服务，江西乐平未成年人社会保护服务（培训）试点项目即是此种类型。婺源"少年之家"的案例启示我们，现阶段开展留守儿童的照料服务，并不一定要拘泥于专业化，关键是要利用好本土化资源和优势资产，要充分发挥农村退休教师、退休干部等的积极性。当然，随着农村社会工作人才队伍的加强，可进一步推进留守儿童社会工作机构的专业化甚至综合化，逐步发展融日间照料、教育与心理辅导、素质拓展为一体的社区照顾服务。而江西乐平未成年人社会保护服务（培训）试点项目，在实际运行中，其实务内容偏离监护干预等权益保护主题，凸显了监护干预等权益保护服务的困难。为此，要加强相关立法，并加快形成以未保中心为核心、各部门有效联动的未成年人社会保护服务实操程序。

专业社会工作人才队伍的开发与培养是农村社会工作发展中的一个难题，应建立健全专业人才开发的激励机制。从广东"双百计划"招聘的情况看，只要有合适的激励机制，边远农村地区的社会工作专业人才也可以有效地被开发出来。专业社会工作岗位开发要控制在有效的范围内，避免泛而不实，杂而不专。县乡基层民政部门、福利机构、救助机构中直接从事业务

---

① 高波、王善平：《财政扶贫资金综合绩效评价体系研究》，《云南社会科学》2014年第5期；蔡昉、陈凡、张车伟：《政府开发式扶贫资金政策与投资效率》，《中国青年政治学院学报》2001年第2期。

工作的岗位，均应设置专业社会工作岗位，对于其他的行政性社会工作岗位，如青少年教育、司法矫正、人民调解、婚姻家庭服务等从属于共青团组织、司法机构、妇联等部门的岗位，可随条件的成熟逐步转化为专职社会工作岗位。要出台农村社会工作岗位支持计划，在待遇和保障、职业晋升和发展通道方面给予引进人员明确有效的激励政策，对引进的专业社工给予与"大学生村官"类似的待遇，在事业编制、考研、考公务员方面给予一定的政策倾斜，增强岗位的吸引力。同时，要完善行政性社会工作岗位的职业评价机制和准入机制，从而倒逼体制内存量人员努力提升专业能力，获得相应的专业技术资格。对新增岗位人员，明确设定从业资格和职业晋升的准入条件，优先聘用社会工作专业人才。此外，要借鉴江西万载和广东"双百计划"经验，深化与高校、城市机构的合作，完善培训、督导等专业提升机制，加快培养本土的专业社会工作人才。

在农村社会工作服务的发展方面，亟须加强农村社工组织建设，建立基层农村社会工作服务站，培育本土农村社会工作服务机构。农村社会工作基层服务站点的设置要综合考虑服务的可及性与服务成本的平衡，要使有限的服务资源达到最大的服务效益。这需要服务站点的合理设置及服务模式的创新。从目前来看，较为合理的设站方式是在乡、镇、街设立农村社会工作服务站，这样既能够保持相对较高的服务可及性，又有助于节约服务成本，平衡财政压力。对于现阶段财政确实有困难的贫困地区，应争取国家财政支持在每个县设立一个农村社会工作服务站。

农村社会工作服务站和驻站社工要创新服务模式，深入探索本土化与专业化相结合的服务方法。高度专业化的临床诊断模式对人口分散的中国乡村并不适用。农村社会工作，应注重以社区为本，以社区自助组织培育为核心，重视发展本土化社会工作者和志愿者队伍，注重项目化运作，跨部门、跨城乡协作行动，开展流动式服务，并以功能综合化为取向，以链接其他部门、较远地方或城市的专业组织资源，形成行动者网络，以便为农村居民输送服务包形式的多功能、跨部门、多人群服务。农村社会工作者要善于吸收本土经验，将本土方法与专业社会工作方法相融合，形成有创造性的、整合的工作方法，提升服务的针对性与效能。

资金缺乏保障是导致基层社会工作服务站和本土农村社会工作服务机构等农村社工组织发展滞后和生存困难的重要因素之一。为此，一方面，在政府层面，需要改革农村公共服务的资源配置机制，拓宽农村社会工作经费来源渠道。推动有条件的地区逐步建立政府向社会工作服务机构购买服务制度。政府有关部门要根据财力状况，设立农村社会工作机构孵化和培育专项资金，用于向本土机构购买服务，以保障本土农村社会工作机构必要的运作经费，加强本土机构的建设与培育。另一方面，社工机构要主动对接农村重大发展战略和公共服务项目，如新农村建设、精准扶贫、灾后重建、农村社区建设等重大战略项目，捕捉重大服务需求，并积极链接和整合基金会、社会捐赠资金等社会资源，以拓宽农村社会工作资源，建立政府与社工组织可持续合作的平台，在这方面，四川理县 X 机构的案例提供了很好的启示。

总而言之，在政策层面要充分发挥政府作为资源保障和投入主体的作用，通过资源配置机制的改革、基层社会工作站的建设、本土农村社工机构的培育与提升、农村社会工作岗位支持计划等激励机制的完善，逐步推进农村社会工作的发展。与此同时，还应尽量减少对社工服务的行政干预，确保社会工作服务机构在承接政府部门购买服务过程中的独立性与自主性，从而真正构建起一种"政府部门购买与委托服务，社会工作服务机构以竞争方式承接和独立开展服务，并接受政府和社会的规范与监督""政府主导和社会参与"有效结合的政社伙伴关系机制。

党的十八大以来，中央高度重视推进国家治理体系和治理能力现代化，为此，应进一步理顺各治理主体的职能，正确处理好政府、市场、社会关系，加快社会治理体制创新，不断改进社会治理方式。随着社会管理向社会治理转变，政府将加快职能转变，大力加强政府购买社会服务制度的建设。农村将进入新的社会建设窗口期，农村社会工作必将迎来新的发展机遇。在新的社会建设窗口期和战略机遇期，农村社会工作要获得真正的社会认可，在农村地区扎下根来，而不是像历史上的多次乡村建设运动一样，如一阵风，来得快，去得也快，也正如梁漱溟先生自我反思的"号称乡村运动而乡村不动"[1]，社会工作者需要有扎根田野的决心，立足于长远计划，努力推进社会工作在农村地区的本土化、在地化，做好做实做深社会工作，不做面子工作、表演性工作，真正形成既专业又贴心的服务。

为此，社会工作者应主动调整自己教条式的遵循西方社会工作的话语体

---

[1]　梁漱溟：《乡村建设理论》，上海人民出版社，2006，第 368 页。

系的行动模式，主动适应农村社区具体的文化情境、风俗习惯、基层自治权力体系等，在与中国农村本土情境的对话中寻求契合的交集、合作路径，使社会工作融入大众的生活之中。只有真正让群众认可，农村社会工作才能获得可持续发展。

8.2　本书的创新之处

本书的主要创新之处有以下四个方面。

一是系统梳理了民国以来至当代中国农村社会工作的重要发展历程，尤其对晏阳初先生领导的平民教育与乡村建设运动所蕴含的本土农村社会工作方法及其意义的深入阐述、对燕京大学社会工作服务专业师生开展的"清河实验"以及 2017 年广东开始实施的粤东西北地区"双百计划"的详细分析，体现了本书具有一定的创新性、前沿性。

二是运用类型学比较研究，比较和归纳分析了当代农村社会工作的三种主要的本土化实践模式：政府主导的万载模式，高校或民间团体的主导模式以及以广东"双百计划"等为代表的政府购买农村社会工作服务模式，并从学理方面考察了各模式的特点、优势及其局限性，为探索中国特色的农村社会工作实践模式提供了丰富多样的本土化实践经验、教训与反思。

三是结合对当代农村社会工作实践的问题和挑战的分析，从职能定位与组织管理体系、人才开发激励与提升机制、资源配置机制、服务模式、服务方法等层面，立体化、网络化、多角度探索符合中国本土情境、体现中国特色的农村社会工作实践模式的总体框架及其政策面向。

四是对社会工作介入农村反贫困的三大视角及六大实践空间的分析，以及对农村社会工作机构资源拓展策略的案例分析，均具有一定的创新性。

8.3　本书的不足之处

受研究条件、研究资料、时间精力等各种主客观因素的制约，本书也存在一些不足之处或局限，有待后续研究中进一步完善，具体表现为以下几个方面。

一是调查点和案例的选择有一定局限。例如，笔者在文献综述中提到，陕西社会科学院的江波、杨晖在陕西开展了多年的民族社区农村社会工作的实践，总结了以赋权为本的农村社区健康促进行动、社会性别与健康教育的基本方法，并提出了一种整合取向的农村社会工作介入方式；华中农业大学的钟涨宝、万江红教授团队等将高校社会工作人才培养与农村社会工作服务相结合，扎根农村社会工作实践，并提出了农村社会工作实践要保持底层视角的反思。但囿于调查资料所限，课题组未对两地的实践经验展开深入分析。此外，一些境内外 NGO 或民间组织，比如国际行动援助组织、乐施会以及杨团教授主持的"农禾之家"开展的农村社会服务也具有一定的社会工作性质，本书尚未涉及，有待后续研究跟进。

二是定量方法运用不足。本书以定性研究为主。由于当前农村社会工作还属于试点和起步阶段，因此调查和问卷单位的选择尚难以在较大范围展开，只能限于若干试点项目的主观抽样。但定量研究在描述和解释农民对社会工作实务的需求、认同与绩效评估方面有一定优势，期望在后续研究中改进。

三是微观层面的实务分析有待进一步深入，如对社会工作在农村反贫困实务介入中的专业技巧、方法的运用分析得不够，对农村社区工作的方法虽有涉及，但不够系统，对相关实务的发展贡献不够，这些均有待在后续研究中完善。

参考文献

一　中文著作

阿玛蒂亚·森：《贫困与饥荒》，王文玉译，商务印书馆，2001。

安东尼·哈尔、詹姆斯·梅志里：《发展型社会政策》，社会科学文献出版社，2006。

A.C. 庇古：《福利经济学》，朱泱、张胜纪、吴良健译，商务印书馆，2006。

保罗·霍普：《个人主义时代之共同体重建》，沈毅译，浙江大学出版社，2010。

Dennis Saleebey：《优势视角——社会工作实践的新模式》，李亚文、杜立婕译，华东理工大学出版社，2004。

费孝通：《乡土中国》，三联书店，1985。

F. 埃伦·内廷：《宏观社会工作实务》，刘继同、隋玉杰译，中国人民大学出版社，2006。

高鉴国、展敏：《资产建设与社会发展》，社会科学文献出版社，2005。

古学斌、阮曾媛琪、王思斌等：《实践为本的中国本土社会工作研究》，社会科学文献出版社，2007。

赫希曼：《经济发展战略》，经济科学出版社，1991。

贺雪峰：《新乡土中国》，广西师范大学出版社，2003。

H. 孟德拉斯：《农民的终结》，李培林译，社会科学文献出版社，2005。

黄琢嵩、郑丽珍：《发展性社会工作：理论与实务的激荡》，松慧出版社，2016。

江波、杨晖：《农村社会工作：实践与反思》，西安出版社，2007。

杰里米·里夫金：《零边际成本社会：一个物联网、合作共赢的新经济时代》，中信出版社，2014。

克利福德·吉尔兹：《地方性知识》，王海龙等译，中央编译出版社，2004。

卡尔·波兰尼：《大转型：我们时代的政治与经济起源》，冯钢、刘阳译，浙江人民出版社，2007。

陆学艺、李培林：《中国社会发展报告》，社会科学文献出版社，2007。

陆学艺：《当代中国社会结构》，社会科学文献出版社，2010。

理查德·斯格特：《组织理论》，高俊山译，中国人民大学出版社，2011。

莱斯特·M. 萨拉蒙：《政府工具：新治理指南》，北京大学出版社，2016。

莱斯特·M. 萨拉蒙：《公共服务中的伙伴——现代福利国家中政府与非营利组织的关系》，商务印书馆，2008。

李景汉：《回忆平教会定县实验区的社会调查工作》，河北人民出版社，1983。

李济东：《晏阳初与定县平民教育》，河北教育出版社，1990。

梁漱溟：《乡村建设理论（第2版）》，上海人民出版社，2011。

柳拯：《本土化：建构中国社会工作制度必由之路》，中国社会出版社，2012。

马尔科姆·派恩：《现代社会工作理论（第3版）》，冯亚丽、叶鹏飞译，中国人民大学出版社，2008。

马克斯·韦伯：《经济与社会》，林荣远译，商务印书馆，1997。

迈克尔·谢若登：《资产与穷人：一项新的美国福利政策》，高鉴国译，商务印书馆，2005。

民政部社会工作司：《农村社会工作研究》，中国社会出版社，2011。

民进中央宣传部：《雷洁琼文集》，开明出版社，1994，

皮埃尔·布迪厄、华康德：《实践与反思——反思社会学导引》，李猛

译，中央编译出版社，2004。

彭华民：《社会福利与需要满足》，社会科学文献出版社，2008。

史铁尔、蒋国庆、钟涛等：《农村社会工作》，中国劳动社会保障出版社，2015。

滕尼斯：《共同体与社会》，林荣远译，北京大学出版社，2010。

唐斌：《社会工作职业化的政府激励及其运作机制——基于上海、深圳和江西万载的比较研究》，中国财政经济出版社，2016。

王绍光：《多元与统一：第三部门国际比较研究》，浙江人民出版社，1999。

王思斌：《社会工作导论》，北京大学出版社，1998。

王思斌：《中国社会工作研究》，社会科学文献出版社，2010。

王永红：《美国贫困问题与扶贫机制》，上海人民出版社，2011。

威廉·法利、拉里·史密斯：《社会工作概论》（第11版），隋玉杰等译，中国人民大学出版社，2010。

西奥多·W. 舒尔茨：《改造传统农业》，梁小民译，商务印书馆，2006。

徐震：《社区发展：方法与研究》，"中国"文化出版部，1985。

徐永祥：《社区发展论》，华东理工大学出版社，2001。

晏阳初：《平民教育与乡村建设运动》，商务印书馆，2014。

易钢、张兴杰、魏剑波：《农村社会工作发展策略——来自三年服务实践的案例》，科学出版社，2015。

周沛：《社区社会工作》，社会科学文献出版社，2002。

赵曦：《中国西部农村反贫困模式研究》，商务印书馆，2010。

詹姆斯·C. 斯科特：《国家的视角：那些试图改善人类状况的项目是如何失败的》，王晓毅译，社会科学文献出版社，2011。

中央编译局：《马克思恩格斯文集》（第2卷），人民出版社，2009。

钟涨宝：《农村社会工作》，复旦大学出版社，2011。

张和清主编《农村社会工作》，高等教育出版社，2014。

张和清、杨锡聪等：《社区为本的整合社会工作实践：理论、实务与绿耕经验》，社会科学文献出版社，2016。

郑杭生、李迎生：《中国社会史新编》，高等教育出版社，2000。

二　中文论文

边慧敏、林胜冰、邓湘树：《灾害社会工作：现状、问题与对策——基于汶川地震灾区社会工作服务开展情况的调查》，《中国行政管理》2011年第12期。

蔡昉、陈凡、张车伟：《政府开发式扶贫资金政策与投资效率》，《中国青年政治学院学报》2001年第2期。

陈树强：《增权：社会工作理论与实践的新视角》，《社会学研究》2005年第5期。

陈洪涛：《为什么要用"社会组织"》，《中国非营利评论》2008年第1期。

陈涛等：《震后社区生计项目实践与发展性社会工作的探索——绵竹青红社工服务站的经验及反思》，《社会工作》2011年第2期。

陈涛：《农村社会工作及其主体角色定位》，《湖南农业大学学报》（社会科学版）2014年第6期。

陈涛：《社工的基础是百姓自组织的民间社会》，《南都观察》2017年6月29日。

陈家建：《项目制与基层政府动员——对社会管理项目化运作的社会学考察》，《中国社会科学》2013年第2期。

陈争平、张顺周：《北京农业现代化的先声——民国时期清河经济建设实验概述》，《北京社会科学》2013年第3期。

陈丽芬：《二代脱贫、生涯账户及其改变效果之初探——以桃园县"破茧而出·青年筑梦发展账户专案"为例》，《发展社会工作与金融社会工作的检视与再思考：延续与创新学术研讨会》，台湾辅仁大学，2016。

陈成文：《现实农村善治必须推进农村社会工作职业化》，《湖南农业大学学报》2011年第6期。

陈成文、吴军民：《从内卷化困境看精准扶贫资源配置的政策调整》，《甘肃社会科学》2017年第2期。

陈晓平：《农村社会工作人才队伍建设的新探索》，《红旗文稿》2011年第7期。

陈晓平：《新农村建设中的社会工作创新——以江西万载模式为例》，

《江西社会科学》2014 年第 6 期。

程毅：《建构与增能：农村社会工作视域下大学生村官的角色与功能》，《华东理工大学学报》（社会科学版）2009 年第 4 期。

戴利朝：《社会工作介入乡村治理的必要性和可行性分析》，《江西师范大学学报》2007 年第 5 期。

戴利朝：《万载经验：专业人才与本土人才互动》，《中国社会工作》2009 年第 4 期。

邓燕华、阮横俯：《农村银色力量何以可能？——以浙江老年协会为例》，《社会学研究》2008 年第 6 期。

邓智平、饶怡：《从强政府、弱社会到强政府、强社会——转型期广东社会组织发展的战略定位与模式选择》，《岭南学刊》2012 年第 2 期。

狄金华、季子力、钟涨宝：《村落视野下的农民机构养老意愿研究——基于鄂、川、赣三省抽样调查的实证分析》，《南方人口》2014 年第 1 期。

段成荣、吕利丹、郭静、王宗萍：《我国农村留守儿童生存和发展基本状况——基于第六次人口普查数据的分析》，《人口学刊》2013 年第 3 期。

方黎明、张秀兰：《中国农村扶贫的政策效应分析——基于能力贫困理论的考察》，《财经研究》2011 年第 12 期。

高波、王善平：《财政扶贫资金综合绩效评价体系研究》，《云南社会科学》2014 年第 5 期。

葛志军、邢成举：《精准扶贫：内涵、实践困境及其原因阐释——基于宁夏银川两个村庄的调查》，《贵州社会科学》2015 年第 5 期。

关信平：《当代欧洲贫困问题》，天津人民出版社，2002。

关信平：《社会政策行动促进社会工作发展》，《中国社会导刊》2007 年第 11 期。

古学斌、张和清、杨锡聪：《地方国家、经济干预和农村贫困：一个中国西南村落的个案分析》，《社会学研究》2004 年第 2 期。

古学斌、张和清、杨锡聪：《专业限制与文化识盲：农村社会工作实践中的文化问题》，《社会学研究》2007 年第 6 期。

郭伟和：《体制内演进与体制外发育的冲突——中国农村社会工作的制度性条件反思》，《北京科技大学学报》（社会科学版）2007 年第 4 期。

郭伟和、陈明心、陈涛：《社会工作实践模式：从证据为本到反思性对话实践——基于"青红社工"案例的行动研究》，《思想战线》2012 年第 3 期。

郭占峰、李卓：《中国农村社会工作的发展现状、问题与前景展望》，《社会建设》2017 年第 2 期。

郭登聪：《金融社会工作运用在发展性社会工作的可行性探讨》，《发展社会工作在台湾：理论与实务推动的省思与展望研讨会》，台湾辅仁大学，2015。

郭登聪：《发展性社会工作在社区产业运用的探讨：兼论对于社会企业的思考》，《发展社会工作与金融社会工作的检视与再思考：延续与创新学术研讨会》，台湾辅仁大学，2016。

《广东绿耕耘社会工作发展中心年报》，2011~2012。

顾昕、王旭：《从国家主义到法团主义——中国市场转型中国家与专业团体关系的演变》，《社会学研究》2005 年第 2 期。

黄春蕾、呼延钦：《非政府组织的扶贫机制及其政策启示》，《经济与管理研究》2009 年第 10 期。

黄耀明：《试论中国社会工作本土化的"家文化"情节》，《北京科技大学学报》（社会科学版）2011 年第 1 期。

贺雪峰：《如何进行乡村建设》，《甘肃理论学刊》2004 年第 1 期。

黄源协：《台湾社区照顾的实施与冲击》，《台大社工学刊》2001 年第 5 期。

贾西津：《国外非营利组织管理体制及其对中国的启示》，《社会科学》2004 年第 4 期。

蒋国河：《社会工作在新农村建设中的需求、角色与功能》，《中国农村经济》2010 年第 5 期。

蒋国河：《加快农村社会工作人才队伍建设的对策研究》，《党史文苑》2010 年第 2 期。

蒋国河：《推进农村社会工作发展的策略思考》，《老区建设》2010 年第 2 期。

蒋国河、周考：《美国的儿童社会保护服务及其启示》，《社会福利》（理论版）2015 年第 4 期。

江波、谢雨锋：《社会救助：基于本土社会工作的视角》，《科学·经济·社会》2010 年第 2 期。

克利福德·吉尔兹：《地方性知识——阐释人类学论文集》，王海龙、张家瑄译，中央编译出版社，2000。

李培林：《创新社会管理是我国改革的新任务》，《决策与信息》2011 年第 6 期。

李汉林、渠敬东等：《组织和制度变迁的社会过程：一种拟议的综合分析》，《中国社会科学》2005 年第 1 期。

李迎生：《中国社会工作模式的转型与发展》，《中国人民大学学报》2010 年第 3 期。

李迎生：《社会工作助力精准扶贫：功能定位与实践探索》，《学海》2016 年第 4 期。

刘明兴、刘永东、陶郁、陶然：《中国农村社团的发育、纠纷调解与群体性上访》，《社会学研究》2010 年第 6 期。

刘军奎：《村庄本位：中国农村社会工作的推进导向》，《中国农业大学学报（社会科学版）》2017 年第 3 期。

刘楠：《民国时期燕京大学社会学系的社会服务与改造》，西北师范大学，2014。

刘伟、赵秀琴：《专业社工参与农村基层治理研究——基于广西实施民政部"三区计划"的思考》，《中央民族大学学报》（社会科学版）2015 年第 6 期。

罗繁明、符永寿：《社会工作组织模式创新的若干思考》，《广东社会科学》2010 年第 6 期。

娄海波：《定县平民教育运动对农村社会工作发展的启示》，《河北广播电视大学学报》2015 年第 5 期。

雷洁琼、水世铮：《燕京大学社会服务工作三十年》，《中国社会工作》1998 年第 4 期。

兰世辉：《论我国行政性农村社会工作的发展》，《北京科技大学学报》2009 年第 3 期。

聂玉梅、顾东辉：《增权理论在农村社会工作中的应用》，《理论探索》2011 年第 3 期。

钱宁：《农村发展中的新贫困与社区能力建设：社会工作的视角》，《思想战线》2007 年第 1 期。

钱宁：《以内源发展的社会政策思维助力精准扶贫》，《湖南师范大学社会科学学报》2017 年第 3 期。

彭华民：《需要为本的中国社会福利目标定位》，《南开学报》2010 年第 4 期。

沈红：《中国贫困研究的社会学评述》，《社会学研究》2000 年第 2 期。

沈新坤：《本土社会工作与专业社会工作的互构演化——"1+3"组合实践模式的学理阐述》，《社会工作》2009 年第 11 期。

史铁尔、蒋国庆：《社区营造视野下的农村留守人员社会工作服务》，《中国社会工作》2014 年第 6 期。

史铁尔、蒋国庆、钟涛、张宏贤：《借助团结经济模式，助力农村少数农民族社区发展——以古丈县默戎镇农村社区为例》，《民政部农村社会工作发展战略研讨会发言材料》2013 年第 8 期。

孙立平、王汉生、王思斌、林彬、杨善华：《改革以来社会结构的变迁》，《中国社会科学》1994 年第 2 期。

谈小燕：《社会治理与清河实验——专访清华大学社会科学学院院长、中国社会学会会长李强教授》，《领导文萃》2016 年第 4 期。

田先红：《农村社会工作的万载实验》，《决策》2012 年第 Z1 期。

谭钊明、邹国颐：《"双百计划"推动社会工作均衡发展》，《中国民政》2016 年第 24 期。

王思斌：《中国社会工作的经验与发展》，《中国社会科学》1995 年第 2 期。

王思斌：《试论我国社会工作的本土化》，《浙江学刊》2001 年第 2 期。

王思斌：《中国社会的求—助关系——制度与文化的视角》，《社会学研究》2001 年第 4 期。

王思斌：《和谐社会建设背景下中国社会工作的发展》，《中国社会科学》2009 年第 5 期。

王思斌：《中国社会工作的嵌入性发展》，《社会科学战线》2011 年第 2 期。

王思斌：《农村反贫困的制度—能力整合模式刍议》，《江苏社会科学》2016 年第 3 期。

王思斌：《精准扶贫的社会工作参与——兼论实践型精准扶贫》，《社会工作》2016 年第 6 期。

王思斌：《我国农村社会工作的综合性及其发展——兼论"大农村社会工作"》，《中国农业大学学报》2017 年第 3 期。

王金华：《中国农村社会治理不能忽视留守儿童问题》，《华中师范大学学报》（人文社会科学版）2016 年第 3 期。

王章华、戴利朝：《农村留守儿童教育问题与社会工作介入》，《河北师范大学学报》（教育科学版）2009 年第 7 期。

韦克难、黄玉浓、张琼文：《汶川地震灾后社会工作介入模式探讨》，《社会工作》2013 年第 1 期。

文军：《社会工作模式的形成及其基本类型》，《社会科学研究》2010 年第 3 期。

吴帆：《我国农村留守儿童社会工作服务发展现状与主要问题》，《中国民政》2016 年第 12 期。

万江红、杨霞：《底层视角下的农村社会工作实践反思——以 E 社工站为例》，《社会工作》2014 年第 1 期。

王员、周琴、胡朝阳：《晏阳初的平民教育运动对我国农村社会工作的启示》，《社会工作》2004 年第 7 期。

王晓毅：《精准扶贫与驻村帮扶》，《国家行政学院学报》2016 年第 3 期。

王文龙：《中国包村运动的异化与扶贫体制机制转型》，《江西财经大学学报》2015 年第 2 期。

温铁军等：《中国大陆乡村建设》，《开放时代》2003 年第 2 期。

温铁军：《乡村建设是避免经济危机的可能出路》，《小城镇建设》2017 年第 3 期。

温锐、蒋国河：《20 世纪 90 年代以来当代农村宗族问题研究管窥》，《福建师范大学学报》（社会科学版）2004 年第 4 期。

向德平、姚霞：《社会工作介入我国反贫困实践的空间与途径》，《教学与研究》2009 年第 6 期。

肖唐镖：《当代中国的"维稳政治"：沿革与特点——以抗争政治中的政府回应为视角》，《学海》2015 年第 1 期。

熊景维、钟涨宝：《新时期我国农村社会工作的典型实践、经验与挑战》，《华东理工大学学报》（社会科学版）2016 年第 5 期。

熊跃根：《从社会诊断迈向社会干预：社会工作理论发展的反思》，《江海学刊》2012 年第 4 期。

徐道稳：《我国社会工作发展模式研究：以深圳、长沙试点区调查为基础》，《华东理工大学学报》（社会科学版）2010 年第 1 期。

徐永祥：《政社分工与合作：社区建设体制改革与创新研究》，《东南学术》2006 年第 6 期。

许汉泽、李小云：《精准扶贫背景下驻村机制的实践困境及其后果》，《江西财经大学学报》2017 年第 3 期。

薛惠元、曾小亮：《香港乐施会营运经验及对内地慈善组织的借鉴》，《长沙民政职业技术学院学报》2010 年第 4 期。

闫红红：《"城乡合作、公平贸易、共创可持续生计和文化"总结回顾与未来展望》，《农村社会工作发展战略研讨会》，2013。

杨发祥、闵慧：《中国农村社会工作发展探析》，《福建论坛·人文社会科学版》2011 年第 1 期。

袁泉、游志麒：《我国农村社会工作的需求特征与推进路径》，《华东理工大学学报》（社会科学版）2016 年第 5 期。

袁君刚：《社会工作参与精准扶贫的比较优势探析》，《西北农林科技大学学报》（社会科学版）2017 年第 1 期。

颜芳：《燕京大学乡村建设实验及其现实启示》，《教育史研究》2010 年第 2 期。

颜小钗、李卫湘：《双百计划：加速全粤社会工作专业化、均衡化进程——访广东省民政厅厅长卓志强》，《中国社会工作》2017 年第 1 期。

曾鸣：《史铁尔：率社工湘军下农村》，《公益时报》2007 年 4 月 3 日。

张和清、杨锡聪、古学斌：《优势视角下的农村社会工作——以能力建设和资产建立为核心的农村社会工作实践模式》，《社会学研究》2008 年第 6 期。

张和清：《中国社区社会工作的核心议题与实务模式探索》，《东南学术》2016 年第 6 期。

张和清：《全球化背景下中国农村问题与农村社会工作》，《社会科学战线》2012年第8期。

张秀兰等：《改革开放30年：在应急中建立的中国社会保障制度》，《北京师范大学学报》（社会科学版）2009年第2期。

张英阵：《贫穷、储蓄互助社与社会工作：平民银行计划的反思》，《（台北）社区发展季刊》2015年第151期。

张学东：《清河实验的启示》，《中国社会科学报》2015年第1期。

张学东：《"清河实验"的启示》，《中国社会科学报》2015年1月9日。

郑功成：《中国社会福利改革与发展战略》，《中国人民大学学报》2011年第2期。

郑杭生：《在纪念马甸会议20周年会议上的致辞》2007年12月21日。

钟秀梅、古学斌、张和清等：《社会经济在中国（下）》，《开放时代》2012年第2期。

周沛：《社会福利视野下的发展型社会救助体系》，《南京大学学报》2012年第6期。

周绍宾，李连辉：《社会工作与农村社区治理——以重庆市白虎村为例》，《重庆工商大学学报》（社会科学版）2016年第4期。

朱力：《我国社会工作模式的转换》，《中国社会工作》1997年第2期。

朱晓阳、谭颖：《对中国"发展"和"发展干预"研究的反思》，《社会学研究》2010年第4期。

邹鹰：《推进农村社工人才队伍建设的几点思考》，《社会工作》2009年第7期上。

三　统计年鉴、报告集、资料汇编

长沙民政职业技术学院社会工作学院：《社会工作实务报告集》，2012。

民政部人事司（社会工作司）：《社会工作人才队伍建设试点工作资料汇编》，2008。

万载县社会工作领导小组办公室编印《万载县社会工作资料汇编》，2011。

中华人民共和国国家统计局：《中国统计年鉴（2011—2015）》，中国统计出版社。

中华人民共和国民政部：《中国民政统计年鉴》，中国统计出版社，2015。

中华人民共和国民政部：《2016 年社会服务发展统计公报》，2017。

四 英文文献

Banerjee，A. V. & Duflo. 2011. *Poor Economics：A Radical Rethinking of the Way to Fight Global Poverty*. New York：Public Affairs.

Brian Cheers. 1992. "Rural Social Work and Social Welfare in the Australia Context." *Australia Social Work* 45（2）：11-21.

Collier，Ken. 1977. *Rural Social Work：Theory and Practice* Presentation to the Canadian Association of Schools of Social Work 10th Annual Conference.

David A. Hardcastle. 1997. *Community Practice：Theories and Skills For Social Workers*. Oxford University Press.

Emerson，Richard M. 1962. "Power-dependence Relations." *American Sociological Review*，27：32.

Emilia E. Martinez-Brawiley. 1980. *Pioneer Efforts in Rural Social Welfare：Firsthand Views since 1908*. The Pennsylvania State University Press.

Emilia E. Martinez-Brawiley. 2000. *Close to Home：Human Service and the Small Community*. Washington，DC：National Association of Social Workers Press.

Elizabeth Ruff. 1991. "The Community as Client in Rural Social Work." *Human Services in the Rural Environment*. Vol. 14：21.

Ginsberg，L. H.（ed）. 1976. *Social Work in Rural Communities：A Book of Readings* . New York：Council on Social Work Education.

Gary R. Lowe，P. Nelson Reid. 1999. *The Professionalization of Poverty：Social Work and the Poor in the Twentieth Century*. New York：Aldine De Gruyter.

Garret，P. M. 2002. "Social Work and the just Society：Diversity，Differene and the Sequstration of Poverty." *Journal of Social Work*，2（2）：187-210.

Guohe Jiang，Fei Sun & Flavio F. Marsiglia. 2016. "Rural-urban Disparities in Adolescent Risky Behaviors：A Family Social Capital Perspective." *Journal of*

Community Psychology, Vol. 44 (8).

John Hughes. 1988. "Below the Breadline: The Social Fund, Poverty and Social Work." *Probation Journal* 35: 6.

Joan Saltman. 2004. "Rural Social Work Practice in the United States and Australia: A Comparison." *International Social Work* 47 (4): 515-531.

Kenneth T. Jackson. *Crabgrass Frontier: The Suburbanization of the United States*. Oxford University Press, 1985.

Linda Cherrey Reeser, Irwin Epstein. 1987. "Social Workers´ Attitudes toward Poverty and Social Action: 1968 – 1984." *The Social Service Review*, Vol. 61: 610-622.

Lohmann. 2005, *Rural Social Work Practice*. New York: Columbia University Press.

Morales, A. & Sheafor, B. W. 2004. *Social Work: A Profession of Many Faces* (13ed) Boston: Allyn and Bacon.

Osgood, M. H. 1977. "Rural and Urban Attitudes Toward Welfare." *Social Work*, 22: 41-47.

Pfeffer, Jeffrey & Gerald R. Salanick, 1978. *The External Control of Organization: A Resource Dependence Perspective*. Harper & Row.

Paxton, W. , S. White and D Maxwell. 2006. *The Citizen' s Stake: Exploring the Future of Universal Asset policies*. Bristol: the Policy Press.

Piketty, T. 2014. *Capital in the Twenty-first Century*. Cambridge. MA: the Belknap Press of Harvard University Press.

Rogaly, B. 1998. "Combating Financial Exclusion through Co-operatives: Is there a Role for External Assistance?" *Journal of International Development*, 10: 823-836.

Richard Pugh. 2000. *Rural Social Work*. Russell House Publishing Ltd.

R. Turner Goins & John A. Krout. 2006. *Service Delivery to Rural Older Adults: Research, Policy and Practice*. New York: Springer Publishing Company.

Richard Pugh & Brian Cheers. 2010. *Rural Social Work: An International Perspective*. Policy Press.

Selznick, Philip. 1949. *TVA and the Grass Roots*. Harper & Row.

Solomon, B. B. 1976. *Black Empowerment*: *Social Work in Oppressed Community*. New York, Columbia University Press.

Steven G. Anderson. 2014. *New Strategies for Social Innovation*: *Market-based Approaches for Assisting the Poor*. New York: Columbia University Press.

T. Townsend, Peter. 1979. *Poverty in the United Kingdom*. University of California Press.

The Third Annual National Institute on Social Work in Rural Areas. 1978. *Effective Models for the Dlivery of Services in Rural Areas*: *Implications for Practice and Social Work Education*.

Whittle, K. 1995. *Partnerships in Practice*: *Developments and Achievements*, in *Country Children Count*. London: Association of County Councils.

附录一　贫困村民基本生活状态调查问卷

问卷编号：

亲爱的村民：

　　您好！

　　我们是高校社会工作专业的师生，为了更好地了解村民尤其是贫困村民的生活情况以及国家扶贫政策的绩效，我们特选择贵村作为此次调查的地点，希望您能给予我们支持，认真填写问卷。

　　请您在所选择答案的序号上画〇，少数特别注明的地方请填写具体内容。本项调查纯为学术研究所用，您个人的任何资料信息都绝不会向社会和其他任何人公开，请您不要有任何顾虑。谢谢您的配合！

一　个人基本资料

1. 您的性别是_____。

　　A. 男　　　　　　　　　　　　B. 女

2. 您的出生年份：_____年

3. 您是不是党员？

　　A. 是　　　　　　　　　　　　B. 否

4. 您的受教育程度：

　　A. 没上过学　　　B. 小学　　　　C. 初中　　　　D. 高中

　　E. 中专　　　　　F. 大专及以上

5. 您有几名子女？

　　A.0 个　　　　　B.1 个　　　　C.2 个　　　　D.3 个

　　E.4 个　　　　　F.5 个及以上

251

6. 您目前的身体健康状况如何？

    A. 很好   B. 一般   C. 不好   D. 不清楚

二　经济、生活状况

7. 您家有几口人：＿＿＿＿＿＿＿

8. 您家有人外出打工吗？

    A. 没有   B. 有（请填写人数＿＿＿人）

9. 上一年，您家庭的年收入约是多少元？＿＿＿＿＿＿＿元

10. 您家庭的主要收入来源是？（可多选，并请排序）

    A. 农业生产   B. 畜牧养殖

    C. 外出务工   D. 本地企业上班收入

    E. 个体经营   F. 机关、事业单位工资性收入

    G. 政府低保等救济收入   H. 其他（请说明）

    第一＿＿＿＿＿＿；第二＿＿＿＿＿＿；第三＿＿＿＿＿＿

11. 您家里是否通了或有了＿＿＿＿＿＿＿（可多选）

    A. 有线电视   B. 电话或手机

    C. 宽带上网   D. 其他

12. 上个月，您的家庭月支出大概是＿＿＿＿＿＿＿元。

13. 您的家庭主要支出项目是？（限选三项）

    A. 日常开支   B. 子女教育   C. 建房与装修   D. 医疗

    E. 子女婚姻   F. 购买家电   G. 购车

    H. 其他（请说明）

14. 您家是否有债务？

    A. 是   B. 否

15. 您家的债务主要是向谁借的以及借款的用途？

借款对象	用途（请在选项上打钩）					
	生产	建房、购房	耐用消费品	教育	治病	经商
银行/信用社						
民间借贷组织						
亲戚、朋友						

16. 导致您或其他人家庭不富裕的原因是什么？（可多选）

　　A. 居住地自然条件差

　　B. 农业收入微薄，且无其他非农业收入

　　C. 自身没本事，缺乏劳动技能　　　D. 家庭成员患病或残疾

　　E. 没文化，受教育水平低　　　　　F. 抚养子女负担沉重

　　G. 赡养老人负担沉重　　　　　　　H. 交通状况不好

　　I. 自然灾害或突发事件　　　　　　J. 其他

17. 您了解政府的扶贫政策和扶贫项目吗？从什么渠道了解的？（可多选）

　　A. 不了解　　　　　　　　　　　　B. 从亲戚朋友处了解的

　　C. 从村里或村委会宣传栏了解的　　D. 从网上了解的

　　E. 村干部告知　　　　　　　　　　F. 广播电视节目

　　G. 其他

18. 您的家庭所参加的社会保障项目有哪些？（可多选）

　　A. 低保　　　　　　　　　　　　　B. 新型农村养老保险

　　C. 新型农村合作医疗　　　　　　　D. 农村"五保"政策

　　E. 医疗救助　　　　　　　　　　　F. 教育救助

　　G. 其他

19. 您家享受了哪些政府给予的优惠政策或贫困补贴？（可多选）

　　A. 住房救助补贴（危房改造）　　　B. 工商税务优惠

　　C. 水、电等基础实施改造补贴　　　D. 没有享受

　　E. 其他

20. 你听说过农民专业合作社吗？（如没有，请直接跳至第 23 题）

　　A. 听说过　　　　　　　　　　　　B. 没有听说

21. 您参加了农民专业合作社吗？

　　A. 参加了　　　　　　　　　　　　B. 没有参加

22. 您觉得农民专业合作社有什么作用？（可多选）

　　A. 没有用　　　　　　　　　　　　B. 对发展经济有帮助

　　C. 能学到农业技能　　　　　　　　D. 贷款更方便

　　E. 不知道　　　　　　　　　　　　F. 其他

23. 您是否参加过职业技能培训？（如选否，请直接跳至第 26 题）

　　A. 是　　　　　　　　　　　　　　B. 否

24. 您参加过哪些形式的农业技能培训？（可多选）

    A. 实用技术培训   B. 技能培训（考证）

    C. 职业学校的学历教育   D. 其他

25. 您对所接受的培训满意吗？

    A. 满意   B. 不满意

26. 您是否了解小额扶贫贷款？

    A. 是   B. 否

27. 你是否办理过小额扶贫贷款？

    A. 是   B. 否

28. 您觉得政府扶贫政策给您家庭带来的帮助如何？

    A. 帮助很大   B. 帮助较大

    C. 帮助一般   D. 帮助较小

    E. 帮助很小

29. 您对脱贫致富有信心吗？

    A. 充满信心   B. 较有信心

    C. 没有信心   D. 不知道

30. 您希望政府为您家做些什么？（可多选）

    A. 提供资金扶持   B. 提供技术帮扶

    C. 提供就业机会   D. 解决生活困难

    E. 其他

31. 您家耕种多少亩土地？（如果"有"，指村里分的土地，包括耕地、果园、林地、草场等；如果"没有"，经营、转租，则填写"0"；如果"不知道"请填写"-1"）

	耕地	其中		林地	果园	草场	池塘/鱼塘	菜地
		水田/水浇地	旱地					
总耕种多少亩								
承包他人土地多少亩								
弃耕多少亩								

32. 请问您家去年的农业经营收入情况是：

项目	（1）是否有该项农业经营？ A 是 B 否（跳至下一项）	（2）卖了多少钱？ （单位：元）
菜园		
果园		
粮食作物 （稻谷、小麦、玉米等）		
禽畜养殖		
渔业		
其他经济作物		

附录二 江西万载等案例访谈记录编码表

编码	访谈对象	性别	单位（职业）	访谈方式	访谈地点
101	H 副厅长	女	江西省民政厅	面谈	受访者办公室
102	G 处长	男	江西省民政厅	面谈	受访者办公室及工作场所
103	L	男	广东省民政厅	网络	网络
104	ZJP	女	万载县民政局社工股股长兼社工协会秘书长	面谈	受访者办公室及工作场所
105	L 所长	男	万载县白水乡民政所所长	面谈	受访者办公室
201	社工 W	男	万载县实习社工	面谈	受访者工作场所
202	社工 C	女	万载县实习社工	面谈	受访者工作场所
203	社工 L	女	乐平县留守儿童社会保护服务社工	面谈	受访者工作场所
204	社工 M	女	婺源县"少年之家"社工实习生	面谈	受访者工作场所
205	社工 H	女	湖南省古丈县翁草村社工	面谈	受访者工作场所
301	XGL	女	万载县白水乡永新村妇女互助储金会创始人、老年协会副会长	面谈	受访者住宅及村祠堂
302	WHL	女	万载县白水乡永新村妇女主任、妇女互助储金会现任主席	面谈	村委会办公室
303	L 理事长	男	湖南省古丈县翁草村合作社理事长、社工站负责人	面谈	村委会办公室
304	Y 老支书	男	万载县白水乡永新村老年协会会长	面谈	村祠堂
401	案主 Z 女士	女	万载县白水乡永新村村民	面谈	受访者住宅

编码	访谈对象	性别	单位（职业）	访谈方式	访谈地点
402	案主 YQG	男	万载县罗山新村"致富驿站"负责人	面谈	受访者的农家乐饭店
403	案主 A	男	万载县罗山新村留守老人	面谈	受访者住所
404	案主 Z	女	万载县罗山新村低保户	面谈	受访者住所
501	教师 D	女	江西高校社工专业教师	面谈	受访者办公室
502	教师 S	男	湖南高校社工专业教师	面谈	受访者办公室
503	教师 Z	男	广东高校社工专业教师	网络	网络

注：1××＝民政部门、社工协会

2××＝社工、实习生

3××＝村社工专干、村干部

4××＝村民、案主

5××＝高校教师

附录三 四川理县访谈记录编码表

编码	访谈及其对象资料					
	访谈对象	性别	单位（职业）	访谈方式	访谈地点	访谈时间
101	WS	男	X 机构主任	面谈	受访者办公室	2013 年 6 月 16 日
102	WZL	女	X 机构副主任	面谈	受访者办公室	2013 年 10 月 28 日
103	JGQ	男	X 机构 X 站副站长	面谈	受访者办公室	2013 年 1 月 18 日
104	FL	男	X 机构社工	面谈	受访者办公室	2013 年 10 月 25 日
105	LDD	女	X 机构社工	网络	————	2014 年 3 月 26 日
201	马大爷、胡大爷	男	理县福利院老人	面谈	受访者住所	2013 年 10 月 26 日
301	WL	女	理县民政局社会工作股负责人	面谈	受访者办公室	2013 年 10 月 22 日
302	M 女士	女	理县婚姻登记办公室主任	面谈	受访者办公室	2013 年 10 月 22 日
401	LZQ	男	长沙民政职业学院教师	面谈	长沙民政学院	2013 年 1 月 13 日
402	ZHX	男	湘西古丈县驻村社工	面谈	长沙民政学院	2013 年 1 月 18 日

注：1××＝机构社工

2××＝服务对象

3××＝政府部门工作人员

4××＝长沙民政学院教师、农村社会工作者

附录四　访谈提纲

本访谈的目标是，通过对调研地区的县、乡、村干部，民政局工作人员，参与实践的社工，督导和案例点的负责人以及接受服务的案主及相关贫困村民（以低保对象为主）进行半结构式、无结构式访谈，深入了解农村贫困的状况、贫困村民的福利服务需求及贫困救助社会工作的经验、策略、方法与困惑、问题、建议。

一　对县、乡、村干部、民政局工作人员的访谈问题

1. 当前农村贫困的主要群体、具体表现及导致贫困的原因。

2. 政府在精准扶贫方面的福利政策、工作重点、具体措施及主要的方式方法。

3. 政府在低保等救济式扶贫和产业扶贫等开发式扶贫方面分别存在什么困难、困惑和不足？如何评价政府主导的扶贫的绩效？

4. 福利政策的传递过程中是否存在资源损耗和效率不高的问题，以及政策执行是否存在有失公平之处？如何化解这些矛盾？

5. 是否了解社会工作的基本理念、价值和工作方法？

6. 如何看待社会工作在扶贫当中的作用和角色地位？

7. 如何评价本县农村社会工作的发展及对精准扶贫的实际贡献或绩效？

8. 如何评价与农村扶贫相关的社会工作案例点的试点工作的绩效？其带来的改变是什么？存在的主要问题是什么？

9. 如何看待政府主导的扶贫举措和社会工作者扶贫的相互关系？

10. 就推进反贫困社会工作及其人才队伍、机构建设有何具体的政策建议？

二　对相关贫困村民及案主的访谈问题

11. 家庭的实际状况如何？怎样看待导致自己家庭贫困的原因？

12. 是否了解政府的各项扶贫政策？如何评价这些扶贫政策对贫困户的实际成效？

13. 是否听说过社会工作？是否有认识的社会工作者？如何看待社会工作者的身份？

14. 是否接受过社会工作者提供的相关服务？具体是什么样的服务？

15. 社工在提供服务时的主要方法是什么？工作重点是什么？开展工作的具体过程是怎么样的？

16. 社工的这些工作方式、方法与政府工作人员的一般方法有何区别？有何特别之处？

17. 就帮助脱贫而言，你认为你最需要的帮助是什么？最大的困难是什么？

18. 就此而言，你认为政府的扶贫举措和社工的帮扶在满足你的脱贫需求方面发挥的实际作用如何？又分别存在什么样的不足之处？

19. 你认为社工引领建立的妇女互助储金会或"致富驿站"等发展项目能否带来实际的帮助？还可以进一步在哪些方面拓展助贫和脱贫项目？

三　对参与实践的社工、督导和案例点的负责人的访谈问题

20. 你认为导致农村贫困的主要原因是什么？

21. 你认为社会工作介入农村反贫困有何需求和优势？与政府主导的扶贫是何关系？

22. 如何看待自己的身份和岗位？政府公务员、事业单位工作人员还是专业社工？如何看待社会工作协会的性质？与政府的关系是否理顺？

23. 妇女互助储金会发展的历程、重新激活的背景和近年来发展的最新状况。

24. "致富驿站"成立的背景、发展的过程、近年来的发展态势。

25. 如何破解农村社会工作人才不足的问题？专业社工、从工（即本土化的行政性社会工作者，如妇女主任、民政所长）和义工（或志愿者）分别在其中扮演了什么角色？形成了什么样的互动机制？

26. 如何克服农村社会工作资源的瓶颈？社工介入的扶贫项目中，社工如何从党委、政府和县民政部门整合、配置资金、资源？有无其他拓展资源的方式和渠道？

27. 在农村开展反贫困社会工作，应该坚持社区为本还是临床诊断式的个案模式？如何有效地整合信贷、金融资源和产业资源，开展以经济发展为导向的反贫困社会工作？

28. 产业扶贫或生计发展项目是扶贫工作的难点，社工应如何遴选好生计发展项目，并通过何种实务模式使该项目真正在贫困户中落地生根，得到可持续发展，且使贫困户真正受益？

29. 农村社会工作如何既有效利用政府资源又摆脱行政化的困扰，从而保持一定的专业自主性？如何看待机构建设的重要意义？有何具体建议？

30. 请总体评价所开展的反贫困社会工作项目的绩效，并就如何改进和创新反贫困社会工作的实务模式以提高反贫困社会工作的实效提出有关建议。

附录五　访谈提纲（四川理县）

一　针对 X 社会工作服务中心相关负责人的访谈提纲

1. 机构项目的申请与开展情况，以及遇到的困境和解决对策？

2. X 社会工作服务中心与村委会的关系是？有无赞助？

3. X 社会工作服务中心是如何发展而来的？

4. X 社会工作服务中心发展过程中，有哪些较为成功的经验？走了哪些弯路？其所产生的原因何在？

5. X 社会工作服务中心在管理过程中，所面临的问题是什么？

（1）内部问题　　　　（2）外部问题

6. 您认为如何实现农村社会工作的本土化，由"输血"转为促使其自主"造血"？

7. 您认为机构是否有必要培育或引进职业经理人进行专业化管理？

8. 四川理县 X 社会工作服务中心在雅安天全县的"始阳希望"灾后社会工作服务项目进展如何？遇到何种困境？

9. 您认为 X 社会工作服务中心的运作机制是什么？比如，组织架构与管理机制、项目服务机制、激励机制、机构社工建设与志愿者队伍发展机制等？请结合具体项目、案例进行分析。

10. X 社会工作服务中心如何进行资源配置或资源拓展？如何整合资源与社会关系网络？

11. X 社会工作服务中心如何嵌入政府财政预算内或预算外投入体系？

12. X 社会工作服务中心对于项目的招标和投标过程如何进行？

二　针对 X 社会工作服务中心一线社工的访谈提纲

1. 您在 X 社会工作服务中心工作几年了？感觉如何？今后有何规划？

2. 机构是否会针对当地民风策划活动？有哪些具体例子？您认为对社会工作服务的开展有何好处？

3. 您认为 X 社会工作服务中心值得其他农村社会工作机构借鉴的地方有哪些？

4. 您认为 X 社会工作服务中心有什么需要改进的地方？

5. 您在这工作有归属感吗？支撑您留下来的动因是什么？

三 针对 X 社会工作服务中心服务对象的访谈提纲

1. 您对 X 社会工作服务中心的期望是什么？

2. 您对社会工作者开展社会工作服务的看法？

3. 您接受过社会工作服务吗？如果接受过，对服务是否满意？

4. 您认为机构社会工作者能帮助您解决家庭及个人发展或困难吗？您认为社会工作者组织的活动或个案，能否解决自己所处的困境？

四 针对政府部门领导及工作人员的访谈提纲

1. 您了解 X 社会工作服务中心吗？政府是如何实现对机构的管理的？

2. 您对 X 社会工作服务中心的看法是什么？比如您认为社会工作机构是做什么的，对提升本单位、本地的服务形象、服务质量的影响？

3. 您觉得 X 社会工作服务中心与政府的关系是什么样的？

4. 目前你们与 X 社会工作服务中心的主要业务往来是什么？以什么形式沟通、交流或者合作？

5. 目前政府对 X 社会工作服务中心有什么期望？（如果有，这种期望是通过什么形式被 X 社会工作服务中心所理解？）

6. 目前政府在 X 社会工作服务中心发展过程中起到什么样的作用？政策上如何支持？

7. 您认为 X 社会工作服务中心的服务范围、服务理念与政府是否有所区别？区别主要在哪里？

8. 您认为 X 社会工作中心的服务方式、服务流程怎么样？您认可吗？

9. 您认为 X 社会工作服务中心与机关的工作方式有何不同？不同在哪？它的方式适合处理何类问题？

10. 目前民政部门对 X 社会工作服务中心的财政投入如何？

附录六　留守儿童社会保护服务开展情况调查问卷

1. 你的性别

    A. 男   B. 女

2. 你的年龄_____

3. 你的受教育程度

    A. 小学及以下   B. 初中   C. 中专或高中

    D. 大专   E. 本科及以上

4. 你在未保中心（救助站）工作多长时间_____

5. 在未保中心（救助站）之前您从事的职业是？

    A. 应届毕业生   B. 部队   C. 事业单位

    D. 公务员系统   E. 做生意   F. 工人

    G. 其他

6. 你参与过未保中心（救助站）开展的未成年人保护工作吗？

    A. 有   B. 没有（直接到第9题）

7. 你参加过有关救助管理工作的培训吗？

    A. 有   B. 没有（直接到12题）

8. 这个培训是哪个部门组织的？

    A. 民政厅（局）   B. 省救助管理总站

    C. 未保中心（救助站）   D. 其他部门

9. 你参加过未成年人社会保护工作的培训吗？

    A. 有   B. 没有（直接到14题）

10. 这个培训是哪个部门组织的？

    A. 民政厅（局）   B. 省救助管理总站

  C. 未保中心（救助站）   D. 其他部门

11. 您觉得您目前的工作强度如何？

  A. 太大，难以应付   B. 偏大

  C. 一般，比较适中   D. 较小

12. 您觉得本单位中从事未成年人社会保护的人员数量足够吗？

  A. 太多了，存在"闲人"   B. 正好适合

  C. 人员较少，使得工作较为繁

  D. 人太少了，不能够满足工作的需要

13. 您认为做好未成年人社会保护工作的最大困难是什么？

  A. 社会知晓率低   B. 报酬太低

  C. 工作难度大   D. 工作经费不足

  E. 其他

14. 您如何看待您所在单位的管理体制？

  A. 管理体制较为完善

  B. 管理体制尚待完善，存在多头领导的情况

  C. 职能交叉比较严重

15. 您认为目前普通群众对未成年人社会保护工作的认知度如何？

  A. 大部分的人知道未成年人社会保护工作是什么

  B. 小部分的人知道未成年人社会保护工作是什么

  C. 几乎没有人知道知道未成年人社会保护工作是工作

16. 你知道的未保中心（救助站）通过哪些手段宣传未成年人社会保护工作？（可多选）

  A. 没有   B. 在固定公开栏、宣传板

  C. 在社区（村里）召开宣讲会，进行普及宣传

  D. 定期走访家庭，入户宣传 E. 通过社区（村）广播台

  F. 通过地方报纸、广播电台或是电视等新闻媒体

  G. 其他

17. 您认为目前未成年人社会保护工作实施的效果怎么样？

  A. 效果很好，帮助了广大未成年人（打80分以上）

  B. 仅对一部分人有效（打70分左右）

  C. 杯水车薪，没有解决实际问题（打60分）

D. 说不清

18. 您对当地未成年人的需要（问题）的了解程度是：

    A. 很了解   B. 基本了解   C. 少许了解   D. 基本不了解

19. 迄今您在未成年人社会保护工作中，与下面哪些部门和组织协作最多、成效最大？（选最主要三项）

    A. 社会保障部门   B. 教育部门   C. 卫生部门   D. 财政部门

    E. 高校   F. 司法部门   G. 工会、妇联、青年团、残联

    H. 社会公益组织（如慈善总会、志愿者协会等）

    I. 金融部门（银行、保险公司等）   J. 新闻媒体   K. 不知道

20. 目前，您认为最需要与下面哪些部门和组织进一步加强协作？（选最主要的三项）

    A. 社会保障部门   B. 教育部门   C. 卫生部门   D. 财政部门

    E. 高校   F. 司法部门   G. 工会、妇联、青年团、残联

    H. 社会公益组织（如慈善总会、志愿者协会等）

    I. 金融部门（银行、保险公司等）   J. 新闻媒体   K. 不知道

21. 目前，您认为未成年人社会保护工作中最大的困难是什么？（选最主要的三项）

    A. 经费不足   B. 人手不够，没有编制

    C. 工作人员专业水平不高   D. 未保中心地位低、协调难度高

    E. 工作对象不理解

    F. 未成年人监护缺失等的干预没有手段条件、没有法规政策支撑

    G. 其他

22. 未保中心（救助站）每年或每月有工作计划吗？

    A. 有   B. 没有

23. 未保中心（救助站）工作的记录、图片等资料情况？

    A. 较少有资料   B. 基本有资料   C. 有完备的资料

24. 未保中心（救助站）针对未成年人的学习、生活场地的使用频率？

    A. 没有使用过   B. 每年 3 次以内

    C. 每年 3~10 次   D. 每年 10 次以上

25. 您认为未保中心（救助站）的服务对象是？（可多选）

    A. 所有不满 18 周岁的未成年人   B. 留守儿童

C. 困境儿童　　　　　　　　　　D. 其他

26. 您认为未保中心（救助站）做到了以下有关未成年人社会保护的哪些工作？（可多选）

A. 未成年人社会保护规划拟订　　　B. 宣传引导

C. 统筹协调　　　D. 资源整合　　　E. 临时监护　　　F. 提供具体服务

27. 您认为推动未保中心（救助站）工作开展，哪些措施有效？（选最主要的三项）

A. 通过政府购买方式引进外来社会组织

B. 培养本地社会组织

C. 未保中心（救助站）通过招考招聘专业人才

D. 培训未保中心（救助站）现有工作人员

E. 从其他部门借调专业人员　　　F. 其他

28. 您认为未成年人社会保护中心是否有从救助管理站独立的必要，原因是什么？

留守儿童社会保护服务开展情况调查问卷
儿童青少年卷

1. 你的性别是？

A. 男　　　　　　　　　　　　B. 女

2. 你的年龄是_____

3. 你所在的年级是？

A. 一年级　　　　B. 二年级　　　　C. 三年级

D. 四年级　　　　E. 五年级

4. 你家里有几口人？_____

5. 你家里有人外出打工吗？

A. 有　　　　　　　　　　　　B. 没有（直接到第7题）

6. 他（她）是谁？（可多选）

A. 爸爸　　　　B. 妈妈　　　　C. 兄弟（姐妹）D. 其他

7. 您和谁一起生活？（可多选）

    A. 爸爸   B. 妈妈   C. 爷爷   D. 奶奶

    E. 外公   F. 外婆   G. 兄弟（姐妹）H. 其他

8. 在学校（村）里，你有几个好朋友？

    A. 没有   B. 1~2 个   C. 3~5 个

    D. 6~10 个   E. 11 个及以上

9. 你的兴趣爱好？（可多选）

    A. 唱歌跳舞   B. 上网

    C. 看电视或者电影   D. 跑步等体育运动

    E. 看书、报纸、杂志等   F. 其他

10. 除学习外，你每天的休闲娱乐时间为多少？

    A. 1 小时以下   B. 1~2 小时

    C. 2~4 小时   D. 4 小时以上

11. 你在休闲娱乐时间主要干什么？（可多选）

    A. 看电视   B. 帮忙做家务   C. 上网   D. 玩手机

    E. 什么都不干   F. 和朋友玩   G. 其他

12. 你希望自己哪些方面可以变得更好？

    A. 学习成绩   B. 身体健康状况

    C. 家庭关系   D. 心理健康状况

    E. 人际交往   F. 其他

13. 你希望社工提供以下哪些服务？（可多选）

    A. 春游等户外活动   B. 心理咨询

    C. 青春期保健教育   D. 作业辅导

    E. 下棋、乒乓球等兴趣班   F. 其他

14. 你愿意什么时候参加活动？

    A. 周一至周五课后   B. 周末

    C. 节假日   D. 寒暑假

附录七 中共万载县委县人民政府关于加强社会工作人才队伍建设推进社会工作发展的意见
（2008 年 4 月 16 日）

为贯彻落实党的十七大和《中共中央关于构建社会主义和谐社会若干重大问题的决定》精神，努力造就一支结构合理、素质优良的社会工作人才队伍，逐步建立具有万载特色的社会工作制度体系，现就加强我县社会工作人才队伍建设、推进社会工作发展提出如下意见。

一 深刻认识加强社会工作人才队伍建设，推进社会工作发展对构建社会主义和谐社会的重要意义

社会工作人才是具有良好的思想道德素质和一定的社会工作专业知识技能，进行困难救助、矛盾调处、权益维护、心理辅导、行为矫治、社区矫正等社会工作的专门人才。社会工作人才在缓解社会矛盾、维护社会公平方面，可起到"减振器"、"润滑油"的作用。

社会工作是以助人自助为宗旨，综合运用专业知识、理论和方法，帮助有需要的个人、家庭、群体、组织和社区，整合社会资源、协调社会关系，提供专业社会服务，预防和解决社会问题、恢复和发展社会功能，促进社会公正和谐的专门职业。

加强社会工作人才队伍建设，推进社会工作发展，对于转变政府职能，创新社会管理体制，完善社会保障体系，建设和谐文化，营造诚信友爱良好的社会氛围，改进党的群众工作，加强基层基础工作，促进社会公平正义，维护社会安定有序，夯实党的执政根基，构建社会主义和谐社会等，都具有重要的意义。

二 明确加强社会工作人才队伍建设，推进社会工作发展的指导思想、基本目标和工作内容

（一）指导思想

坚持以邓小平理论和"三个代表"重要思想为指导，以科学发展观为统领，贯彻落实党的十七大精神，围绕"注重社会建设，着力保障和改善民生，推进社会体制改革，扩大公共服务，完善社会管理，促进社会公平正义"的总体要求，以加强教育培训、开展职业水平评价、研究开发岗位、扶持社会公益性民间组织、探索政府购买服务机制等为主要内容，立足县情，适应社会建设发展要求，积极探索，科学规划，创新务实，健康有序地推进社会工作人才队伍建设和社会工作发展，充分发挥社会工作人才队伍和社会工作在构建社会主义和谐社会中的重要基础作用。

（二）基本目标

按照"一年试点探索、三年打开局面、五年初见成效"的思路，通过抓好建立完善科学合理的社会工作人才培养、评价、使用和激励机制，开发社会工作岗位、拓展社会工作服务领域、建立社工义工联动机制，发展社会公益性民间组织探索政府购买服务等一系列工作和在社会救助、矛盾调处、权益维护、心理辅导、行为矫治、社区矫正、残障康复、社会福利、医疗卫生、青少年教育、婚姻家庭等领域实践探索，普及社会工作知识，储备社会工作人才，明确社会工作岗位，积累社会工作经验，全面推进社会工作的职业化、专业化、社会化和本土化进程，力争在 5 年内，培养百名专业社工人才、千名社工从业人员、万名社会工作志愿者，造就一支结构合理、素质优良、具有活力的社会工作人才队伍，营造有利于社会工作发展的社会氛围，形成"党委统一领导、政府主导推动、社工义工联动、民间组织运作、公众广泛参与、广大群众受益"的社会工作发展格局，建立起适应社会建设管理，具有万载特色的社会工作制度体系。

（三）工作内容

1. 开展教育培训，组织职业水平考试

结合我县实际，研究城乡社会工作的发展趋势，制定社会工作人才队伍教育培训计划，确定年度教育培训的规模和结构，探索建立社工入职教育、社工继续教育各阶段相衔接的教育培训体系，建立健全社会工作人才和从业人员终身学习培训机制，不断提升社会工作者及其从业人员的业务水平和职业道德素养。一是县委党校要安排社会工作人才培训内容，开展社会工作专业知识的培训，确保领导干部、社会工作者及实际从事社会工作人员接受社会工作课程教育培训。以此普及社会工作知识，提高领导干部的社会建设能力，增强社会工作者及从业人员运用社工专业知识和技能解决实际问题的本领。二是建立社会工作专业教育基金，专门资助农村贫困学生、转业退伍士官、士兵及村（居）委会干部、义工就读社会工作专业，并与之签订合同，毕业或结业后回到本乡、镇、街道、村（居）委会、城乡社区或原单位及公益性民间组织从事社会工作，逐步壮大基层社会工作人才队伍。三是精心组织，广泛发动，认真抓好社会工作人才培训，帮助、鼓励各行各业干部职工以及城乡社区、公益性民间组织的社会工作从业人员参加全国社会工作者职业水平考试，不断壮大社会工作人才队伍。

2. 开发社工岗位，拓展社工服务领域

按照科学合理、精简效能，按对象设岗位，以需求定数量的原则，采取"角色转换"和"专业置换"、"激活增量"等措施，在党政机关、人民团体、事业单位、乡镇（街道）、村（居）委会、城乡社区和社会公益性民间组织中设定社会工作岗位。今年内，县教育、卫生、民政、人事劳动、司法、信访、计生等相关部门，各乡镇（街道）及工会、团委、妇联、残联等群团组织都要设立2个以上社工岗位；其中康乐街道各社区居委会、万载县一中、万载县二中、万载县三中、县人民医院、县中医院、县社会福利院也应设立1~2个社工岗位；村（居）委会，各中小学、乡镇（街道）卫生院、敬老院均应设立1个以上社工岗位；县工业园区管委会辖区100人以上企业均应设立1~2个社工岗位；其他各部门要根据实际需求，设立社会工作岗位；村落社区要以高校社工专业师生为引领，以乡镇（街道）、村、中小学校、卫生院社工和从业人员为支撑，以志愿者协会为依托，开展好农村社会工作。今后，要综合衡量不同社会工作岗位、服务对象、工作难易程度等因素，研究设计相应岗位等级、岗位数量以及与社会工作岗位要求相适应的社会工作人才配置比例，形成我县社会工作岗位设置配备标准体系。经过3至5年的努力，县直相关部门和单位，各乡镇（街道）、社区居委会、万载一中、二中、三中和县人民医院、中医院、县福利院至少应有 2 名以上社会工作师或助理社会工作师；各村（居）委会，各中小学，乡镇（街道）、卫生院、敬老院至少应有 1 名助理社工师；农村村（居）委会和社区可通过聘用高校社工专业大学生当"村官"，以指导、引领、发展本社区的社会工作。

要遵循整体规划、分步推进的原则，有计划、有步骤、有重点地在社会福利与救助、矛盾调处、权益维护、行为矫治、社区矫正、医疗卫生、青少年教育、残障康复、婚姻家庭等领域推进和拓展社会工作。要采取示范带动、协调发展的措施，在去年试点的基础上，今年 1 至 10 月份再选择教育、卫生、人事劳动、司法、信访、工会、团委、妇联、残联、老龄、工业园区管委会、康乐街道各居委会和三分之一的乡、镇，百分之十的村委会拓展试点成果，并从今年 11 月开始在全县全面推开。

3. 培育多元队伍，发展公益性民间组织

依照科学配置、多元吸纳的原则，不断壮大社会工作人才队伍。首先，采取提升转换现有存量人员和引进专业人才相结合的办法配置社工人才。对在已设定的社会工作岗位工作，但尚未取得社会工作者职业水平证书的人员开展分期、分批、分层培训，使他们在一定的时期内更新专业知识，提升专业水平，提高服务能力，通过社会工作者职业水平考试获得职业水平证书并按要求进行登记，逐步做到持证上岗。其次，在充分发挥社会工作者、社会工作员专业优势的同时，重视义工的协助、参与作用，广泛普及义务服务理念，大力倡导公职人员、党团员、人大代表、政协委员、劳动模范、科技人员、知识分子、企业家、社区干部、村组干部、居民小组长、楼院长、大中学生、志愿者、优抚对象、城乡低保对象参与社会工作服务，发挥示范作用；广泛吸纳城乡社区老党员、老干部、老模范、老医师、老工人、老知识分子、老复退军人参加和推动城乡社区社会工作。将上述人员培育成具有万载地方特色的社会工作服务队伍。研究制定鼓励政策，疏通拓宽渠道，激励具有专业知识技能的各类人员以志愿者的身份参加社会服务，建立一支参与面广、服务功能强、作用发挥好的义工队伍，并通过向万载县社会工作协会和相关义工组织、公益性民间组织申请义工、招募义工等方式，使每一名社工固定联系一定数量的义工，从而形成"社工引领义工服务、从工辅助社工服务、义工协助社工服务"的"社工+从工+义工"模式，建立社工、从工、义工联动发展的机制。

　　按照"多种渠道、整合资源、积极培育、大力扶持、创新格局、加速推进"的思路和"三个一批"的做法，即选择一批现有的民间组织，按照承担社会服务工作的要求规范整合，使之成为符合条件，能够承揽社会管理和服务的社会公益性民间组织；通过优化社会公益性民间组织培育发展的政策环境，建立政府向民间组织购买服务制度等措施，鼓励支持符合条件的组织和个人，创办一批社会公益性民间组织；在工商、信贷、税务、就业等方面给予优惠，赋予登记、注册、监管和考核等职权，引导成立一批行业协会和中介组织。与此同时，要坚持一手抓发展，一手抓监管的原则，加强对社会工作公益性民间组织的监督管理，对违背宗旨、超范围活动等违法行为要严肃查处，确保社会公益性民间组织健康发展。

4. 建立健全制度，完善社会工作机制

（1）建立社会工作者职业水平评价制度

　　建立社会工作者水平评价制度。按照国家统一部署，组织开展社会工作者职业水平考试和评价工作，对考试成绩合格的社会工作人才，由人事部门颁发职业水平证书，纳入专业技术人员资格证书统一管理。

　　建立社会工作者登记制度。取得职业水平证书的社会工作人才可自愿在社会工作主管部门或其委托的机构登记为社会工作者。社会工作者在社会工作职业活动中，应遵守社工守则并接受社会工作主管部门或其委托机构的管理，若违反有关法律、法规、规章制度或职业道德，由登记机关取消登记，并由发证机关收回职业水平证书。

　　推行社会工作专业岗位职业资格聘任制度。我县社会工作专业岗位原则上应聘用获得社会工作职业水平证书并登记为社会工作者的专门人才。

　　建立社会工作人才考核评估制度。研究制定不同类型、不同层次的社会工作岗位职责规范，明确考核评估标准、机构和纪律措施。按照德才兼备的原则，以社会工作者能力、操守、业绩为主要考核评估内容，结合思想品德、职业素质、专业水平，由社会工作者所属机构和所服务单位密切配合，进行综合考核评估。

（2）建立社会工作人才激励机制

　　建立社会工作人才薪酬保障机制。以体现专业人才价值为导向，建立健全多层次、全方位的社会工作人才薪酬保障机制。聘用社会工作者应实行专业技术人员工资标准；对受聘的社会工作者实行人事代理制，进入人才交流中心或技工交流中心，免收人事代理费。在社会公益性民间组织工作的社会工作者，要采取学历、资历、资格、业绩、岗位等多种指标相结合，按照以岗定薪、以绩定奖、按劳取酬的原则，保证其薪酬不低于同等级别专业技术人员薪酬水平。

建立社会工作人才职业晋升机制。完善社会工作者职级体系，明确相应资格条件和程序，创造社会工作者合理的职业晋升空间。

建立健全社会工作人才社会保障制度。社会公益性民间组织应执行国家有关社会保障的法规和各项制度要求，按时足额缴纳应由本机构承担的社会保险、医疗保险等费用。

建立社会工作人才合理流动机制。加强社会工作人才流动的宏观调控与指导工作，通过建立统一的社会工作人才数据库和信息网络、设置就业指导窗口、举办社会工作人才专场招聘会、及时发布社会工作人才供求信息等形式，搭建社会工作人才聘（雇）任（用）双向选择的平台，促进社会工作人才合理流动。

建立社会工作人才表彰奖励制度。将社会工作人才表彰奖励纳入我县人才奖励体系，与其他各种类型的人才同等对待。对于业绩突出的社会工作者及机构，可采取多种形式予以表彰奖励。

通过建立健全上述激励机制，为社会工作者提供良好的成长空间，解决后顾之忧，提升其职业归属感、荣誉感和自豪感，保障社会工作人才队伍不断发展壮大。

（3）建立实际从事社会工作人员激励机制

对实际从事社会工作的人员，在其通过社会工作者职业水平考试并经过登记后，应推荐其到专职社工岗位从事社会工作。对兼职从事社会工作的人员，给予岗位津贴补助。对工作成绩显著的优秀从业人员，应优先给予重用，充分调动社会工作从业人员的积极性。

（4）建立义工人员激励机制

对有从事社会工作职业意愿且符合相关条件的优秀义工，在其通过社会工作者职业水平考试并经过登记后，可优先录用为职业社会工作者。对工作成绩显著的优秀义工，要给予表彰奖励，形成义工服务光荣、有时间当义工、人人争当义工的良好社会氛围。

5. 推进社会工作发展，服务和谐社会建设

要根据构建社会主义和谐社会对城乡社区建设的总体要求，以创建全国农村社区建设实验县和建设和谐社区为契机，以社区居民自治组织、社区工作站、社区服务中心、村落社区志愿者协会、社区民间组织为平台，建立规范、长效的社区社会工作专业化、职业化、社会化、本土化服务体系，不断将城乡社区社会工作和社会工作人才队伍建设引向深入，提高城乡社区社会工作服务水平，打造我县城乡社区社会工作特色品牌。

要围绕民生工程的目标要求，将民生工程全面纳入社会工作的服务领域，用社会工作的理念和专业的知识、技巧，制定好服务民生工程的工作方案，扎实有效地在民生工程建设的实践中推进社会工作、发展社会工作，用社会工作的优势，促进民生工程的落实。

要按照新农村建设"生产发展、生活宽裕、乡风文明、村容整洁、管理民主"的总体要求，结合万载农村经济欠发达，"三留"（留守儿童、留守老人、留守妇女）、"三化"（农村兼业化、经济空心化、人口老龄化）、"三缺"（生产缺人手、致富缺技术、创业缺资金）、"三差"（环境卫生差、救灾基础差、文体设施差）和"三个较多"（矛盾纠纷较多、贫困人口较多、无助老人较多）等现实问题，将社会工作引入这些领域，开展具有针对性的个案、小组、社区工作，不断破解上述问题和矛盾，使社会工作在新农村建设中发挥积极作用。

要依照创建国家、省级文明城、卫生城、园林城及双拥模范县、村民自治民主管理模范县、农村社区建设模范县的创建标准和要求，与社会工作发展有机地结合起来，使社会工作在"三城"、"三县"创建中找到切入点、结合点、支撑点、发展点和双赢点，为"三城"、"三县"创建工作服务。

6. 提升服务水平，促进民办服务机构发展

与高校、科研机构建立合作关系。通过搭建实践平台，建立社工专业实习基地，吸引高校专业力量进行社会工作服务实践，发挥示范引领作用，培训、帮带基层实际从业人员；同时，依托高校师资，选送优秀社会工作人员到高校进行学习和研修，提高社会工作人才专业水平。建立社会工作项目招投标制度。通过政府公开招标，吸引省内外高校、科研机构的社会工作专家学者到本地开展科研和项目实践，深化和提升社会工作服务质量，打造我县社会工作品牌项目，解决突出的社会工作课题。依照转变政府职能、加强社会管理、提高公共服务专业化水平的要求，坚持分类指导、有序发展的原则，采取简化登记手续、完善注册办理、推行政府购买服务、引导和激励取得社会工作师（助理工作师）职业资格的人员创建民办社会工作服务机构等手段，积极促进民办社会工作服务机构的发展。

7. 建立健全社会工作服务网络体系

当前要抓紧成立万载县社会工作协会，并充分发挥其发展民间组织，开展社会工作理论研究、信息交流，组织开展社会工作培训、办理注册登记，为社会工作及专业社会工作机构、公益性民间组织提供各类专业服务，规范行业行为，维护社工权益，整合社会工作发展资源，协助政府部门加强社会工作人才队伍建设，推进社会工作顺利开展的作用。县直相关部门和单位、乡镇（街道）要成立社会工作服务中心；县一中、二中、三中、人民医院、中医院、福利院、康乐街道各社区居委会要成立社会工作服务所；村（居）委会、乡镇（街道）各中小学、卫生院、敬老院、村落社区、相关的公益性民间组织要成立社会工作服务站（社）。社会工作服务中心、所、站（社）要结合实际，科学设立服务小组，形成全县横向到边、纵向到底的社会工作网络体系。

8. 开展丰富务实的社工实践

社会工作重在实践，实在见效。各乡镇（街道），县直各部门、单位，城乡社区，中小学校，医疗福利机构，公益性民间组织要从各自的实际出发，大胆探索，积极实践，开展丰富的社会工作个案、小组、社区活动，不搞形式主义，实实在在地为城乡群众办实事、做好事、解难事，为群众和服务对象提供经常性、实效性、持续性的服务，不断拓展社会工作服务领域，体现社会工作的价值。

9. 着力打造好"六个一"亮点工程

按照以点带面、示范推动的原则，在加强我县社会工作人才队伍建设、推进社会工作发展的实践中，着力打造好"六个一"的亮点工程，即打造一支结构合理、素质优良、专业化、职业化、社会化、本土化、多元化的社工、从工、义工队伍；打造一批辐射作用大、推广价值高的示范点、样板点；打造一批指导意义强、专业化程度高的社会工作个案、小组、社区工作方案；打造一批社会工作的模范人物、领军骨干；打造一批社会工作示范站、（所、社）；打造一批社会工作模范公益性民间组织。

10. 全方位开通社会工作绿色通道

为使社会工作造福千家万户，在宣传造势的同时，应全方位开通社会工作绿色通道。一是开通社工热线电话；二是开通社工直通车；三是设立社工信箱；四是设立社工公示栏；五是在县政务网开通社工园地；六是开设电视社工专栏、专题，逐步建立起畅通的社会工作求诉求助绿色通道。

三 切实加强领导，为社会工作人才队伍建设和社会工作发展创造良好环境

1. 切实加强组织领导

社会工作是社会建设和管理的一项基础性、综合性工作，具有很强的系统性、探索性、政策性、实践性和广泛性的特点。为大力推动社会工作人才队伍建设和社会工作发展，县成立加强社会工作人才队伍建设、推进社会工作发展领导小组，由县委副书记聂洪生任组长，县委常委、组织部长肖德明和县政府副县长胡宝成任副组长，成员由县委办、县政府办、组织部、宣传部、政法委、监察局、发改委、教育局、公安局、民政局、司法局、人劳局、编委办、社保局、文化局、卫生局、财政局、计生委、法制办、环保局、广电局、就业局、信访局、党校、工会、团委、妇联、残联、老龄办、康乐街道等单位主要领导组成。领导小组办公室设在县民政局，由于东军同志任主任。总的要求是建立"组织部门牵头抓总、民政部门具体负责、各有关部门密切配合"的领导管理体制。各乡镇（街道）也要加强组织领导，成立由党委书记任组长的加强社会工作人才队伍建设、推进社会工作发展领导小组，高度重视社会工作人才队伍建设和推进社会工作发展，将其列入经济社会发展计划，因地制宜地制定切实可行的工作方案，明确长期发展目标和近期工作重点，从领导、措施、人力、资金等诸方面，全面推进社会工作人才建设和社会工作发展。

2. 形成齐抓共推合力

加强社会工作人才队伍建设，推进社会工作发展是一项全新的综合性工作。对此，领导小组成员单位要积极发挥职能作用，切实加强对社会工作的督促指导，注意培养典型，抓好样板，总结经验，整体推进；各有关部门和单位，要各司其职，各负其责，相互配合，积极支持，共同研究加强社会工作人才队伍建设，推进社会工作发展的办法和措施，形成齐抓共推、协调发

展的工作合力和长效机制。要动员、组织全县党员、干部职工、社会各界人士和广大群众，齐心协力参与社会工作，大力倡导"以人为本，助人自助"的社工理念和"有时间当义工"的良好社会风尚。

3. 建立资金保障体系

采取多种形式，多渠道筹措社会工作所需资金，建立社会工作资金保障体系。一是确立财政资金保障社会工作发展的主渠道地位，建立政府资助社会工作的制度，对于社会工作教育培训、交流合作，社会工作服务机构、实习基地、社工宣传媒介等平台建设，成立社工协会、开展社工理论研讨等，政府要给予经费补贴。同时，根据社会工作发展需求，逐年增加专项资金投入，形成财政资金自然增长机制；二是安排30%的县级福利彩票公益金用于社会工作；三是不断拓宽社会融资渠道，鼓励引导社会资金向社会工作投入。对赞助社会工作的企业和个人，可赋予企业和个人对社会工作服务机构的冠名权，以县委、县政府的名誉颁发爱心企业、爱心模范等荣誉，并通过媒体和各种形式广泛宣传弘扬；四是开展慈善募捐，采取有固定经济收入的在职干部职工每年捐献一日工资或收入，倡导县内外务工经商人员每年捐献10元钱，福利企业减免税收部分捐助3%~5%等形式筹集社会工作资金；五是每年组织一次志愿者义卖募捐、劝募活动，以此丰富社会服务的供给。

4. 加大宣传造势力度

宣传部门和新闻单位要加强社会工作的宣传报道，发挥舆论先导作用，系统宣传社会工作的专业理念、方法和作用，特别是要深入宣传社会工作的典型案例，提高全社会对社会工作的知晓度和认同度。各乡镇（街道）、县直各部门、各单位要充分运用广播、墙报、专栏、标语等宣传形式，广泛宣传社会工作的重要意义。县委办、县政府办、县民政局要在政务网上开通社工栏目，县电视台和社会工作协会要通过开辟社工园地，开办社工专栏，举办社工节、社工论坛等形式和活动，总结交流各领域社会工作的经验，展示社会工作丰富的职业内涵、社会价值及广大社工的职业风采，营造社会工作发展的良好氛围。

5. 严格督查考核奖惩

县委、县政府将社会工作人才队伍建设和社会工作开展纳入乡镇（街道）和部门的年度目标任务，实行量化考核。县委办、县政府办以及县加强社会工作人才队伍建设、推进社会工作发展领导小组办公室对全县社会工作人才队伍建设和推进社会工作发展，建立督查、通报制度，加强对此项工作的经常性指导和跟踪问效，并实行年中督查和年终考核，建立社会工作日常工作、实绩考核和责任追究台账，作为年度奖惩乡镇（街道）和部门、单位的重要依据。县委、县政府根据考核情况，年终召开年度表彰会，对在加强社会工作人才队伍建设推进社会工作发展工作中表现突出、成效明显的乡镇（街道）、县直各部门、单位和人员及对"六个一"亮点创建活动中涌现的典型给予表彰奖励。对工作开展不力、成效不明显的乡镇（街道）和部门、单位，县委、县政府将予以通报批评，并责成主要领导做出书面检查，取消年度评先评优资格。

附录八 广东省民政厅关于做好粤东西北地区"双百镇(街)社会工作服务站"建设运营示范项目申报工作的通知

各有关地级市民政局,财政省直管县(市)民政局:

为加快粤东西北地区社会工作发展,我厅决定实施粤东西北地区"双百镇(街)社会工作服务站"建设运营示范项目,从 2017 年至 2021 年连续 5 年资助粤东西北地区和惠州市、肇庆市、江门市台山、开平、恩平等地建设运营 200 个镇(街)社工服务站。现将有关申报事项通知如下。

一 目标任务

(一)丰富社会工作发展路径。推动粤东西北地区建设运营镇(街)社工服务站,依托街镇直接配备社会工作专业人才,培育一支稳定的社工队伍,扎根一线开展专业服务。

(二)推动全省社工事业区域发展平衡。依托镇街社会工作服务站,夯实基础社会工作服务平台,壮大社会工作服务力量,深化社会工作实践,带动志愿服务发展,通过打造一批可供学习借鉴的样板,加速粤东西北地区社会工作发展。

(三)增强基层社会服务力量。镇街社会工作服务站以辖区内有需求的群众为服务对象,覆盖城乡低保对象、特困人员、困境儿童、农村留守人员、优抚安置对象、老年群体等民政重点服务对象,提供精神慰藉、资源链接、能力提升、关系调适、社会融入等专业社会工作服务。通过街镇社会工

280

作服务站建设，有利于充实基层社会服务力量，提升社会服务水平。

（四）推动"专业社工、全民义工"工作的开展。从 2017 年起至 2021 年，推动粤东西北地区建设运营 200 个镇（街）社工服务站，开发 1000 个专业社会工作岗位，发展专业社会工作，孵化 200 个志愿服务组织，培育 10000 名志愿者。

二　实施内容

（一）明确工作职责

镇（街）社工服务站的工作职责是为本镇（街）困境人群，重点是面临困境的老年人、妇女儿童、青少年、残疾人、城乡低保对象、农村留守人员、优抚安置对象等，运用社会工作的专业技巧，提供精神慰藉、资源链接、能力提升、关系调适、社会融入等专业社会工作服务，推动社区发展。每个镇街社工服务站应根据所在镇街具体情况，明确 1~2 个重点服务领域。

（二）搭建服务平台

街道、镇政府应提供与服务需求相适应的办公和服务场所，配备必要的服务设施。配备集中的办公场地，用于社工日常办公、开例会、记录文书、存放档案、接受督导培训等，原则上不小于 50 平方米，并在显著位置挂"××镇（街道）社会工作服务站"牌子。服务站应尽量选址在靠近居民区、公交车站等交通便利的位置，方便居民求助和接受服务。依托各社区现有服务设施，整合文化站、工疗站、党员活动中心、星光老年之家等场地资源，设立社区社会工作服务点，根据需要设置个案工作室、小组活动室、多功能活动室等功能室。

（三）配备社工队伍

每个镇（街）社工服务站应配备 3~8 名社工。社工招聘由镇、街道提出用人需求，全省统一发布社工服务站社工招聘信息，统一报名、统一招聘，由当地镇（街）政府签订劳动合同，2017 年 6 月底前配齐上岗。服务站社工须持有全国社会工作者职业水平证书，社工师与助理社会工作师的比例不低于 1∶4。每个村（居）委会指定一名文化程度较高且相对年轻的村（居）委会成员作为社工协理员，协助镇（街）社工站开展工作，并作为本土社工的重点培养对象。

（四）带动志愿服务

建立社工志愿者联动常态化服务机制，推动"专业社工、全民义工"工作的开展。依托街镇社会工作服务站培育发展立足社区、服务群众的志愿服务组织，到 2018 年底，每个街镇社会工作服务站至少培育 1 个志愿服务组织，规范志愿者招募、注册、培训及使用的长效机制，规范志愿服务记录证明。

（五）加强专业支持

由我厅组建省级专业支持团队，负责各服务站招聘社工的资格审核，协助社工站开展需求评估、明确服务领域，协同社工制定社工站五年服务规划和年度工作计划，指导社工开展专业服务，提供培训和督导，每年完成各社工站的评估报告并提交我厅，作为省级资金下年度继续资助和社工续聘的依据。

（六）落实管理责任

镇（街）事务办负责社工站行政管理工作，社工站站长原则上由事务办主任兼任；在招聘的社工中选拔一名有 3 年以上工作经验的社工师担任镇（街）社工服务站副站长，负责社工站的日常管理工作；省专业支持团队负责镇（街）社工站人员培训、专业支持、日常监督、年度评估等工作；地级市、县（市、区）民政局负责统筹协调本辖区（街）社会工作服务站建设，开展业务指导。

三　资金安排

从 2017 年起至 2021 年，由省、市、县三级安排资金资助粤东西北地区建设运营 200 个镇（街）社工服务站。项目一经立项，原则上每个项目资助周期为五年。

（一）省级资金安排

省级资助资金用于服务站聘用社工的工作补贴。2017 年度按每配备一名社工人均资助 5 万元的标准，由省级资助资金与地方（市、县两级）资金按 6∶4 比例配套资金，省级资金资助每名社工 3 万元。考虑社工薪酬自然增长原则，从 2018 年起，每配备一名社工人均资助标准比上一年度增长 5%，2018 年至 2021 年人均资助标准为 5.25 万元、5.52 万元、5.8 万元、6.19 万元，由省级资助资金与地方（市、县两级）资金按 6∶4 比例配套资金。

（二）地方资金安排

1. 场地建设及维护费用由乡镇、街道承担；

2. 市、县两级落实服务站资助配套资金，按省级资助资金与地方资金6∶4比例落实，其中，市级资金不低于地方配套资金的2/3，具体配套资金比例由各地自行确定，配套资金总量由当地实际招聘的社工人数确定。

3. 服务站开展服务所需经费由市、县（县级市、区）、乡镇（街道）统筹解决，确保每个示范项目每年不少于3万元的服务经费。

四　申报要求

（一）申报主体

申报主体为粤东西北地区各市和惠州、肇庆、江门市台山、开平、恩平等地的乡镇、街道办事处。

（二）申报条件

1. 参与项目申报的乡镇、街道要承诺配备50平方米以上的办公场地，以及符合项目开展需要的社区服务场地设施。

2. 市、县（县级市、区）两级统筹，保证省级资助资金与地方资金按不低于6∶4比例配套，其中，市级资金不低于地方配套资金的2/3。

3. 乡镇承诺省级资助资金及地方配套资金仅用于镇（街）社会工作服务站专职人员工作补贴，确保专款专用。

4. 市、县（县级市、区）、乡镇统筹，保证每个示范项目每年不少于3万元的活动经费。

（三）申报程序和时限

以自愿为原则，采取自下而上、择优推荐、逐级申报的方式，由乡镇、街道办事处提出申请，经民政部门、财政部门逐级审核，报省民政厅或我厅委托的专业团队审定。具体申报时限、申报程序按照省民政厅、省财政厅关于做好2017年省级福利彩票公益金项目申报工作的通知要求执行。

（四）有关要求

1. 切实提高认识。粤东西北地区"双百镇（街）社会工作服务站"建设运营示范项目是我厅"十三五"期间重点实施项目，镇街社会工作服务站建设的规模和成效将列入民政工作重点督查内容。各地民政部门要提高认识，高度重视，将镇街社会工作服务站建设纳入"十三五"期间民政重点工作，切实以镇街社会工作服务站建设，破解粤东西北地区缺人才、缺路径发展困境。

2. 精心组织申报。各地要努力调动乡镇、街道的积极性，广泛发动镇街参与项目申报；要统筹考虑城乡均衡发展、结合当地重点服务需求，规划好项目布点；要根据镇街领导重视程度、场地保障、经费保障等因素，优中选优，力争申报一个，建成一个，带动一批，以项目建设带动当地社会工作发展。

3. 落实配套资金。各级民政部门要积极争取当地党委政府支持，把镇（街）社会工作服务站建设运营资金纳入当地财政预算，各级福利彩票公益金要对"双百镇（街）社会工作服务站"建设运营示范项目予以重点保障，并按照 5 年资助周期做好项目资助资金总体投入规划和年度投入计划，切实落实市、县两级配套资金。未按要求配套资金的项目，不予立项。

广东省民政厅

2016 年 10 月 9 日

后　记

　　本书基于我的国家社科基金结题报告修改而成。该项目从 2011 年 6 月立项至 2017 年结项，历经 6 年多时间完成，在此过程中，伴随中国农村社会工作的发展，研究资料不断丰富和更新，从民国时期的乡村建设运动和平民教育、"清河实验"到当代的万载模式、云南模式、湘西模式，到最近的广东"双百计划"，本书关于本土农村社会工作的梳理全面、深入、系统；同时，借助在美国亚利桑那州立大学做访问学者的机会，我收集了国际农村社会工作学界大量的研究成果，该研究因而在探索农村社会工作的本土化经验的同时，又体现出前沿性、时代性和国际化视野。

　　该课题立项第二年，为提高自己的理论水平，我进入中国社会科学院社会学博士后流动站，在合作导师李培林研究员的指导下开展研究工作。进站做一名博士后，是我自南开大学博士毕业以来的一个愿望。很幸运的是，2012 年底，这一愿望终于实现，而且有幸能够进入中国社会科学院这一社会科学最顶尖的学术机构和社会学大师的门下开展博士后研究。李老师宅心仁厚、谨于治学、提携后学。尽管工作非常繁忙，但每次我到北京，李老师总是在百忙之中抽出时间听取我对博士后出站报告写作进展的汇报；每次我给李老师发送邮件时，他总是第一时间回复并提出指导和修改意见。博士后出站报告从选题、架构、案例选择、资料的收集、数据的核实到修改定稿，无不倾注着导师的汗水和心血。在此，向我的导师李培林研究员表示我最诚挚的敬意和由衷的感谢。

　　其次，要感谢社会学所陈光金研究员、张翼研究员、王春光研究员、赵克斌副所长以及北京大学王思斌教授、清华大学沈原教授、南开大学关信平教授等对我的帮助和指导，他们提出了许多有价值的观点，令我受益匪浅。

也要感谢汪建华博士、黄丽娜老师等对我的各种帮助。

在此，还要感谢我的工作单位江西财经大学对本人研究工作和对本书出版的大力支持。尤其要感谢人文学院尹忠海教授、陈家琪教授、唐斌博士、汪忠列老师以及江西省万载县民政局的张菊萍女士，他们对我的研究工作给予了很多的支持，提出了很多宝贵的意见。也要感谢温锐教授对我一直以来的关心、帮助和指导。还要感谢我的研究生汪鸿波、程航、刘勇强和李晓珏，他们参与了部分调查工作和资料整理工作。

特别要感谢我的家人对我研究工作的支持。除了研究工作，我在单位还承担了较多的管理工作，没有夫人的理解和支持，研究工作难以顺利完成。小儿奕铭在我博士毕业时刚刚降临这个世界，如今一晃十年，小儿已成长为一个壮硕的小男孩，给我们带来许多快乐。本书也要献给我刚出生的女儿月月，我们因她的到来激动、喜悦，也增添新的动力。对我来说，本书的出版是一个阶段的结束，也是一个新的起点。

"筚路蓝缕，玉汝于成。"学术之路坎坷、艰辛，我愿继续砥砺前行。

2017 年 10 月于江西财经大学蛟桥园

图书在版编目（CIP）数据

中国特色农村社会工作：本土化探索与实践模式 /
蒋国河著. -- 北京：社会科学文献出版社，2017.12
（社会工作研究文库）
ISBN 978-7-5201-1994-8

Ⅰ.①中…　Ⅱ.①蒋…　Ⅲ.①农村-社会工作-研究
-中国　Ⅳ.①F323.89

中国版本图书馆 CIP 数据核字（2017）第 314556 号

·社会工作研究文库·

中国特色农村社会工作：本土化探索与实践模式

著　　者／蒋国河

出 版 人／谢寿光
项目统筹／胡　亮
责任编辑／胡　亮

出　　版／社会科学文献出版社·社会学编辑部（010）59367159
　　　　　地址：北京市北三环中路甲 29 号院华龙大厦　邮编：100029
　　　　　网址：www.ssap.com.cn
发　　行／市场营销中心（010）59367081　59367018
印　　装／三河市尚艺印装有限公司

规　　格／开　本：787mm×1092mm　1/16
　　　　　印　张：18.25　字　数：308 千字
版　　次／2017 年 12 月第 1 版　2017 年 12 月第 1 次印刷
书　　号／ISBN 978-7-5201-1994-8
定　　价／79.00 元